Fellmann · Prinzessinnen

WALTER FELLMANN

Prinzessinnen

GLANZ, EINSAMKEIT UND SKANDALE
AM SÄCHSISCHEN HOF

Ekag

Der Verlag dankt der Sächsischen Landesbibliothek Dresden, Abteilung Deutsche Fotothek (Schutzumschlag, Seiten 13, 31, 49, 143), und dem Bildarchiv der Stiftung Preußischer Kulturbesitz, Berlin (Seiten 69, 119, 161, 207), für freundliche Unterstützung bei der Bildrecherche und für die Leihgaben.

Die Deutsche Bibliothek – CIP-Einheitsaufnahme

Fellmann Walter:
Prinzessinnen : Glanz, Einsamkeit und Skandale am sächsischen Hof /
Walter Fellmann. - Leipzig : LKG, 1996
ISBN 3-376-05023-6

Gestaltung: Jochen Busch
Druck: Westermann Druck Zwickau GmbH
Printed in Germany

ISBN 3-376-05023-6

Aus dem Inhalt

Ein Wort über die Frauen der Wettiner

»Die gute Mutter Anna«
Anna, die Gefallene
Anna Sophie, eine Respektsperson
Eberhardine, die »Betsäule«
Die Kaisertochter Maria Josepha
Amalie, die Dichterin
Carola, Mutter der Armen
Luise auf der Flucht

PORTRÄTIERT WERDEN ACHT FRAUEN DER WETTINER AUS VIER JAHRhunderten, verschieden in ihrem Fluidum.

Den Vorstellungen von einer Landesmutter entsprachen wohl am ehesten Königin Carola, vielleicht die populärste Frau des Hauses Wettin, und Kurfürstin Anna, »die gute Mutter Anna«, an welche die Annen-Medaille »Soziales Sachsen« erinnern soll, gestiftet vom Freistaat für Dienste am Nächsten.

Die im Glauben Verharrenden, Eberhardine und Anna Sophie, die »Betsäulen«, wurden belächelt von den einen, als Stützen des Mutterlandes der Reformation verehrt von anderen. Respekt verdienen sie beide, die eine August des Starken Frau, die andere seine Mutter.

Standfestigkeit bewies auch Maria Josepha, die Kaisertochter. Während sich ihr angetrauter Gatte nach Ausbruch des Siebenjährigen Krieges ins ferne Warschau zurückzog, blieb sie in Dresden, entschlossen, das Schicksal der Bevölkerung zu teilen. Preußens König Friedrich II. scheute keine Schikanen, um ihr die Anwesenheit zu verleiden, doch sie verharrte und blieb in diesem mit ungleichen Waffen geführten Duell moralische Siegerin.

Zu den musisch begabten Frauen der Wettiner gehörte neben der komponierenden Antonia auch Prinzessin Amalie, die Lustspieldichterin. Sie zählte unter dem Pseudonym Amalie Heiter eine Zeitlang zu den führenden deutschen Bühnenschriftstellern.

Um zwei Frauen der Wettiner rankten sich Skandale. Anna von Sachsen, verheiratet mit Wilhelm von Oranien, wurde wegen Ehebruchs verstoßen und nach Dresden zurückgeschickt; ein früher Tod befreite sie aus dem Kerker. Kronprinzessin Luise von Toscana löste den größten dynastischen Skandal ihrer Zeit aus. Ihre Liaison mit dem Hauslehrer ihrer Kinder glich einer überflüssigen Prise Gewürz an einem ohnehin scharfen Gericht. Die liberal eingestellte Luise scheiterte vor allem am verknöcherten Dresdner Hofzeremoniell, an ihrem Schwiegervater, Georg dem Grämlichen, an ihrem vor jedem Konflikt ausweichenden Gatten Friedrich August, der als letzter König Sachsens in die Geschichte einging. Ihre Flucht bewegte jahrelang die Gemüter. Viele Bürger sahen in Luise ihre Wunsch-Königin. Ob sie die Erwartungen erfüllt hätte?

Unter den Frauen der Wettiner gab es weder eine Maria Theresia, noch eine Viktoria oder eine Katharina die Große. Anders als in Österreich, England oder Rußland hatte eine Frau in Sachsen keine Möglichkeit, sich als Herrscherin zu entfalten. Sachsen stand unter maskulinem Regiment! Der »Fürstenzug«, dieses originelle genealogische Gemälde auf 25 000 Meissener Kacheln in der Dresdner Augustusstraße, der Zug sächsischer Markgrafen, Kurfürsten und Könige: Er ist ein »Männerzug«.

Die Wettiner waren 829 Jahre und damit länger als jedes andere deutsche Fürstengeschlecht an der Macht. Ohne Frauen wäre die Erbfolge nicht gesichert gewesen. Eine Heirat unterlag also allein dynastischen Interessen, und wenn auch nicht jede Ehe in eine solche Katastrophe mündete wie die zwischen August dem Starken und Eberhardine, war deren Scheitern immer wahrscheinlich. Von den acht porträtierten Frauen waren sieben verheiratet, vier von ihnen vereinsamten nach kurzzeitigem Glanz und äußerlichem Glück. Über die meisten Frauen der Wettiner aber ist kaum mehr bekannt als das im »Hofkalender« oder im »Posse« Nachzulesende

– banale Angaben über ihren Hofstaat und die Lebensdaten. Daß die Quellen in den meisten Fällen so spärlich sprudeln, ist symptomatisch für die Zurücksetzung der weiblichen Vertreter des Hauses Wettin. Gleiches gilt unter anderen Vorzeichen für die Ausnahmen. Die Aktenberge schwellen an bei der jahrelang im In- und Ausland von diensteifrigen Agenten und bestechlichen Bediensteten bis in die Intimsphäre hinein überwachten Kronprinzessin Luise. Die Spitzelberichte und Protokolle der Polizei, ergänzt um Veröffentlichungen der vom Hof peinlich gegängelten Verlage und der Presse füllen im Staatsarchiv Dresden ganze Regale.

Das Wort »Prinzessin« löst unterschiedliche Assoziationen aus, angesiedelt zwischen Grimms Märchenwelt und ideologisch verbrämter Verteufelung als verwöhntes, eigentlich unnützes Geschöpf, durch mittelalterliche Hausgesetze festgelegt auf Sicherung der Erbfolge und strikte Wahrung der Etikette. »Eine Prinzessin darf dies nicht, eine Prinzessin darf das nicht«, bekam Luise bis zum Überdruß zu hören. Hinter einer glanzvollen Fassade drohte jegliche Individualität zu verkümmern.

Nur einige wenige Frauen der Wettiner vermochten es, aus dem Schatten zu treten. Wie arm wäre doch die Geschichte Sachsens und des Hauses Wettin ohne sie, ohne Anna, ohne Eberhardine, ohne Carola...

Taucha, im Herbst 1995 *Walter Fellmann*

Kurfürstin Anna, »die gute Mutter Anna«

Eine häusliche Landesherrin
Hochzeit in Torgau
Ehefrau und Mutter
Umsichtige Hausfrau
Erste deutsche Apothekerin
Anna, die Fromme
Ein seltenes Denkmal

EINE HÄUSLICHE LANDESHERRIN. Die reichen Dresdner Sammlungen bieten wenig aus dem persönlichen Besitz der Wettiner Frauen, ausgenommen einiges Porzellan oder Geschmeide. Merkwürdig nehmen sich dazwischen ein paar Arbeitsgeräte aus: eine Spindel, ein Stickrahmen. Sie gehörten der Kurfürstin Anna, die damit auch umzugehen wußte, nicht nur zum Zeitvertreib, sondern zum Werken. Es sind unverwechselbare Zeugnisse; sie lassen sich weder Eberhardine noch Maria Josepha und auch nicht Carola zuordnen, sondern nur Anna, deren Hofhaushalt zur »Hohen Schule für den fürstlichen deutschen Haushalt« geworden ist. Sie war eine Landesmutter mit patriarchalisch-absolutistischen Zügen.

HOCHZEIT IN TORGAU. Am 8. Oktober 1548 ließen sich Herzog August von Sachsen und Anna von Dänemark in Torgau trauen.

Die Dänen kamen mit 657 Pferden. Die von Königin Dorothea begleitete Braut brachte einige Hofdamen mit, darunter Barbara von Kahlenberg, die in Dresden Christoph Leibniz heiraten und in die Geschichte als Ahnfrau des großen Universalgelehrten Gottfried Wilhelm Leibniz eingehen sollte. Unter den deutschen Gästen fanden sich elf Fürsten und nahezu der gesamte sächsische Adel. Kurfürst Moritz und seine Frau Agnes – Bruder und Schwägerin des Bräutigams – erwiesen sich auf Schloß Hartenfels als umsichtige Gastgeber.

Die Trauung vollzog Fürst Georg von Anhalt, Dompropst von Magdeburg und Meißen. Kurfürst Albrecht von Brandenburg führte die Braut zum Altar, weil deren Vater, König Christian III., wegen kriegerischer Händel in Dänemark verweilen mußte. Im großen Saal des Schlosses stand der Gabentisch. »Allerlei kleinot an hunderttausend Gulden wert« türmte sich als Hochzeitsgeschenk. Vier Tage währten die Vergnüglichkeiten, belebt durch allerlei Ritterspiele. Schloß Hartenfels hatte schon so manche Festlichkeit erlebt, doch noch keine so glanzvolle.

August hatte Anna nur am 7. März 1548 zur Verlobung in Kolding, dem Lustschloß der Dänenkönige, kurz gesehen. Sie habe wunderbare klare blaue Augen, schwärmte er, eine etwas gebogene Nase, schmale Lippen, sei freundlichen Gemüts und stecke voller Energie. All das gefiel ihm. Anna, am 25. November 1532 in Hadersleben (Schleswig) geboren, vollendete erst sieben Wochen nach der Hochzeit ihr 16. Lebensjahr. Herzog Franz von Braunschweig-Lüneburg, der Mann ihrer älteren Schwester, hatte die Heirat vermittelt und den Ehevertrag ausgehandelt. Annas Mitgift betrug 30000 Taler; dafür mußte ihr August ein Leibgedinge sichern, das wenigstens 6000 Taler pro Jahr abwarf. Doch auf so profane Dinge verschwendeten die Jungvermählten noch keine Gedanken. Selbst an der großartigen Hochzeitsfeier lag ihnen nicht sonderlich. Augusts Bruder Moritz wußte sich so geschickt in den Mittelpunkt zu rücken, daß der eigentliche Anlaß der Festivitäten in Vergessenheit zu geraten drohte.

Moritz hatte gewichtige Gründe, die Hochzeit seines Bruders zu einem Jahrhundertfest auszuschmücken: Sie bot ihm Gelegenheit, sich in der Kurfürstenwürde zu sonnen, die er im Jahr zuvor den Ernestinern abgerungen. Daß er sich zum Kaiser geschlagen und gegen die Ernestiner gewandt, hatten ihm viele Fürsten verübelt. Sie sahen in ihm den »sächsischen Judas«. Augusts Hochzeit kam

Anna, Kurfüstin von Sachsen (1532–1585)

ihm gelegen, da sie einen unverfänglichen Anlaß zur Begegnung mit den Fürsten bot – mit Georg von Mecklenburg, Hans von Küstrin, Albrecht von Brandenburg. In Torgau legte Moritz den Grundstein zu dem drei Jahre später gebildeten Fürstenbund, dessen Führung ihm zufiel.

In der langen Geschichte des Hauses Wettin zählte die »Torgauer Hochzeit« zu der politisch brisantesten aller Familienfeiern. August konnte damals nicht ahnen, daß Moritz fünf Jahre später bei Sievershausen fallen und er Kurfürst von Sachsen werden würde, für 33 Jahre. Als Landesherr gefiel ihm seine politisch so stark verbrämte Hochzeitsfeier weit besser denn seinerzeit als Bräutigam.

Das junge Paar nahm nach der Hochzeit Wohnsitz in Weißenfels. August wollte keinesfalls am Hofe seines Bruders leben, der nicht die Macht mit ihm zu teilen bereit war, wie es das väterliche Testament vorsah. Da August jährlich 40000 Gulden beanspruchen konnte, überließ ihm Moritz die Einnahmen verschiedener Städte und Ämter, die allerdings infolge politischer Wirren wiederholt ausgetauscht wurden, so daß das junge Paar des öfteren den Wohnsitz wechseln mußte.

August und Anna verstanden sich gut, mehr noch: Ihre Ehe wurde als vorbildlich eingeschätzt. »An diesem Ehestande hat das ganze Land einen Spiegel gehabt; denn da ist wahrhafftig ein Herz und eine Seele gewesen«, führte Hofprediger Dr. Martin Mirus in seiner Leichenpredigt für Anna aus.[1] Die Zeitgenossen teilten diese Meinung, selbst jene, die behaupteten, Anna sei in dieser Ehe der tonangebende Part gewesen. Kurfürst August reagierte auf solche Anspielungen überempfindlich und goß in seinem Eifer nur Öl ins Feuer. Nicolaus Leutinger kannte die Familienverhältnisse: »Wenn er zürnte, wußte sie ihn zu besänftigen und zu mäßigen, wenn er beleidigt war, zu lenken, wenn er Einem eine Bitte abschlug, es zu erlangen, wenn die Zeit schwere Geschäfte brachte, zu erheitern, wenn er ja einmal fehlte, so wußte sie gelegene Zeit zu schweigen und dann rechtzeitig zu erinnern.«[2]

Ehefrau und Mutter. Als Text für seine Hochzeitspredigt in Torgau hatte Dompropst Fürst Georg von Anhalt bei der Trauung von August und Anna das Thema gewählt: »Dein Weib wird sein wie ein fruchtbarer Weinstock, Deine Kinder wie die Ölzweige...« Dies sollte sich wie eine in Erfüllung gegangene Weissagung ausnehmen, durfte doch das Paar über mangelnden Kindersegen nicht klagen. Anna brachte zwischen 1550 und 1571 – ihrem 18. und 39. Lebensjahr – 14 Kinder zur Welt, im Schnitt eines aller 18 Monate; sie zählte bereits 43 Lenze, als sich noch ein Kind einstellte, das 15. Von den ihr folgenden Kurfürstinnen des Hauses Wettin brachte es nur Maria Josepha auf ebenfalls 15 Kinder. Anna entband in Weißenfels, Wolkenstein, Dresden, Stolpen, Torgau und Annaburg, was von dem unsteten Hofleben zeugt und davon, daß Anna in einer Schwangerschaft keinen Grund sah, in der Residenz zu verweilen, während ihr Mann seinen auswärtigen Verpflichtungen nachkam.

Anna war eine liebevolle Mutter. Denkbar ist, daß zumindest den erwachsenen Kindern ihre Fürsorge zuweilen lästig wurde. Als 1581 der damals 21jährige Kurprinz Christian in Berlin zur Verlobung mit Sophie von Brandenburg weilte, erfuhr Anna, auch Fürst Joachim Ernst von Anhalt und andere trinkfeste Herren seien zugegen. Besorgt schrieb sie am 24. Juni 1581 von Gommern aus ihrem Sohn: »D. Lieben nochmal mütterlich und freundlich erinnert... Sie wollen ... Sich auch durch niemand zu einem übrigen Trunke, ungeachtet was Sie etwa darüber verhören möchten, bereden lassen; das wird D. L. bei verständigen Leuten viel rühmlicher sein, dann wenn Sie sich etwa trinkender Weise mit Reden oder sonst ungebührlich erzeigen sollten.« Mit gleicher Post bat sie dringlich Dr. Paul Vogel, den Leibarzt ihres Sohnes, den Kurprinzen nichts »aus der kurfürstlichen Küche, und wenn es auch in des Fräuleins Namen komme, essen zu lassen«.[3] Dr. Vogel reagierte wohlweislich nicht. Wie sollte er ohne Brüskierung der Brauteltern und der Braut einer solchen Weisung nachkommen? Ihn verwunderte allerdings, warum Anna in der Furcht lebte, die Brandenburger könnten den Kurprinzen vergiften. Der Geburt des Enkels (1583), nach dem Vater Christian genannt, fieberte Anna entgegen, so als sei sie es, die das Kind auf die Welt bringen müsse. Ahnte sie, daß die Hoffnungen des Hauses auf diesem Christian (II.) ruhen sollten? – Christian I. starb 31jährig 1591, fünf Jahre nach Kurfürstin Anna.

Auch sonst gingen nicht alle Träume der um ihre Kinder so besorgten Anna in Erfüllung.

Tochter Elisabeth, der sie besonders zugetan war, hatte 1570 in Heidelberg Johann Kasimir Pfalzgraf von Pfalz-Simmern geheiratet. Sie galt in ihren Dresdner Jahren schon als verschlossen, und von Unstimmigkeiten in dieser Ehe erfuhr denn Anna erst, als sie sich erkundigte, warum die Tochter sie nie besuche. »Die Zehrung« (das Reisegeld) fehle ihr, entschuldigte sich Elisabeth. Zwar konnte sich der Pfälzer Hof mit dem Dresdner nicht messen, aber daß es für eine Fahrt ins Sächsische nicht reichen sollte, erschien Anna denn doch merkwürdig, zumal Elisabeth eine ansehnliche Mitgift in die Ehe gebracht hatte. Dessen war sich der Pfalzgraf bewußt, doch er suchte seinen Geiz durch Herabsetzung all dessen zu rechtfertigen, was aus Dresden stammte, nörgelte schon in den Flitterwochen über Kleidung und Wäsche seiner Frau. Um sie nicht zu verletzen, verheimlichte Elisabeth dies ihrer Mutter. Obwohl Anna erst 1581 Genaueres erfuhr, schickte sie der Tochter umgehend neue Kleider, Leinwand und Stickereien. Um einen modernen Rock oder besseres Bettzeug ging es dem Pfalzgrafen nicht. Er hatte die Dresdner Gulden geheiratet, nicht Elisabeth; sie überlebte ihre Mutter um sechs Jahre, ihren Bruder Christian I. nur um einige Monate.

Die beiden anderen Töchter, Dorothea und Anna, verlobten sich beide 1584. »Bin also meine Töchter auf einmal losgeworden«, schrieb Anna einer Freundin mit spöttelnd-bedauerndem Unterton. Dorothea heiratete im Herbst 1585 in Wolfenbüttel Herzog Heinrich Julius von Braunschweig-Wolfenbüttel, starb aber anderthalb Jahre später im Kindbett. Tochter Anna wurde Anfang 1586 die Frau des Herzogs Johann Kasimir von Sachsen-Coburg-Eisenach. Daß diese Ehe in einer Tragödie mündete, sollte die Kurfürstin nicht mehr erfahren. Der Herzog liebte die Jagd und das Scheibenschießen, weniger die Familie. Die kinderlos gebliebene, sich vernachlässigt fühlende Anna d. J. geriet an Hieronymus Scotus, einen Scharlatan, der sich als Goldmacher am Hof etablierte, durch diesen wiederum an den Junker Ulrich von Lichtenstein. 1593 wurde sie wegen Ehebruchs geschieden und inhaftiert. Nach 20 Jahren Kerker starb sie 1613 in einem Verlies der Feste Coburg. Ulrich von Lichtenstein traf es noch härter; ihn erlöste der Tod erst 1633 nach 40jährigem Kerker.

Ein Gemälde in der Augustusburg bei Chemnitz zeigt Kurfürst August mit seinen neun Söhnen und sechs Töchtern, doch nur die Phantasie des Malers machte dies möglich. August hätte nie mit seinen 15 Kindern Modell stehen können; zehn starben vor Vollendung des vierten Lebensjahres, ein Knabe elfjährig. Nur die bereits erwähnten vier Nachkommen, der Sohn Christian und die Töchter Elisabeth, Dorothea und Anna, überlebten die Eltern. Das frühe Dahinscheiden von elf Kindern deprimierte Anna sehr, stürzte sie wiederholt in eine tiefe seelische Krise, weckte aber auch in ihr den Drang, in die Geheimnisse der Medizin einzudringen.

Kurfürst August war gewiß ein familienbewußter Mann, doch sehr auf seine ehelichen Rechte bedacht. Der Statur nach glich Anna nicht eben einer Juno, und jede neue Schwangerschaft zehrte an ihr. Zuletzt legte sie bei Eintritt der Wehen ihre Leichentücher zurecht, darauf vorbereitet, die Reihe sei jetzt an ihr.

UMSICHTIGE HAUSFRAU. Anna und August führten eine Hofhaltung, die durchaus zu glänzen wußte, vor allem dann, wenn hochgestellte Gäste angesagt waren.

Als Kaiser Maximilian II. 1564 Dresden besuchte, zählte man außer der kaiserlichen Tafel noch 17 Fürstentafeln, 48 Rittertische, drei Tische für Frauen, 258 Tische in der Hofstube sowie sieben nicht genauer fixierte Tische; zweimal täglich fand man sich zur Speisung ein, und jedesmal gab es 92 Gänge. Was Küche und Keller zu bieten vermochten, kam auf die Tafel. Anna war viel zu sehr Königstochter, um sich hierbei zurückzuhalten.

Der Alltag bot ein anderes Bild, aber kein bescheidenes oder gar armseliges. Zum Hof gehörten etwa 100 Personen, von denen 21 zur kurfürstlichen Tafel zugelassen waren, und so viele Gänge, 21, wurden gewöhnlich aufgetragen, anfangs bei zufälliger Übereinstimmung, später beließ man es dabei: Die Hofordnung vom 12.6.1568 schrieb 21 Gänge sogar ausdrücklich vor. Die reichlich anfallenden Speisereste gingen an Bedürftige.

Für Küche und Keller des Hofes standen 1563 ansehnliche 17 572 Gulden bereit.[4] Die Kaufkraft des Guldens – 24 Groschen je 12 Pf – lag hoch. Ein Pfund Butter kostete 1 Gr 16 Pf, 16 Eier 1 Gr, die Ente 1 Gr. So rechnete allerdings nur der gemeine Mann, am Hof fielen Butter, Eier und Geflügel als Naturalabgaben an. Anders verhielt es sich schon mit Bratenfleisch, für das ein großer Bedarf bestand, weil es in heute kaum vorstellbaren Mengen verzehrt wurde; mit 1885 Gulden belastete es aber den Etat noch verhältnismäßig wenig, da die Hofjäger reichlich Wildbret lieferten. Die Ausgaben für eigentlich geringe Mengen, aber vorwiegend vom Ausland bezogene Gewürze, waren dagegen beachtlich, fast ebenso hoch wie die für Fleisch, und gar doppelt so hoch lagen mit 3.746 Gulden die Aufwendungen für Getränke. Das 16. Jahrhundert ist nicht umsonst in die Geschichte als das »durstige Jahrhundert« eingegangen. An der kurfürstlichen Tafel wurden zu jeder Mahlzeit pro Person zwei Liter Bier und ein Liter Wein aufgeboten. Das beliebteste Bier war das Freiberger; auch das Torgauer stand in einem guten Ruf. Der Wein stammte aus Italien, dem Rheinland, der Mosel-Gegend oder dem Elbtal. In den Hofkellern – Dresden, Leipzig, Torgau, Augustusburg – lagerten 17 000 Hektoliter Wein als Reserve.

Kleiderschränke und Schmuckschatullen der Kurfürstin zeugen ebenfalls von großem Aufwand. Anna legte Wert auf eine deutsche Tracht, gefalteter Rock und Haube, hielt nur an ihrer »Dänen-Mütze« fest, mit der sie sich am liebsten porträtieren ließ. Von der »welschen Mode« (fremdländischen) wollte sie nichts wissen. Sie scheute auch nicht davor zurück, auf Einladungen zu Festlichkeiten zu vermerken, daß man »keine wälsche Kleidung mit den glatten Schürzen und ungefalteten Röcken gebrauchen möchte«. Aus Dänemark stammend, setzte sie als sächsische Kurfürstin energischer denn jede andere Landesherrin auf die deutsche Mode. Billiger als die »welsche« war sie allerdings nicht.

Laut Nachlaßverzeichnis hinterließ Anna 18 Kleider, ein schlichtes und 17 kostbare, alle auffallend bunt, mit Gold- und Silbertressen und Stickereien geschmückt, einige auch verbrämt mit edlem Pelzwerk, besonders erwähnt wird ein »goldener Blyandter Rock mit Perlengestick«, 17 Mieder, darunter ein »Atlasmieder mit Ketten und Perlen« sowie »ein ganz golden Stück Mieder«, 44 kostbare Hemden, 8 golden geklöppelte Hauben und zwei Dutzend Unterkleider, auffallend »ein blauer Damastrock mit goldnem Blyandt verbrämt« und »ein rother carmoisiner Atlas mit goldenem Posament verbrämt«; unter den zahlreichen Schleiern war einer mit 103 goldenen Knöpfen und 102 Perlen. Die damals voll gefaltete schwere Kleidung verlangte einen massiven Schmuck. In Annas »Kleinod-Laden« fand sich u.a. auch ein » großes Halsband von 6 Steinstücken, jedes mit 9 Diamanttafeln, 6 Perlenstücken, jedes mit 5 großen Perlen, 4 Diamanttafeln mit Rautenkranz und kleinen Perlen. Davor hing ein Kleinod von Diamanten mit großem Rubin ... und großer Perle«.[5]

Anna lag keineswegs an der Abschaffung höfischer Repräsentation, selbst an einer Schmälerung nicht, sie wollte die Kosten in Grenzen halten – nicht den Weinkonsum, sondern den Weinpreis senken, nicht die Ansprüche an Wäsche und Kleidung, sondern die Anschaffungskosten reduzieren ... Sie erreichte das auf so ökonomische Weise, daß ihr Haushalt bald als Muster höfischer Wirtschaftsführung galt.

Die Natur habe den Fürsten nicht allein einen Kopf, sondern auch Hände verliehen, lautete ihre so manchem Adligen plebejisch anmutende Lebensweisheit. »Sie geht mit Wolle vnd Flachs vmb, vnd arbeytet gerne mit ihren Henden«, heißt es bei Dr. Mirus, dem Hofprediger. »Sie macht ihr selbst eine Decke, weisse Seyden vnd Purpur ist ihr Kleid. Ihre Churf. Gnaden haben fleissig gearbeitet gesorget zu rath gehalten, achtung gegeben was Nutz oder Schaden im Hause gebracht, nichts unnötiges verschwendet vnd doch auch zu Ehren, Gebühr vnd Notderfft niemanden nichts mangeln lassen, wie alles Hofgesind mit warheit bezeugen mus.«[6]

Anna war eine ungewöhnliche Landesherrin.

Das mögen sich auch die Hoffräulein gesagt haben, mit neidvollem Blick auf das geruhsamere Treiben in anderen Residenzschlössern schauend. Anna ging wie selbstverständlich davon aus, daß nicht nur ihre Hände, sondern auch die ihrer Hoffräulein zum Arbeiten geschaffen seien. Es sprach sich unter den jungen Damen des Adels rasch herum, daß bei der Kurfürstin weniger Wert auf feine Sitten, denn auf Hauswirtschaft gelegt werde. Wem das nicht zusagte oder wer nicht praktisch veranlagt war, verzichtete auf eine Bewerbung am Hofe. Die Hoffräulein mußten vor allem spinnen, sticken und nähen, wobei es einen Anreiz gab: Bei dieser Beschäftigung fiel die Aussteuer ab.

Doch wollte Anna nicht nur aus ihren Fräulein gute Hausfrauen machen. Nach dem Beispiel der von ihrem Schwager Moritz gegründeten Fürstenschulen stiftete sie 1555 drei Jungfrauenschulen – Freiberg, Mühlberg und Salza –, doch der Adel dachte gar nicht daran, seine Töchter in diese Schulen zu schicken; als letzte löste sich bei nur zwei Schülerinnen 1567 die Freiberger Jungfrauenschule auf.

Aufmerksamkeit erregte Anna durch ihre umsichtige Vorratswirtschaft. Für die langen Wintermonate kochte sie ein – Kirschen, Beeren, Quitten... Das Einkochen aber setzte eine gute Ernte voraus. Sie zog selbst Obstbäume, pfropfte und okulierte, führte neue Sorten ein. Auch Kurfürst August war sehr am Obstbau interessiert, verfaßte ein »Künstlich Obst- und Gemüsebüchlein«, verpflichtete jedes Brautpaar zum Pflanzen von wenigstens zwei Obstbäumen, ließ wilde Obstbäume ausheben, gründete Baumschulen, und ließ Obstkerne im Lande sammeln, aufgewogen gegen Korn als Anreiz. Der Obstbau aber blieb ansonsten Annas Ressort. August ließ ihr freie Hand, griff nur ein, wenn es einer Weisung bedurfte. Das Herrscherpaar leistete hervorragendes auf dem Gebiet des Obstbaus. – Ihr Nachfolger verkaufte kurzsichtig 60 000(!) Obstbäume, das Stück für 2 Groschen.

Berühmt war Annas Johannisbeerwein, der, mit viel Zucker angesetzt, pur selbst dem als trinkfest geltenden August zu stark war und mit (abgekochtem) Wasser verdünnt getrunken wurde. Anna kochte auch gern und gut. Das sprach sich bis an fremde Höfe herum. Katharina von Brandenburg schickte einmal 15 hölzerne Kellen und anderes Küchengerät mit dem Bemerken, »weil uns bewust, daß Ew. L. gern kochen«. Man bat sie um Rezepte, und Anna verriet bereitwillig, »wie man die Stritzel macht von Quitten«, »wie man die Fasanen zurichtet«, »wie man die Rehkeule läßt aufdeugen und in die Pasteten einmacht« , »wie man Kirschen einmacht«. Einige Höfe schickten ihr Köche zur Ausbildung, Herzog Wilhelm von Braunschweig-Lüneburg einen jungen Mann gleich für zwei Jahre. Anna kochte »meißnerisch«, probierte jedoch gern fremdländische Gerichte aus. Sie verschickte ihre Rezepte nicht aus reiner Gefälligkeit, sie erbat sich dafür andere.

Weil Anna selbst kochte, sah sie auch besser als andere höfische Hausfrauen die Mängel des herkömmlichen Küchenbetriebes, und sie führte manche Neuerung ein; zumindest eine, der Bratofen, machte Furore.[7] Statt das Fleisch über offenem Feuer am Spieß zu braten, schob es Anna in den Bratofen, den ihr ein »Künstner« gebaut hatte. Anfängliche Bedenken, es werde nicht schmecken, erwiesen sich als unbegründet. Man gewöhnte sich rasch an die neue Zubereitung. Als Brennmaterial diente weiterhin Holz, aber der Bratofen war viel sparsamer als das offene Feuer, und angesichts des großen Holzverbrauchs der aufkommenden Hüttenwerke sorgte man sich um die Wälder. Annas sparsamer Bratofen, vom Kaiser patentiert, paßte so recht zu den Erfordernissen der Zeit.

Kurfürst August, der Annas praktischen Verstand schätzte, bezog sie ab 1568 in die Verwaltung der Kammergüter ein. Sie hatte sich um Milchwirtschaft und Personal zu kümmern, und sie wäre nicht sie selbst gewesen, hätte sie keine Neuerungen eingeführt. So brachte sie System in die Milchverwertung. Noch 1568 handelte sie den Torgauer Butter- und Käsevertrag mit drei Leipziger Marktfrauen aus. Alle vier Wochen holten diese von den Kammergütern zu festen Preisen Butter und Käse ab. Zum ersten Mal war damit der Absatz langfristig gesichert. Anna baute die gesamte Viehhaltung neu auf. Die Kammergüter waren früher verpachtet, erst unter August unter Selbstverwaltung gestellt worden. Der Dänenkönig, ihr Bruder, half ihr, schenkte ihr zur Blutauffrischung sächsischer Rinder 200 holsteinische Stiere. Aus Böhmen und Mecklenburg kaufte Anna Schweine. Kaiser Maximilian II. hörte von ihren Masterfolgen und erbat sich den Futterplan. Sie antwortete ihm, daß das Mastvieh »aller zwei Stunden das Futter erhält, darauf jedesmal getränkt wird, so daß es täglich zwölfmal gefüttert« werde. Fürs Personal war dies mit unangenehmen Nachtschichten verbunden. Zwar verlangte Anna viel von ihrem Gesinde, aber sie suchte dessen Lebensverhältnisse auf andere Weise zu verbessern. So verfügte sie 1569 für das Vorwerk Packisch die Anschaffung von »vier Gesindebetten« samt Bettzeug, »denn das Gesinde in der Stube auf dem Stroh bis dahin sich beholfen«.[8] Als Neuerung ließ sie Schafmilch zu Butter schlagen, »daß das Gesind damit gespeist würde«. Nur selten war zuvor Butter auf einen Gesindetisch gekommen. Und Anna nutzte eine stille Reserve. Weil der Adel Schafbutter verachtete, war in den 40 kurfürstlichen Schäfereien bislang keine systematische Gewinnung der Schafmilch erfolgt.

Wenn man bedenkt, daß sie sich auch am Bergbau beteiligte – 104 Kuxe besaß sie 1573, die ihre Kasse zwar nicht üppig, aber doch mit knapp 700 Gulden bereicherten –, verwundert, woher sie neben Kindererziehung, Repräsentationspflichten und Sorge um Haus und Hof Zeit und Kraft für die Verwaltung der Kammergüter nahm.

Ihr wichtigstes Experimentierfeld als Landwirtin sollte neben dem »Zwingergärtlein« das zu Fuß erreichbare Vorwerk Ostra werden. Hier züchtete sie Obstbäume, Bienen, Geflügel... Was Anna mit ihrer Landwirtschaft dem Hof an Einsparung durch Selbstversorgung erzielte, läßt sich nicht überschlagen, exakt jedoch ihr Absatz belegen: 1568 brachten ihr die auf dem Markt verkauften Überschüsse 1549 Gulden 12 Gr und 9 1/2 Pf.

Im fürstlich-adligen Lager war das Urteil über Anna zwiespältig. Ihre kostensparende Hauswirtschaft gefiel, denn auf einen billigen Hof waren alle aus, daß aber eine Kurfürstin arbeitete gleich einer

Köchin oder einem Gärtner, erschien als Verletzung der Standeswürde. Mißmut erregte auch, daß sie auf den Markt ging, um zu kaufen und zu verkaufen – Milch, Käse, Wein, Honig usw. Man tat jedoch gut, seine Zunge zu zügeln, so man sich nicht mit Kurfürst August anlegen wollte. Herzog Heinrich von Liegnitz, der sich spöttisch über Anna ausgelassen hatte, beging 1574 die Unvorsichtigkeit, sächsischen Boden zu betreten. Er wurde in seiner Herberge unter Hausarrest gestellt und erlangte erst nach förmlicher Entschuldigung bei Landesverweis seine Freiheit zurück. Wer sich als Sachse abfällig über Anna äußerte, kam so glimpflich nicht davon, was der Prozeß gegen Hofjägermeister Cornelius von Rüxleben zeigte, der am 19. Dezember 1576 in der Hofstube zu Dresden Widerruf leisten mußte, in der Leipziger Pleißenburg landete, wo er 1590 starb, und all seine Besitzungen, darunter das Jagdschloß Zschopau, an den Kurfürsten verlor.

Erste deutsche Apothekerin. Für medizinische Fragen interessierte sich Anna besonders. Als Joachim, ihr 6. Kind, sieben Monate nach der Geburt starb (1557), mußten drei Ärzte die Leiche öffnen; sie wollte die Todesursache erfahren. Obduktionen waren damals noch ungebräuchlich. Durch die bei so vielen Schwangerschaften gesammelten Erfahrungen reifte in Anna 1566 der Gedanke, eine Hebammenschule zu gründen. In Zwickau gab es eine bewährte Wehefrau, doch diese lehnte die Mitarbeit ab: Wehemutter sei kein Beruf, sondern Berufung. Eine Hebamme aus Olbernhau folgte schließlich dem Ruf nach Dresden, wollte aber dann plötzlich zurück ins Erzgebirge. Anfeindungen der ihr Prestige gefährdet sehenden »weisen Frauen« hatten sie erschreckt. Anna, die davon nichts wußte, beurteilte die Lage falsch. Im Glauben, ihre einzige Lehrkraft habe Heimweh, ließ sie diese mit dem Auftrag ziehen, dort eine Hebammenschule zu gründen; schließlich sei die Ausbildung nicht ortsgebunden. – Sie sollte vergeblich auf die erste Absolventin aus Olbernhau warten.

Eine Vorliebe hegte Anna für Chemie und Pharmazie. Am Hof wurde sie als Heilkünstlerin populär, weil sie nach Gelagen stets irgendein Mittel gegen den Kater wußte, einen Trunk, ein Pflaster oder was immer. Die ihr vertrauenden Zechbrüder schworen natürlich bald auch auf all ihre anderen »Mittelchen«.

Als Leibgedinge war Anna die Lochauer Heide zugefallen, bekannt geworden durch das 1572/79 gebaute und nach ihr benannte Renaissanceschloß Annaburg. Im einstigen Fasanengarten ließ sie ein Destillierhaus errichten, »200 Schritt im Geviert«, ein Laboratorium mit vier Öfen und geräumigem Magazin für Geräte und Destillate. Das nach ihrem Tode aufgestellte Inventarverzeichnis brachte es auf 181 verschiedene Posten. Der Chemiker Kunkel von Löwenstern meinte, es gebe in ganz Europa kein besseres Labor, [9] und wenn er vielleicht auch der Kurfürstin schmeicheln wollte, so hatte das Annaburger Destillierhaus zumindest in Sachsen nicht seinesgleichen.

Das kurfürstliche Paar setzte ins Laboratorium nicht unbedingt die gleichen Erwartungen. August, ganz ein Kind der Zeit, verstand es als Alchimistenküche, die ihm zu Gold und Reichtum verhelfen werde. Auch Anna hatte Reichtum im Sinn: die Lebenskraft durch neue Heilmittel. Nichtsdestoweniger liebäugelte sie schon mal mit einem »goldenen« Nebenprodukt, wie fast alle Chemiker dieser Zeit dem Traum vom künstlich herstellbaren Gold Tribut zollten.

In Heilkräutern kannte sich Anna wie kaum eine andere aus. Sie befragte Schäfer und »Kräuterhexen«. Ihr Annaburger Garten glich einem Heilgarten, und ihre Gäste wußten, womit sie ihr eine besondere Freude bereiten konnten: mit Heilpflanzen und Rezepten. Als sie starb, hinterließ sie zehn Bücher, die heute »Ratgeber Gesundheit« heißen könnten. Sie hatte alles zusammengetragen, was sie an Ratschlägen für gesunde und kranke Tage aufzutreiben vermochte. Kam ihr zu Ohren, irgendwo sei ein neues Heilmittel erfolgreich eingesetzt worden, erbat sie die Rezeptur, bereit zu einem Tausch. Ihre Partner ließ sie im Glauben, sie könnten jede Rezeptur von ihr bekommen, doch in Wirklichkeit hatte sie ihre Geheimnisse. Kam ihr jemand auf die Schliche, war sie um eine Ausrede nicht verlegen: »Wir wollten nicht gern, daß es vor andere Leute käme, denn man die Stücke... zu viel Bösen gebrauchen könnte.«

Die Rezepte standen zumeist in ihrem Kunstbuch, einem in rotes Pergament gebundenen Heft, dem sie die Ergebnisse ihrer pharmazeutischen Experimente anvertraute, unprosaisch als Annas »Erzneibüchlein« in die Geschichte eingegangen.

Sie war nicht frei von Aberglauben. So mußte sie unbedingt die Heilkraft des auf menschlichen Totenschädeln gewachsenen Mooses probieren. Selten nur übernahm sie jedoch eine Rezeptur uneingeschränkt. Sie besaß schließlich ein Labor! Mit Vorliebe mischte sie verschiedene einschlägige »Mittelchen«, um die Heilkraft zu steigern. Um vor unerwünschten Nebenwirkungen eines neuen oder veränderten Medikamentes sicher zu sein, zog sie Chemiker und Ärzte zu Rate, so Dr. Paul Luther (ein Sohn des Reformators) und den Leibarzt ihrer Mutter, Dr. Cornelius van der Hanfart, der wiederholt die weite Reise von Kopenhagen nach Sachsen unternehmen mußte.

Das bekannteste Produkt aus ihrer Versuchsanstalt war Aquavit, der »aus Branntwein bestand mit Malvasier, der wohl verschäumt ward mit einem Ei, Zucker, und allerhand guten Kräutern, u.a. gelben Veilchen und anderen Species«, wie Anna brieflich ihrer Tochter Elisabeth verriet.[10] Aber nur ihr! Gegenüber der Herzogin Dorothea Susanne redete sie sich heraus, sie habe »der alten Gräfin von Mansfeld ganz hoch zugesaget, solche nicht weg zu lernen«. Ihr Aquavit galt als Allheilmittel, als Helfer und Tröster in allen Lagen, bei Herzbeschwerden wie seelischem Kummer. Vielleicht versetzte der Glaube mitunter Berge, doch man war weithin von der heilsamen Wirkung des Annaburger Lebenselexiers überzeugt, selbst am kaiserlichen Hofe. Anna wartete auch mit allerlei anderen Wässerchen auf, Schlagwasser gegen den Schlaganfall, Schwindwasser gegen die Tuberkulose, Wasser gegen die Gelbsucht, Augenwasser gegen den Star. Aus Wolfsbeere und Steinwurz gewann sie ein Gift gegen ansteckende Krankheiten, aus dem kostspieligen, gemahlenen Einhorn Pulver zur Steigerung der Potenz. Sie stellte auch Toilettenartikel her, Seife und Zahnputzmittel, und sie entwickelte auf der Basis von Buchenasche ein Haarfärbemittel. »Das Weib muß dem Mann gefallen!« war ihre Devise. Gegen Zahnschmerzen empfahl sie »Granatblüthen in Wein getränkt, aufzulegen im Abstand von 1 bis 2 Stunden«; als sie in die Verlegenheit kam, dies selbst erproben zu müssen, ließ sie sich den Zahn ziehen.

Häufig dienten Anna die Präparate als Präsente. So ließ sie 1569 den Teilnehmern des Altenburger Convents verschiedene Medikamente überreichen. Damals besaß sie noch nicht das Annaburger Labor. Mit Medikamenten bedankte sie sich auch für ihr zugesandte Aufmerksamkeiten. König Friedrich von Dänemark, ihrem Bruder, verehrte sie eine komplette Reiseapotheke. Das war ihre Art, anderen Freude zu machen. Sie gab auch Medikamente auf Wunsch ab. Wer immer von ihr ein Heilmittel erbat, bekam es, Höfling oder Bauer, kostenlos. Eines nur mutet heute eigenartig an: Jeder, ob Fürst oder Bettler, mußte die Gläser zurückgeben. Sie bezog diese aus Hessen, »gemacht nach dem Muster, dessen Abriß Anna geschicket«, viereckig; sie waren teuer und nicht ausreichend zu haben. Manchmal benutzte sie für den Versand Tongefäße, die heimischen »Waldenburger Flaschen«, aber die kosteten auch ihr Geld.

Um die medizinische Versorgung nicht Zufälligkeiten zu überlassen, gründete Anna 1581 in Dresden eine Hofapotheke. Kaufleute verwunderten sich ob dieses Unternehmens: Wer die Medizin nicht bezahlen konnte, erhielt sie kostenlos, die Finanzkräftigen entrichteten nach eigenem Ermessen einen Obolus. Obwohl Anna auf jedem Markt zu Hause war und als schwierige Verhandlungspartnerin galt, meinte sie, mit Heilmitteln wolle sie kein Geschäft machen. Solange sie lebte, hatten die Medikamente der Hofapotheke zu Dresden keinen Preis. Möglicherweise kamen jedoch jene der Wahrheit am nächsten, die da meinten, daß sich in dieser Praxis Annas Geschäftstüchtigkeit zeigte: Als nach ihrem Tode die Heilmittel wie jede andere Ware preislich fixiert wurden, gingen die Einnahmen bei gleichen Umsätzen zurück; – sie war wohl auch eine gute Psychologin.

In die Geschichte ging Kurfürstin Anna als »erste deutsche Apothekerin« ein.

ANNA, DIE FROMME. Wie ihr Mann hing Anna dem lutherischen Glauben an. Ihr Vater, der Dänenkönig, hatte in seinem Land die Reformation eingeführt und seine Kinder streng religiös erzogen. Für August, den Herrscher im Mutterland der Reformation, war Anna daher die rechte Frau. Die Gemeinsamkeit im Glauben stabilisierte die Ehe.

Von religiöser Toleranz wollten weder August noch Anna etwas wissen, aber Anna erwies sich gegenüber Abweichlern besonders unnachsichtig. In die Politik habe sie sich nie eingemischt, behauptete sie; Religionsfragen hatten nach ihrer Meinung mit Politik nichts zu schaffen.

Als sich 1561 in Naumburg die protestantischen Fürsten trafen, begleitete Anna ihren Mann. Philipp Melanchthon war ein Jahr zuvor verstorben. Kurfürst August hing eigentlich dessen gemäßigtem Luthereranertum an, und nirgendwo gab es mehr »Philippisten« denn in Kursachsen. Das aber wurde unbequem, gefährdete Sachsens Schaukelpolitik, zog Kritik nach sich. August kapitulierte: Ein Sympathieschreiben der »Philippisten« an die aufständischen Niederländer diente ihm als Anlaß, sich 1574 in Torgau von orthodoxen Theologen die Grundsätze der »reinen Lehre« fixieren zu lassen. Wer sich nicht zu den Torgauer Artikeln bekannte, hatte Schlimmes zu erwarten – Amtsenthebung, Folter, Haft. Caspar Peucer aus Wittenberg, Melanchthons Schwiegersohn, gehörte zu jenen, die sich verweigerten. Inhaftiert in Rochlitz, bat er am 23. Juni 1575 Anna, »die aus Einbildung gefaßte Ungnade« fallenzulassen. Vergeblich. Zehn Jahre saß er bereits im Kerker, als 1584 seine Kinder sie erneut um Gnade baten; sie verweigerte jede Fürsprache. Allmählich begriff er, daß er sich nicht so sehr August, sondern eher Anna zum Feind gemacht hatte, die unerbittlich sein konnte. Darauf spielte der Leipziger Theologe Selnecker sogar in seiner Leichenpredigt an: »Da sie einmal gefunden, daß einer einen bösen Betrug begangen, hat sie es unserm lieben Gott befohlen, aber gesagt, sie wolle ihm hinfort nicht mehr trauen.«[11] Eine solche Intoleranz erschreckte sogar ihre Freunde.

Um Peucer und die anderen eingekerkerten Theologen ward es

still; sie schmachteten im Kerker. Anna vermochte derweil ihr Ansehen unter den reformfeindlichen Lutheranern zu mehren durch ihre Fürsorge für 20000 eingewanderte Glaubensflüchtlinge aus Holland und Förderung der Kirchenbauten. In Dresden lag ihr daran, Vorstadtbewohnern lange Kirchwege zu ersparen; sie setzte den Bau der nach ihr benannten und an ihrem Namenstag 1578 eingeweihten Annenkirche durch[12], 1760 von preußischen Truppen eingeäschert, 1769 wieder aufgebaut und hundert Jahre später zur Jubelfeier bereichert um den Annenbrunnen mit Annas Standbild, in Erz gegossen von den Nürnbergern Lenz und Herold nach einem Modell des Bildhauers Robert Henze. Die heutige Annenkirche, die durch den für Dresden untypischen klassizistischen Turm auffällt, hat mit der alten Annenkirche nur den Namen gemein. In Weißenfels war unter Kurfürst Moritz die Klosterkirche abgerissen und das Gestein zum Bau der Leipziger Pleißenburg verwendet worden, und die Wogen hierüber hatten sich noch nicht geglättet. Weißenfels war Annas erster Wohnsitz in Sachsen gewesen und die Weißenfelser Äbtissin Margarethe von Watzdorf ihre Freundin. Auf Betreiben Annas ist die Kirche denn auch, finanziell von der kurfürstlichen Kasse gefördert, 1561 wiederaufgebaut worden.[13]

Für die Geistlichkeit war Anna vor allem eine großzügige Förderin: Zur Unterstützung der Witwen und Waisen der Prediger richtete sie eine Stiftung ein, die über ansehnliche 100000 Taler verfügte.[14] Erstmals waren damit die Angehörigen der lutherischen Geistlichen sozial abgesichert, und das wurde Anna weit über ihren Tod hinaus hoch angerechnet.

Ein seltenes Denkmal. Kurfürstin Anna, die so vielen bei Krankheit geholfen hatte, konnte sich selbst nicht helfen. Sie starb nach siebenwöchigem Krankenlager am 1. Oktober 1585 an der Pest. In jenem Unglücksjahr Sachsens fielen 1209 Personen dem Schwarzen Tod zum Opfer.

Anna war in der Stunde des Todes ohne familiären Beistand. Ihr Mann weilte in Colditz, wo er auch blieb. Aus Furcht, er könne sich anstecken, kehrte er nicht nach Dresden zurück. Zeitgenossen und Chronisten haben sein Verhalten unterschiedlich beurteilt.

Die Trauerfeierlichkeiten für Anna und die Beisetzung ihrer Leiche verzögerten sich. Der Hof, in seiner Entscheidungsfreudigkeit gehemmt durch die Abwesenheit des Landesherrn, wollte zwar einen würdigen Abschied von der Kurfürstin, der Pest wegen aber eine große Menschenansammlung vermeiden. Erst eine Woche nach Annas Tod fand in der Schloßkirche zu Dresden eine Trauerfeier statt. Die Überführung in die Freiberger Fürstengruft verzögerte sich wiederum aus Furcht, daß die Begleiter die Pest verschleppen könnten. Am 31. Oktober 1585, dem Reformationstag, wurde schließlich der Sarg in die Pfarrkirche zum Hl. Kreuz getragen, in feierlicher Prozession und unter großer Anteilnahme der Dresdner, obwohl dies so nicht gedacht war. Am 2. November erfolgte die Beisetzung im Dom zu Freiberg. Der zinnerne Sarg war verziert mit vergoldeten Löwenköpfen, zwei Engeln und einem großen flachen Kreuz.

Acht Wochen nach der Beisetzung von Anna heiratete der 60jährige Kurfürst August am 3. Januar 1586 in Dessau die 13jährige Agnes Hedwig Prinzessin von Anhalt-Dessau. Sie erbat sich am Hochzeitstag die Freilassung des Dr. Caspar Peucer. Damit gewann sie die Herzen der Sachsen. Sie ging in die Geschichte des Landes als die Kurfürstin mit der kürzesten Amtszeit ein. August starb sechs Wochen nach der Hochzeit, am 11. Februar 1586, in Moritzburg an einem Schlaganfall. Er wurde an der Seite Annas beigesetzt. Agnes heiratete später Johann von Holstein, Annas jüngsten Bruder.

In der Fürstengruft zu Freiberg stehen lebensgroße Statuen der Herrscherpaare, auch von August und Anna. Beherrscht wird die Grabstätte der Wettiner allerdings von dem monumentalen Kenotaph des Kurfürsten Moritz.

Anna ist eines der schönsten Denkmale gesetzt worden, die vorstellbar sind: Sie lebt als die »gute Mutter Anna« im Bewußtsein der Menschen fort.

Anna von Sachsen, die Gefallene

Des großen Moritz schwierige Tochter
Fürstenhochzeit in Leipzig
Schloßherrin auf Breda
Flucht nach Dillenburg
Die Affäre mit Jan Rubens
Hausarrest auf Burg Beilstein
Das Ende im Dresdner Verlies

DES GROSSEN MORITZ SCHWIERIGE TOCHTER. An fürstlichen Höfen galt die 1544 geborene Anna von Sachsen als »gute Partie«, wenn nicht gar als die seinerzeit beste in deutschen Landen; sie war das einzige Kind des 1553 in der Schlacht von Sievershausen gefallenen Kurfürsten Moritz von Sachsen, einem der bedeutendsten Herrscher seiner Zeit, und als Mitgift brachte sie ansehnliche 100 000 Taler in die Ehe.

Trotzdem machten sich die Freier rar, und das aus guten Gründen. Potentielle Heiratskandidaten wünschten unbedingt ein Porträt von ihr, was den Dresdner Hof in Verlegenheit brachte. Der Maler mußte ständig Schönheitskorrekturen vornehmen, bis er zwar nicht die Flinte ins Korn, aber den Pinsel in den Farbtopf warf: Das Bild sei ohnehin »hüpser als das lebendige«. Kurfürst August soll es daraufhin weggeschlossen, den Künstler jedoch ordentlich entlohnt haben. Anna entsprach nicht dem Ideal weiblicher Schönheit, schlimmer noch, sie war »ungeschickten Leibes«, was soviel wie verwachsen bedeutete. An ihre Mitgift denkend, hätte der eine oder andere Freier ihre körperlichen Mängel sicher akzeptiert, nur gesellte sich zu diesen eine weitere Mißhelligkeit: Sie war ein ebenso

Anna von Oranien, geborene Prinzessin von Sachsen (1544–1577)

unruhiger Geist wie ihr Vater, eigenwillig, wenig anpassungsfähig – »störrischer denn ein Esel«, und wer brachte schon die Courage auf, eine Widerspenstige zu zähmen?

August von Sachsen erbte von seinem Bruder Moritz die Kurfürstenwürde und als Draufgabe die Verpflichtung zur Erziehung von dessen Tochter, deren Mutter Agnes, eine Tochter des Landgrafen Philipp I. von Hessen, bereits 1555 verstorben war. In der Rolle des Kurfürsten gefiel sich August weit besser als in der des Ziehvaters, aber Anna war bereits elfjährig, als er sie von Weimar nach Dresden holte, und in einigen Jahren würde sie heiraten. Mit Philipp I. von Hessen kam er 1556 überein, daß nur beide gemeinsam über eine Eheschließung Annas befinden sollten. 1561 war es soweit: Wilhelm von Nassau-Dillenburg, Prinz von Oranien, nahm die derweil 16jährige Anna zur Frau. Kurfürst August atmete erleichtert auf – zu früh; die ungeliebte Nichte sollte sich bald wieder bei ihm einfinden.

Fürstenhochzeit in Leipzig. Der Gedanke, Annas Hochzeit in Leipzig zu feiern, ging zwar nicht vom damals regierenden Bürgermeister Hieronymus Roscher aus, aber er akzeptierte ihn. Sonst ließ der Rat selten eine Möglichkeit ungenutzt, um den Landesherrn samt seinen Gästen wenigstens zwischen den Messen von der Stadt fernzuhalten; erfahrungsgemäß waren mit solchen Visiten beachtliche Extraausgaben verknüpft.

Roscher brauchte seinen »eisernen Kasten« mit dem Ratsschatz nicht aufzuschließen. Die Hochzeit Annas richtete der Kurfürst aus, und die Gäste waren seine Gäste, nicht die des Rates. Selbst der Begrüßungstrunk ging auf seine Rechnung. Daß Roscher mit einem Hochzeitsgeschenk für den Oranier aufwartete, einem Doppelbecher im Wert von 112 Gulden, stand auf einem anderen Blatt.

Ausnahmsweise deckten sich die Interessen des Kurfürsten diesmal mit denen des Rates: Beide wollten renommieren, denn das durch Handel und Beteiligung am erzgebirgischen Silberbergbau zu Wohlstand gelangte Leipzig erlebte gerade eine Blüte.

Die Stadtkirche St. Nikolai, in der die kirchliche Trauung stattfinden sollte, hatte 1555 einen Mittelturm erhalten, und den beiden Seitentürmen war eine Renaissancehaube aufgesetzt worden. Noch im Bau befand sich die landesherrliche Pleißenburg. Bedeutungsvoller aus städtischer Sicht war, daß überall reiche Kaufmannshöfe entstanden waren, beispielsweise Auerbachs Hof, daß Hieronymus Lotter 1555 die Alte Waage gebaut hatte und im Jahr darauf das Rathaus, das heutige »Alte Rathaus«, eines der schönsten deutschen Renaissance-Rathäuser. Sollten doch die Fürsten selbst die Herrlichkeiten bewundern, die Erasmus Sarcerius zu der Behauptung veranlaßt hatten: »An Häuserpracht überragt Leipzig alle Städte Deutschlands.«

Die Fürstenhochzeit zog viele Fremde an; man zählte 5647 Pferde, und das in einer Stadt, die es allenfalls auf 13000 Einwohner brachte! Zum Troß Wilhelms von Oranien gehörten allein 1544 Pferde. Kurfürst August ritt dem Prinzen, begleitet von den Hochzeitsgästen, dem Kurfürsten Joachim von Brandenburg, den Landesherren von Küstrin, Mecklenburg, Braunschweig und Anhalt, den Gesandten Spaniens und Dänemarks sowie den Bischöfen von Halle, Merseburg und Meißen, bis nahe Markranstädt entgegen. Flankiert von 200 schwarz-gelb gekleideten Trabanten zog die Hochzeitsgesellschaft in Leipzig ein; Anna empfing den Bräutigam am Rathauseingang.

Die Hochzeit fand noch am gleichen Tag, Sonntag dem 24. August 1561, im Festsaal des Rathauses statt. Dort wurde auch das Beilager aufgeschlagen. Tags darauf ging es in feierlicher Prozession zum »ersten Kirchgang« in die Nikolaikirche. Der Oranier wurde von den Kurfürsten August und Joachim geführt; der Braut gingen »zwölf ehrliche alte Männer« mit brennenden Kerzen voran, und ein »Zug der Jungfrauen« folgte ihr. Die kirchliche Feier zelebrierte Dr. Johannes Pfeffinger, der erste lutherische Superintendent Leipzigs und Pfarrer der Nikolaikirche. Ans Hochzeitsmahl, das an fünf runden, mit schwarzem Samt bedeckten Tischen wiederum im Festsaal des Rathauses eingenommen wurde, schlossen sich sieben Festtage an[1], eröffnet mit einem Lanzenstechen. Der Markt war extra für diesen Zweck mit 54600 Ziegeln neu gepflastert und in eine provisorische Stechbahn umgewandelt worden. Es müssen sieben sehr vergnügliche Tage geworden sein; jedenfalls wurden 3600 Eimer Wein und 1600 Faß Bier getrunken.[2]

Zufrieden und in bester Stimmmung verabschiedete sich die Hochzeitsgesellschaft.

Wilhelm von Oranien, dessen erste Frau, Anna von Egmont, 1558 verstorben war, hatte zwei Jahre lang um Anna geworben. Der Heirat stellten sich sowohl der spanische König Philipp II. entgegen, dessen Konsens er als Oranier benötigte, als auch Annas Großvater mütterlicherseits, Philipp I. von Hessen. Beide sahen in dieser Ehe »für Staat und Religion« keinen Nutzen und in Wilhelm, der sich im katholischen Oranien katholisch und im lutherischen Nassau lutherisch gab, in religiöser Hinsicht einen etwas unsicheren Kantonisten. Der hessische Philipp bestand denn auch darauf, daß Wilhelm am Tage seiner Hochzeit in Leipzig vor Zeugen ausdrücklich erklärte, Anna in ihrem Glauben nicht zu behindern und gemeinsame Kinder lutherisch erziehen zu lassen. Philipp I. von Hessen sah im Oranier für die Tochter eines Kurfürsten von Sachsen ohnehin keinen standesgemäßen Gatten, nur angesichts der Schwierigkeiten, Anna »unter die Haube« zu bringen, fügte er sich.

Anders als später sein Sohn Moritz war Wilhelm kein genialer Feldherr, eher abwägender Taktiker. In den ihm durch Erbschaft zugefallenen niederländischen Besitzungen rührten sich bereits Kräfte gegen die Überfremdung durch das katholische Spanien. An den Abfall der Niederlande dachte zwar direkt noch keiner, aber Wilhelm sah Chancen, Kurfürst von Brabant zu werden. Noch betonte er, Fürst von Nassau, also deutscher Reichsfürst, zu sein. Ihm lag an guten Beziehungen zu den deutschen Landesherren – und Anna war die Tochter des bedeutendsten protestantischen Fürsten. Außerdem brauchte er ihr Geld; seine Schulden wuchsen ihm allmählich über den Kopf.

Als im November 1560 seine Schwester nach Thüringen heiratete, hatte Wilhelm von Oranien für zehn Tage einen Abstecher nach Dresden unternommen. Anna drängte sich ihm ziemlich ungeniert auf, kannte sie doch nur ein Ziel: Fort von Dresden! Kurfürst August und Kurfürstin Anna verlangten von ihr unbedingten Gehorsam, und das widersprach ihrem eigenwilligen Charakter. Sie fühlte sich in Dresden verloren, überflüssig und sah einen Ausweg nur in einer Heirat. Als Wilhelm von Oranien Interesse an ihr zeigte, verdrängte sie alle Hemmungen; sie sah in ihm den Erlöser. Ob sie ihn wirklich mochte, darüber war sie sich wohl selbst nicht so recht im klaren. Ihr kleiner Hofstaat – ein solcher war ihr zugestanden – meinte ziemlich einhellig, sie habe sich dem Prinzen »an den Hals geworfen«. Wohlmeinende Warnungen vor dem Oranier schlug sie in den Wind: »Er ist ein schwarzer Verräter, aber ich habe keine Ader in meinem Leibe, die ihn nicht herzlich lieb hätte.« Als Wilhelm auf der Rückreise von Dresden Leipzig erreichte, besaß er schon drei Liebesbriefe von ihr; die Antwort ließ er sich von einem seiner Getreuen entwerfen.

Jetzt hatte Anna jedenfalls ihr Ziel erreicht: Sie war die Frau des Prinzen. Leichten Herzens verließ sie Sachsen, und keiner trauerte ihr nach.

Schlossherrin auf Breda. Am 1. September 1561 traf das jungvermählte Paar auf Schloß Breda in den südlichen Niederlanden ein. Den prächtige Renaissancebau hatte Thomas Vincidor van Bologna für Heinrich III. von Nassau errichtet, und im Gästebuch des Hauses fanden sich Namen berühmter Herrscher, auch der Kaiser Karls V., an dessen Hof Wilhelm von Oranien erzogen worden war. Breda galt als ein Zentrum weltmännischer Hofkultur.

Schloßherrin auf Breda war nun die 16jährige Anna, angetan von der großzügigen Hofhaltung. Dresden erschien ihr in der Erinnerung geradezu provinziell. Zum höfischen Haushalt gehörten 256 Personen, die anzuleiten sie aber nicht imstande war. Sie konnte auch nicht mit Geld umgehen, und allein der Etat für Küche und Keller übertraf mit jährlich 44 000 Gulden den des Dresdner Hofes ums Dreifache. Daß Sachsens Kurfürstin einen mustergültigen höfischen Haushalt führte, war bis Breda vorgedrungen, aber die aus Sachsen stammende neue Schloßherrin schien nicht in die Fußstapfen ihrer Tante zu treten.

Annas Ehe mit dem Oranier ließ sich trotz allem passabel an. Noch herrschte Ruhe im Lande, und Wilhelm konnte sich dem Hof widmen und der Gattin, für die er wegen des schwierigen Umfeldes in dem ihr fremden Breda der einzige Halt war. Binnen weniger Jahre hat Anna ihm vier Kinder geboren, darunter Sohn Moritz, der ihm – Wilhelm wurde 1584 von dem spanischen Agenten Balthasar Gérard ermordet – als Statthalter von Holland und Seeland (1585 bis 1625) folgen und an Bedeutung übertreffen sollte. Was immer auch später gegen Anna und ihre Ehe mit Wilhelm von Oranien gesagt werden mochte: Historisch bedeutungsvoll bleibt, daß aus dieser Verbindung Moritz von Oranien hervorgegangen ist.

Daß die Ehe am Ende gescheitert ist, haben die Zeitgenossen Anna angelastet, ihrem schwierigen Charakter und ihrem »Fehltritt«, aber die Katastrophe hatte nicht nur eine Ursache.

Die politischen Unruhen in den Niederlanden griffen auch ins Familienleben des Prinzen ein. Als Statthalter der Provinzen Holland, Seeland und Utrecht war er häufig unterwegs. Anna fühlte sich vernachlässigt und äußerte sich unbeherrscht Dritten gegenüber abfällig über ihre Ehe und die ihr unverständlichen politischen Aktivitäten Wilhelms. Die Neuigkeiten machten die Runde, und im Nu hatte der Hofklatsch die Atmosphäre vergiftet. 1565 steckte die Ehe in einer schweren Krise. Annas sächsische wie hessische Verwandtschaft wollte davon möglichst wenig hören, erst als die Nachrichten immer beunruhigender wurden, schickte Kurfürst August von Sachsen einen Vertrauten, Hans Löser aus Pretzsch, nach Breda, um nach dem Rechten zu sehen. Löser gelangte zu dem Schluß, Schuld an dem ehelichen Zerwürfnis sei Anna. Er redete ihr gut zu, und sie versprach, einzulenken; einigermaßen beruhigt reiste Löser zurück nach Sachsen.

FLUCHT NACH DILLENBURG. Am 23. April 1567 siedelten Wilhelm von Oranien und seine erneut schwangere Frau mit etwa hundert Hofleuten aus Furcht vor Repressalien der Spanier nach Dillenburg über. Anna war unruhig, aber nicht traurig. Sie hatte sich in Breda so wenig wohlgefühlt wie in Dresden, und wie in Dresden weinte ihr auch in Breda niemand eine Träne nach. Gemeinsam verstrickt in die Widrigkeiten des Ortswechsels, kamen sich die Eheleute wieder näher, aber Wilhelm hielt es nicht im Schoße der Familie.

Seit dem »Kompromiß von Breda« (1565) stand er im Kampf der Niederländer gegen Spanien in der ersten Reihe. Er organisierte den Widerstand gegen Herzog Alba, dessen »Blutrat« 8 000 Menschen zum Opfer fielen, hatte jedoch in den Feldzügen 1568/69 keinen Erfolg. Für seine enormen finanziellen Aufwendungen hoffte er durch Säkularisierung des katholischen Kirchenbesitzes in Brabant Entschädigung zu finden.

Anna hatte wenig Verständnis für die politischen Aktivitäten ihres Mannes. Abgesehen davon, daß sie ihm für Stunden nur gelegentlich in Mannheim begegnete, bekam sie ihn zwei Jahre lang nicht zu Gesicht. Sie fühlte sich im Stich gelassen, auch finanziell. Herzog Alba hatte alle Besitzungen des Oraniers konfisziert. Nur 250 Kronen erhielt sie von Wilhelm für sich und die Kinder in diesen zwei Jahren. Da sie sich mit ihrer Schwiegermutter nicht vertrug, siedelte sie von Dillenburg nach Köln über, wo sie von dem zehrte, was ihr der Pfandleiher für ihren Schmuck bot; etwa 40 000 Gulden bekam sie. Bittschreiben an die Verwandten blieben ohne Erfolg. Wilhelm von Hessen sah sich zu nichts verpflichtet, da sein Vater Anna vor der Ehe mit dem Oranier gewarnt habe. Kurfürst August von Sachsen schickte Burghauptmann von Berlepsch nach Köln, und der riet von Zahlungen ab. Anna habe Dillenburg verlassen, wo Schwiegermutter und Schwager ihren Unterhalt bestritten hätten, und leiste sich in Köln unvernünftigerweise einen 43köpfigen Hofstaat.

Die Affäre mit Jan Rubens. Am 22. August 1571 brachte Anna in Siegen ein Mädchen zur Welt, Christine von Dietz genannt, da Wilhelm von Oranien unmöglich der Erzeuger sein konnte. Der Kindesvater war bekannt. Er hieß Dr. Jan Rubens und saß wegen doppelten Ehebruchs schon den fünften Monat im Kerker.

Jan Rubens (1530–1587) hatte nach Studium und Promotion in

Rom 31jährig in Antwerpen Maria Pypelinckx geheiratet und sich seinen Unterhalt als Richter verdient. Er stand im Ruf, Recht mit unerbittlicher Strenge zu sprechen, ohne Scheu vor dem Einsatz der Folter. Nach der Bilderstürmerei von 1566 hatte er im Auftrage Wilhelms von Oranien in Antwerpen für Ruhe zu sorgen. Als dann Herzog Alba erschien, mußte er Rechenschaft über die Bestrafung der Bilderstürmer ablegen, und nach Meinung Albas war er zu lasch vorgegangen. So geriet er zwischen die Parteien. Er reichte an Albas »Blutrat« den verlangten Bericht ein und – flüchtete 1568 mit seiner Familie auf deutsches Gebiet.[3] Länger hätte er nicht zögern dürfen; die Spanier hatten seinen Namen bereits auf die Fahndungsliste gesetzt. In Köln wurde Jan Rubens Rechtsbeistand Annas.

Herzog Alba hatte nicht nur den Besitz Wilhelms von Oranien, sondern auch den Annas beschlagnahmt. Dazu gehörten die Grafschaft Vianden, die freien Herrschaften St. Veit und Warneston in Flandern sowie die Herrschaft Grave. Anna wandte sich direkt an Herzog Alba, doch er lehnte die Freigabe ab: Sie habe ihren Mann zum Widerstand gegen Spanien aufgewiegelt, was nicht den Tatsachen entsprach. Da ihr Mann keine Unterhaltszahlung mehr zu leisten vermochte und die eheliche Gemeinschaft de facto aufgegeben hatte, war aus Annas Sicht das Wittum eingetreten. Sie wollte das ihr für diesen Fall zugestandene Schloß Dietz oder die Zahlung des Leibgedinges (12 500 Taler jährlich) durch die Familie des Oraniers.

Da es sich um eine komplizierte Rechtslage handelte, erregten die zahlreichen Beratungen des Anwalts mit seiner Mandantin – oder war es umgekehrt? – kein Aufsehen. Anna war Mitte Zwanzig, fühlte sich von ihrem Mann vernachlässigt und fürchtete um ihr Geld: Da fand sie in Dr. Jan Rubens, einem ansehnlichen Mann mit guten Umgangsformen, als Anwalt ihr engster Verbündeter im Kampf ums Leibgedinge, den rechten Tröster.

Der Kaiser hatte Wilhelm von Oranien in die Acht getan, und Beziehungen zu ihm wurden damit ein Politikum, auch für die Verwandtschaft. Am 12. Juni 1570 kam diese in Heidelberg überein, Anna in Erfurt eine Hofhaltung für 24 Personen einzurichten. Von den Kosten übernahmen die beiden Brüder des Oraniers 2000 Taler, Landgraf Wilhelm von Hessen 1000 Taler und Kurfürst August von Sachsen 2000 Taler. Anna bekam damit einen selbständigen Wohnsitz fernab der Schwiegermutter und sichere Einkünfte. Zu aller Überraschung lehnte sie ab. Was hielt sie in Siegen, wohin sie derweil übergesiedelt war?

Zum Jahreswechsel 1570/71 begegneten sich Anna von Sachsen und Wilhelm von Oranien zum letzten Mal. Anna leistete bei dieser Gelegenheit Verzicht auf das Wittumsgeld, auf das sie nach dem Tode ihres Mannes Anspruch gehabt hätte, womit das Ende der Ehe signalisiert ward. Ob Wilhelm von Oranien derweil wußte, daß Rubens für Anna mehr sei als ihr Anwalt? Jedenfalls wurde ihre Post überwacht. Als Rubens wieder nassauisches Gebiet betrat, wo Annas Schwager Graf Johann die Gerichtsbarkeit oblag, wurde er verhaftet.

Ohne Umschweife gab Jan Rubens zu Protokoll: Infolge seiner beruflichen Verpflichtungen »sey er von der fraw Prinzessin fast teglich und ohne Unterlaß erforderdt worden, hab auch mit ihr nach Kassel tziehen... müssen. Hab letztlich wol gespürt und aus den vielfältigen erfordern ab(n)genommen, das sie eine Neigung und lieb zu ihm hedte. Müsse gleichfalls bekennen, das er ihr nicht feindt gewesen, und sey leider durch dise tegliche Conuersation die sach endtlich durch listige verfuerung des theufels so weidt kumen, das sie beide sich leider groblich vergessen und Godts Itzige straf dadurch mehr dan genugsam haben verursacht.«[4]

Jan Rubens wußte als Jurist allzugut, daß auf Ehebruch die Todesstrafe stand. Er hatte selbst viele Urteile gefällt, konsequent dem Buchstaben des Gesetzes folgend, in ganz Antwerpen dafür bekannt, nie Gnade vor Recht ergehen zu lassen. Nun waren die Rollen vertauscht, richtete nicht er, wurde vielmehr er gerichtet. Er strafte die Meinung Lügen, daß Mächtige nach Verlust der Macht sich oft als klägliche Kreaturen zeigen. Auch als Häftling dachte er, wie er als Richter gedacht, verurteilte er sich innerlich selbst zum Tode, dem Gesetz ergeben. Eine Bitte nur äußerte er: Er wolle »midt dem schwerdt hingerichtet und nicht zu mehrer beleidigung..., auch seiner armen Kinder ewiger schmach und schande« gehangen werden.

Als Anna erfuhr, Jan Rubens habe bekannt, der Vater ihres außerehelichen Töchterleins zu sein, reagierte sie allergisch: Er habe »gelogen wie ein verredterischer bösewicht, und so ihn der Hals jucke, woll sie Ime gennen, das Ime sollches balde gewehredt werde«.[5] Rachsüchtig beschuldigte sie ihn, er habe sie durch Ausstellung falscher Quittungen um 50000 Taler gebracht. Dem mit der Untersuchung des Falls betrauten nassauischen Rat Dr. Jacob Schwartz aber war Annas dürftige Vermögenslage bekannt, und er tat ihre Vorwürfe als das ab, was sie waren – als Unsinn. Es gab kein Verfahren wegen Unterschlagung.

Jan Rubens half der glückliche Umstand, daß der Oranier und Annas Verwandtschaft einen öffentlichen Skandal zu vermeiden suchten und keinen Prozeß wagten, sich aber auch nicht einer Willkürherrschaft schuldig machen und ihn ohne Prozeß dem Henker ausliefern wollten. Er saß in Dillenburg und Siegen ein, 26 Monate lang, etwa so lange, wie er sich mit Anna dereinst verlustigt hatte. Hilfe wurde ihm durch seine Frau Maria zuteil, die sich nicht von ihm lossagte, sondern den letzten Gulden opferte, um ihn trotz Ehebruchs zu retten.[6] Allein zwei Jahre kämpfte sie um eine Besuchserlaubnis. Sie hatte ihre Wohnung in Köln aufgegeben und lebte mit ihren Kindern in einem Gasthof zu Siegen, nur um ihrem Mann nahe zu sein. Den Unterhalt für die Familie bestritt sie durch den Anbau von Kräutern auf einem vor der Stadt gepachteten Stück Land. Ein Halbbruder Jans, Philipp de Landmeter, half ihr nach Kräften, letztlich auch finanziell. So konnte sie schließlich ihren Mann gegen 6000 Taler Kaution aus dem Kerker befreien. Er zog zu ihr, durfte sich aber nicht in der Stadt zeigen, mußte den Prinzen von Oranien meiden und noch andere Auflagen beachten. In Siegen kam denn am 28. Juni 1577 Sohn Peter Paul zur Welt, der einmal als Maler des flämischen Barock Weltruhm erlangen und Herr von Schloß Steen werden sollte. Jan Rubens erkaufte sich im gleichen Jahr die Rückkehr nach Köln durch Verzicht auf die Hälfte der Kaution sowie 1400 Taler Bestechungsgeld. Er glaubte schon, alles überwunden zu haben, als ihn eine Vorladung erreichte: Er hatte sich am 1. November 1582 in Siegen zu melden und – kam erneut hinter Gitter. Diesmal ging es um sein Vermögen in Antwerpen. Durch das Edikt von Marche-en-Famenne erhielten die von Spanien Verfolgten ihren Besitz zurück. Auch Jan Rubens hatte Ansprüche. Die Herren von Nassau rechneten ihm auf, welch hohe Kosten ihnen für sein Kind und die von ihrem Mann verlassene Anna erwachsen seien. Am 5. Januar 1583 unterschrieben Jan Rubens und seine Frau Maria ein »Elendspapier«, wie sie es nannten: Sie traten ihre Vermögensansprüche ab, und dafür verzichtete die Gegenseite auf einen Prozeß, den sie ohnehin nicht gewollt hatte.

Jan Rubens hat die Liebesnächte mit Anna von Sachsen teuer bezahlt. Insgesamt schmachtete er 28 Monate im Kerker. Er brachte sich um Besitz und Karriere und zog noch seine Familie mit ins Unglück. Erst nach zwölfjährigem Kampf war die Affäre mit Anna von Sachsen endlich ausgestanden.

Rubens kam nicht mehr dazu, seine verworrenen Verhältnisse zu ordnen; er starb 1587. Seine Frau kehrte mit den Kindern nach Antwerpen zurück, in jene Stadt, die sie vor 19 Jahren mit ihrer Familie verlassen hatte, als ihr Mann Gefahr lief, Herzog Alba in die Hände zu fallen.

HAUSARREST AUF BURG BEILSTEIN. Anna harrte in Siegen der Dinge, die da kommen sollten.

Wilhelm von Oranien ließ sich Zeit. Seine Aufgabe als Führer der antispanischen Rebellion der Niederlande halte ihn ab, ließ er wissen, augenscheinlich froh, den familiären Peinlichkeiten ausweichen zu können. Natürlich entrüstete er sich über Anna. Aber kam ihm ihr Seitensprung am Ende nicht ganz gelegen? Er konnte sich unbedarft aus einer längst zerrütteten Ehe stehlen und brauchte keine weiteren Fragen nach dem Verbleib der Mitgift zu fürchten – er, der so schändliche Betrogene! Das Geld Annas war verbraucht, und politischen Nutzen konnte sie ihm nicht mehr bringen.

Aber was sollte aus Anna werden?

Seit der Geburt des unerwünschten Töchterchens war fast ein

Jahr vergangen, als Wilhelm von Oranien schließlich am 5. Juni 1572 einen Vertrauten nach Dresden mit der Botschaft sandte, Anna habe sich des Ehebruchs schuldig gemacht; vorbehaltlich der Trennung wolle er ihr dies nachsehen. Drei Monate brauchte die Verwandtschaft, um sich über die Zukunft der vom Prinzen fallengelassenen Anna schlüssig zu werden. Besonders unnachsichtig zeigte sich Kurfürst August von Sachsen. Er hatte ohnehin Verdruß. Seine Schwester Sidonie, verheiratet mit Herzog Erich von Braunschweig, suchte ihre Eheprobleme offenbar zu lösen, indem sie die Speisen des ungeliebten Gatten mit Gift würzte, und August hatte seine trickreiche Schwester nach Sachsen holen müssen. Keinesfalls wollte er jetzt auch noch seine Nichte versorgen. Er verständigte am 24. Juni Wilhelm von Hessen über die Mitteilung des Oraniers und erklärte kategorisch, man müsse Anna »unvermerkt und im geheimen gefänglich verwahren«, zeit ihres Lebens. Als Wilhelm von Hessen zur Vorsicht mahnte, es werde Gerede geben, rechtfertigte sich Kurfürst August damit, Anna »würde des lasters und anderer Untugend schwerlich müssig stehen«.[7] Hätte sie davon erfahren, wäre es wohl fortan ihr sehnlichster Wunsch gewesen, nie in die Gewalt ihres Dresdner Onkels zu fallen. Gleich dem Landgrafen von Hessen riet aber auch Graf Johann von Nassau zur Mäßigung, des Oraniers Bruder, auf dessen Besitzungen sich Anna mit ihren Kindern aufhielt; keiner wollte sie ihm abnehmen.

Graf Johann bereute seine Nachgiebigkeit bald. So sah er sich unversehens in die Rolle des Ziehvaters der Christine von Dietz manövriert, obwohl diese die außereheliche Tochter der Frau seines Bruders war, also nicht zu seiner Familie gehörte. Ihre Blutsverwandten, die hessischen wie die sächsischen, ignorierten sie. Daß er sich später enttäuscht an Jan Rubens hielt, als dieser zu Geld kam, war zwar aus Sicht der Familie Rubens bitter, aber gar nicht so abwegig.

Anna konnte nicht in Siegen bleiben. Das dortige Schloß war Witwensitz des Hauses Nassau und vergeben. Der Familienrat einigte sich im September 1572 darauf, ihr die kaum genutzte nassauische Burg Beilstein im Westerwald als Wohnsitz zu überlassen.

Acht Tage lang wurde mit Anna verhandelt. Sie sträubte sich. Wenn sie schon umziehe, dann in eine freie Reichsstadt, nach Speyer etwa, was wie eine Drohung mit dem Reichskammergericht klang. Schließlich gab sie nach.

Ihr Aufenthalt auf Burg Beilstein wurde mit 1500 Gulden jährlich veranschlagt. Während sich die hessischen und sächsischen Verwandten noch über ihre anteiligen Zahlungen stritten, sorgte Anna in dem »Saustall« für Aufruhr. Ihr Domizil befand sich in der Tat nicht im besten Zustand – mit dem Residenzschloß in Dresden oder Schloß Breda war Burg Beilstein keinesfalls zu vergleichen –, doch die ihr zugewiesenen fünf Zimmer wurden vor ihrem Einzug renoviert. Auch ein kleiner Hofstaat von 15 Personen war ihr geblieben. Anna aber fühlte sich der Freiheit beraubt und hegte nur einen Gedanken: Sie wollte fort! Um das Wohin sorgte sie sich nicht weiter. Sie bot der »Hausfrau« 500 Taler, so sie ihr zur Flucht verhelfe und einem Kutscher mit dem gleichen Ansinnen gar 3 500 Taler. Das Personal erwies sich jedoch als unbestechlich. Aus Gefälligkeit rührte für die cholerische Anna keiner die Hand, und für die so großzügig ausgesetzte Belohnung fehlten ihr die Mittel, das wußten auf Beilstein alle. Ihre Fluchtpläne wurden ruchbar und die Sicherheitsvorkehrungen daraufhin verschärft.

Das Personal hatte Weisung, Annas Befehle strikt zu ignorieren. Im Schloßgarten durfte sie sich frei bewegen, jedoch nur in Begleitung von wenigstens zwei Personen und nicht nach Eintritt der Dunkelheit. Besucher konnte sie empfangen, aber nur adlige Frauen und im Beisein der »Hausfrau« und eines Fräuleins. Ihre Briefe und Finanzen unterlagen der Kontrolle, um neue Fluchtpläne zu vereiteln und zu verhindern, daß sie sich bei »Gott und der Welt« darüber beklage, ihre Verwandten hätten sie arretiert. Eigentlich stand sie nur unter Hausarrest, doch ihrer Freiheit war sie beraubt, das traf zu.

Das Leben auf Burg Beilstein gestaltete sich schwierig. Eine gereizte Stimmung kam auf, unerträglich für Anna und das Personal. Einige Kammerfrauen und Mägde liefen ohne Rücksicht auf soziale Konsequenzen einfach davon. Anna, exzentrisch veranlagt, entzweite sich durch ihr herausforderndes Verhalten mit den Gutwilligsten. So wurde es bald einsam um sie. Ihren Verwandten schrieb sie, sie müsse elendig verhungern, bekäme nur kranke und halbgare Hühner auf den Tisch – so in einem Beschwerdebrief vom 30. Januar 1575 an Wilhelm von Hessen. Bald waren die Angehörigen ihrer restlos überdrüssig.

Das Ende im Dresdner Verlies. Überraschend für alle forderte Wilhelm von Oranien 1575 die »Akte Jan Rubens« an. Er wollte Charlotte von Bourbon heiraten, die Tochter Ludwigs II., einflußreich und vermögend. Aber konnte er dies? War nicht Anna von Sachsen noch seine Frau? Fünf Theologen bestätigten ihm nach Studium der Akten, es stehe nichts einer neuerlichen Ehe im Wege, und am 12. Juni 1575 ließ er sich mit Charlotte von Bourbon in Brielle trauen. Seine Kinder aus der Ehe mit Anna von Sachsen nahm er zu sich, und Charlotte, seine nunmehr dritte Frau, sollte ihnen eine gute Mutter werden.

Für Anna auf Burg Beilstein trat eine völlig neue Situation ein. Graf Johann von Nassau, der ohnehin meinte er sei »der Dumme«, der von allen im Stich gelassene, zog sich von ihr zurück. Sie war nicht mehr seine Schwägerin, sondern nur eine ewig nörgelnde Frau, die ihm dauernd Schwierigkeiten bereitete. Die Verwandten Annas brachen mit dem Oranier, verlangten die Mitgift zurück. Sollten sie etwa zweimal zahlen, erst fürs Heiratsgut Annas, dann für ihren Unterhalt? Der Oranier verschanzte sich hinter ihrer Affäre mit Rubens. Landgraf Wilhelm von Hessen brachte seine alten Argumente vor: Warum solle er sich mit Anna belasten, wo doch sein Vater gegen ihre Ehe mit dem Oranier gewesen sei. So kam denn alles auf Kurfürst August von Sachsen zu.

Am 15. November 1575 gab er Hauptmann Wolf Bosen den Auftrag, Anna von der Burg Beilstein abzuholen und ins Schloß Rochlitz zu bringen. Sechs Tage lang wurde mit ihr des Ortswechsels wegen verhandelt, immer unter Bezug auf die Beschwerden über ihr Quartier; man käme ihr entgegen, erfreut müsse sie über den Umzug sein! Burg Beilstein war ihr so verleidet, daß sie ihre

Bedenken aufgab und einwilligte. Keiner hatte gewagt, ihr das genaue Reiseziel zu nennen, denn jeder wußte, daß sie ihre sächsische Verwandtschaft haßte. Bosen setzte sie in eine verhangene Kutsche und fuhr ab. Am 10. Dezember 1575 in Schulpforta angelangt, sagte er ihr beiläufig, es gehe nach Rochlitz. Den darauf folgenden Ausbruch Annas hatte er nicht erwartet. Niemals gehe sie nach Rochlitz, erklärte sie, eher schon nach Zeitz oder ins Kloster Weißenfels. Ratlos verständigte Bosen den sich eben in Meißen aufhaltenden Kurfürsten. »Er könne die Prinzessin nicht steuern« bekannte er, sie lasse »treffliche böse Worte« von sich, »wenn sie ihren Kopf aufsetze, faret sie heraus wie ein zerbrochenes Schiff«.[8] Kurfürst August, der Annas wegen den prominenten Häftling Dr. Peucer, Melanchthons Schwiegersohn, von Rochlitz nach Zeitz verlegt hatte, rügte Bosen, fand es unverständlich, daß er samt seiner Begleitung nicht mit einer auf sich gestellten Frau fertigwerde. Dann entschied er anders: Anna sei nach Dresden zu schaffen, ohne ihr das neue Reiseziel zu nennen. Über Colditz und Nossen ging die Fahrt weiter, und am Abend des 22. Dezember 1575 war Sachsens Residenzstadt erreicht.

Kurfürst August kam Annas wildes Gebaren nicht ungelegen. Seit langem erwog er, sie auf Lebenszeit zu »verwahren«, und nun hatte er einen plausiblen Grund gefunden: Für ihn war Anna geisteskrank. Anna, um deren Rückkehr nur einige wenige Vertraute wußten, wurde in einem abgeschiedenen Zimmer untergebracht. Im Vorsaal wachten im Wechsel zwei vereidigte Männer. Die Akten im Staatsarchiv schweigen sich über Annas Dresdner Jahre fast völlig aus. Im Juli 1577 waren kurz hintereinander zwei Geistliche bei ihr, im Dezember darauf gleich vier Personen, Ärzte und kurfürstliche Räte. Durchaus glaubhaft versicherten die Mediziner, Anna sei boshaft, melancholisch und »im Kopfe verrückt«.

Als Annas Todestag gilt der 18. Dezember 1577. Der Platz neben ihrem berühmten Vater Kurfürst Moritz im Freiberger Dom blieb frei; ihre Leiche wurde in aller Stille nach Meißen gebracht und im dortigen Domchor bestattet. Von der kurfürstlichen Familie fand sich niemand zur Beisetzung ein. Der Nachlaß wurde versiegelt. Landgraf Wilhelm von Hessen wollte ihre Briefe verbrannt wissen, aber das widerstrebte Kurfürst August.

Anderthalb Jahre nach ihrem Tod wurde ihr einstiges Verlies geöffnet. Kurfürstin Anna beauftragte am 12. Juli 1579(!) den Kammersekretär Jenitz, er »wollet auch dem Bettmeister befehlen, daß er die Ziegel aus den verblendeten Fenstern brechen, dieselben öffnen, die Stube und Kammer auch Bett und alles andere darin wiederum aufs reinste waschen und ausscheuern lassen, die Gemächer öffnen, daß die Luft solche durchgehe und was an Dielen, Holz und Steinwerk darin mit dem Waschen sich nicht reinigen lassen wollte, daß er solche mit neuen Brettern, Holz oder Steinwerk erneuere und bessere... Desgleichen, daß er auch an Stubentüre – die mit einem Gitter versehene – an solchem Gemach wieder abnehmen, dieselbe in die Silberkammer überantworten und dagegen die vorige alte Tür, so in der Silberkammer verwahrt steht, wiederum fordern einhängen solle...«[9] Nur durch ein Gitter hatte Anna Nahrung und geistlichen Beistand erhalten. Daß sie vertierte, wie man ihr nachgesagt hat, klingt keineswegs unwahrscheinlich.

Ein Notar registrierte das Inventar. Die in den Koffern und Kisten befindlichen Dinge, meist vollständig vermodert, schickte die Kurfürstin nach Hessen mit dem Vermerk, sie wolle nicht Annas Kindern den Nachlaß der Mutter entziehen. Der Landgraf von Hessen sandte die Erbschaft weiter nach Dillenburg. Wie seine sächsischen Verwandten wollte auch er nichts besitzen, was an Anna von Sachsen erinnerte.

Anna Sophie, die Mutter Augusts des Starken

Respektsperson
Dänische Königstochter
Ehe mit dem sächsischen Mars
Die Söhne und Schwiegertöchter
Der Enkel
Die Schwesterngruft in der Lichtenburg

RESPEKTSPERSON. August der Starke, der wohl bekannteste aller Wettiner, ähnelte sehr seiner Mutter Anna Sophie: Von ihr hatte er die kräftige Statur, die auffallend dunklen Augenbrauen und vor allem die markante Nase – wohl auch das ausgeprägte Selbstbewußtsein. Am Hofe hieß es, sie flöße ihm, dem mächtigen Barockfürsten, dem Herrscher Sachsens und Polens, Furcht ein. Etwas Spott lag darin, doch es hatte schon seine Richtigkeit: Seine Mutter respektierte August der Starke, mit ihr legte er sich ungern an. Dann muß sie aber wohl auch eine bemerkenswerte Frau gewesen sein.

DÄNISCHE KÖNIGSTOCHTER. Anna Sophie (eigentlich Sophia) erblickte am 1. September 1647 in Kopenhagen als älteste Tochter des (späteren) Dänenkönigs Friedrich III. das Licht der Welt.

Zur Zeit ihrer Geburt war noch Großvater Christian IV. an der Macht, ein außergewöhnlicher Herrscher, in dessen Bann die Familie über Generationen stehen sollte. Obwohl er bereits vier Monate nach Anna Sophies Geburt starb, wurde sie ganz in seinem Geiste erzogen. Für sie war er vor allem der Vertreter einer blühenden Renaissancekultur und ein standhafter Anhänger der Reformation. Er hatte die Schlösser Frederiksborg und Kronborg errichten lassen, 1624 die Stadt Christiana-Oslo gegründet und die Humanisten Vedel (Herausgeber der Sammlung »Folkeviser«) und Brahe (Astronom und Mathematiker) gefördert. Letzteren warb ihm der Kaiser später ab. Als Mathematiker und Zeichner bewies er selbst Talent. Eben hier lagen auch die besonderen Fähigkeiten Augusts des Starken, und Anna Sophie war überzeugt, das könne nur ein Erbteil ihres Großvaters sein. Anders verhielt es sich mit Treue im Glauben, für August den Starken kein Wertmaß. Christian IV. aber widersetzte sich der kaiserlichen Gegenreformation und avancierte im 30jährigen Krieg zum Oberhaupt der protestantischen Union, erlitt allerdings 1626 in der Schlacht bei Lutter am Barenberg eine Niederlage und mußte drei Jahre später im Frieden von Lübeck auf die »Einmischung in deutsche Angelegenheiten« verzichten. Anna Sophie jedenfalls wurde streng lutherisch erzogen. Dänemark hatte nach dem erfolgreichen Krieg gegen Schweden 1611/13 den Ostseeraum beherrscht, und diese Position suchte der Großvater gegen Schweden zu behaupten, was ihn wiederholt in militärische Auseinandersetzungen verstrickte. Er schlug sich nicht ungern, und auch die Freude am Kampf soll August der Starke von ihm geerbt haben, das heiße Blut ebenfalls, vermutete Anna Sophie: Christian IV. brachte es – mit zwei Frauen – auf 16 Kinder.

Anna Sophies Vater, Friedrich III., führte nach glücklosen Kriegen gegen Schweden 1660 den Absolutismus in Dänemark ein, fünf Jahre darauf legalisiert durch das sogenannte Königsgesetz, das bis 1814 gelten sollte. Er vereinheitlichte die Verwaltung und stärkte das Beamtentum durch Zulassung talentierter Bürgerlicher. August der Starke bewunderte seinen Großvater, in dem er beim Neuaufbau des sächsischen Staatswesens ein Vorbild sah. In jungen Jahren, noch nicht wissend, daß ihm einmal die Kurfürstenwürde zufallen sollte, hatte er ihn besucht und tief beeindruckt verlassen. Friedrich III. büßte allerdings in seinem Lande viel an Ansehen durch seinen Hang zur Alchemie ein; er zog windige Goldmacher an seinen Hof, die Dänemark eine Menge Gold kosteten. Die Fi-

Anna Sophie, Kurfürstin von Sachsen (1647-1717)

nanzkrise, in die das Land geriet, resultierte zwar nicht ausschließlich aus diesen Kapriolen, aber wie viele ihrer Landsleute sah Anna Sophie dies so, und es erschreckte sie, als auch ihr Sohn Friedrich August einen Goldmacher an seinen Hof zog, den aus Berlin geflüchteten Friedrich Böttger: Sie begegnete ihm stets mit Mißtrauen, selbst als er durch die Erfindung des Porzellans von sich reden machte und Sachsens Geltung und Reichtum mehrte.

Von ihrer Mutter, der Welfin Sophie Amalie, sprach Anna Sophie selten, allenfalls in Verbindung mit ihrer streng religiösen Erziehung. Sie mochte hoffen, mehr der väterlichen denn der mütterlichen Linie zu folgen; die Mutter galt als herrschsüchtige, die Familie tyrannisierende Frau. Das dänische Volk verurteilte sie gar als rachsüchtig und grausam, weil sie ihren Schwager im Gefängnis verschmachten ließ. Sie entsprach keineswegs der Vorstellung von einer gütigen Landesmutter.

Die Dänen, zu den Seefahrern zählend, Handel treibend, Kolonien in Indien besitzend, legten auf Sprachen mehr Wert als das binnenländische Sachsen. Anna Sophie beherrschte perfekt außer der Muttersprache dänisch fünf Sprachen: deutsch, italienisch, französisch, spanisch und lateinisch. Von Natur aus war sie zurückhaltend. Als Kind schon zog sie sich gern in die Bibliothek zurück, um dort stundenlang zu lesen, interessiert an schöngeistiger wie wissenschaftlicher Literatur – an Lyrik in Abhängigkeit von Stimmungen. In Gesellschaft überraschte sie als junges Mädchen schon durch manchen geistreichen Einwurf. Sie entwickelte eine Vorliebe für Konversation, ohne jedoch ihren Hang nach Abgeschiedenheit aufzugeben. Für eine »Dame der Barockzeit« war das ungewöhnlich: Zu deren Lebensstil gehörten eigentlich auch Faschingsfeiern, rauschende Bälle, prächtige Kleider und kostbarer Schmuck, doch all das interessierte sie wenig. Von wem auch immer August der Starke seinen Hang zur Prunksucht haben mochte, von seiner Mutter gewiß nicht. An höfischen Lustbarkeiten beteiligte sie sich nur der Etikette wegen, bar innerer Neigung. Ohne Reiz für sie waren Reisen, Kuren, Jagden.

Ein Drittel ihres Lebens sollte sie dereinst abgeschieden in der

Lichtenburg verbringen, was sie zumindest dem Schein nach gelassen zu ertragen vermochte, bedingt wohl durch die weltfremde mütterliche Erziehung, die charakterliche Neigung zur Zurückgezogenheit und dem Halt, den sie in einer streng lutherisch-religiösen Lebensauffassung fand.

EHE MIT DEM SÄCHSISCHEN MARS. Anna Sophie war nicht die erste sächsische Kurfürstin aus dänischem Haus. Aus Kopenhagen stammte auch Mutter Anna, eine der populärsten Wettiner Frauen. Anna Sophie wußte um deren Bedeutung. Der Gedanke jedoch, an Anna gemessen zu werden, beunruhigte sie; sie besaß keineswegs den Ehrgeiz, es dieser gleichzutun, weil es in ihren Augen eine Vermessenheit gewesen wäre.

Sie war eben »16«, als sich Gäste aus Dresden ansagten: Kurfürstin Magdalene Sibylle und ihr Sohn Johann Georg. Zu deren Begleitung gehörte auch der Lehrer des Prinzen, der einflußreiche Oberhofprediger Jakob Weller. Eine familiäre Verbindung mit dem dänischen Königshaus zählte zu den erstrebenswerten Zielen der Wettiner, und daß in Kopenhagen mit Anna Sophie eine ansehnliche und kluge Prinzessin heranwuchs, hatte sich bis Dresden herumgesprochen. Die resolute Kurfürstin wollte die Schwiegertochter in spe persönlich in Augenschein nehmen; der ebenfalls erst 16jährige Johann Georg erschien ihr viel zu jung für eine selbständige Entscheidung. So geriet er in die unglückliche Rolle eines Statisten. Die Kurfürstin gewann den Eindruck, in Anna Sophie eine würdige Nachfolgerin gefunden zu haben, und eine Einigung mit dem Dänenkönig kam rasch zustande; am 10. Oktober 1663 erfolgte ganz im Zeichen dynastischer Interessen die Verlobung der Anna Sophie mit Johann Georg. Die Hochzeit ließ wegen der Jugend der Brautleute noch drei Jahre auf sich warten: Sie fand 1666 statt. Anna Sophie brachte in den ersten Dresdner Jahren ihre beiden Söhne auf die Welt.

1672 zog die Familie des Kurprinzen nach Bautzen. Johann Georg war Landvogt der Oberlausitz geworden, der nach altem Brauch Wohnung in der Ortenburg nahm. Hier verlebte das Paar fern des

Hofes seine schönsten Ehejahre, ab und an freilich schon damals gestört durch amouröse Extratouren Johann Georgs und dessen längere Abwesenheit wegen Teilnahme an Feldzügen. Als Landvogt eignete er sich wenig. Sein Vater erkannte dies und ernannte ihn 1673 zum Generalleutnant.

Johann Georg II. erlag am 22. August 1680 in Freiberg der Pest. Die in weiten Teilen des Landes grassierende Epidemie erzwang Vorsichtsmaßnahmen, die einen feierlichen Herrscherwechsel ausschlossen. Anna Sophies Gatte, nunmehr Kurfürst Johann Georg III., siedelte von Bautzen nach Dresden über, sie dagegen flüchtete mit ihren Kindern ins scheinbar sichere Wittenberg. Zu Beginn des nächsten Jahres erfolgte dort mit fast halbjähriger Verspätung in der Schloßkirche die Huldigungsfeier. Als überzeugte Lutheranerin empfand es Anna Sophie als gutes Omen, die Huldigung an eben jener Stätte zu erfahren, die so eng mit dem Leben und Wirken des großen Reformators verbunden war. Anschließend zog sie nach Dresden, wo ihr das ganze Schloß zur Verfügung stand, doch sie wohnte zumeist im Großen Garten vor der Stadt – allein.

Es bewahrheitete sich das, was der 1664 verstorbene Pfarrer Jakob Weller als Brautwerber Johann Georgs in Kopenhagen prophezeit hatte: »Aus diesem Prinzen wird mit der Zeit ein herzhafter Kriegsheld werden, der schwer aus dem Sattel zu heben sein wird, wenn er einmal darin gesessen.«[1] Hellmut Kretzschmar sollte in ihm einmal »den ersten wirklichen Soldaten seit Moritzens Tagen unter den Albertinern« sehen.[2] Johann Georg III. entwickelte sich zum »sächsischen Mars«. Für den Hof zeigte er wenig Interesse, umsomehr für das Militär. Noch nie hatte sich ein sächsischer Kurfürst mit einer solch großen Zahl von Militärberatern umgeben wie er. Er schuf das stehende Heer, etwa 10000 Mann stark, und damit eine wichtige Basis für den Aufbau eines absolutistisch regierten Staates. Die Sporen als Feldherr verdiente er sich mit seiner kleinen Armee 1683 vor Wien gegen die Türken. Vom Kaiser hatte er sich allerdings größere Anerkennung versprochen, und so kehrte er ziemlich verdrossen nach Sachsen zurück. Die Stadt Dresden tröstete ihn: Sie setzte dem »Helden von Wien« ein Standbild auf dem

Neumarkt. Als der Kaiser ihn wieder rief, folgte er ohne Zögern. Er hetzte von Schlacht zu Schlacht, meist gegen Frankreich, und genoß schließlich beim Kaiser so großes Ansehen, daß er im Februar 1691 zum Oberbefehlshaber der Reichsarmee aufrückte, was Sachsens Ansehen hob. Mit Johann Georg III. hatte der Kurstaat seit langem wieder einen Landesherren, der sich über ein Mittelmaß erhob.

Anna Sophie aber bekam ihren Gatten nur selten zu Angesicht. Das war die Kehrseite seines Engagements für das Reich: Zu einem Familienleben sollte es nicht mehr reichen. Er hatte viele Liebschaften, galt als Frauenheld. Es hieß, er habe selbst dem Herzog von Mantua die Frau entführt. Dies gehört zwar ins Reich der Legende, aber das Gerücht bezeugt: Man traute ihm in Herzensangelegenheiten einiges zu. Aus einer nicht näher bekannten Verbindung stammte ein Nachkomme, Johann Georg Max von Fürstenhoff, der sich einmal als talentierter Ingenieur einen Namen machen sollte. Förderung durch seine zur Kurfürstenwürde gelangenden Halbbrüder erfuhr er nicht; beide nahmen seine Existenz nur mit Unwillen zur Kenntnis.

Johann Georg suchte die kurzen Freuden, langfristige Bindungen paßten nicht in sein unruhiges Kriegerdasein. Wählerisch war er zwar nicht, aber daß es kein Etablissement geben solle, das zu betreten er sich scheue, war nur eine sich rasch verbreitende Behauptung Anna Sophies. Sie meinte eigentlich das »Haugwitz'sche Haus« der Generalin Neitschütz (geb. von Haugwitz). Als er seinen halbwüchsigen Zweitgeborenen Friedrich August auf eine Tour dahin mitnahm, gab es eine besonders heftige eheliche Auseinandersetzung.

Eine Zeitlang suchte Anna Sophie eine sie ablenkende Aufgabe in der Waisenbetreuung: 1687 gründete sie, noch vor dem berühmten Pietisten August Hermann Francke, ein evangelisches Waisenhaus. Es sollte über die Jahrhunderte Dresden zur Zierde gereichen, ohne jedoch wie Carolahaus oder Josephinenstift mit dem Namen der Gründerin verflochten zu sein. Nicht von ungefähr: Anna Sophies Elan verflog ziemlich rasch. In ihrer Ehe von einer

Krise in die andere gerissen, suchte sie zunehmend Halt in der Religion.

Großen Einfluß auf sie übte der 1686 zum Oberhofprediger ernannte Philipp Jakob Spener aus; seinethalben kam es sogar zu einem ernsten Ehezerwürfnis. Daß der Kurfürst sich zunehmend auf (das katholische) Habsburg orientierte, behagte Anna Sophie wenig, auch nicht sein lockerer Lebenswandel, seine Neigung zum Wein und zu den Frauen. Spener mahnte ihn 1689 »freimütig doch auch bescheiden zur Buße«. Darauf reagierte Johann Georg allergisch. Er ließ wissen, daß er keinen der Gottesdienste Speners mehr besuchen werde, drohte gar mit dessen Entlassung, doch besorgt um die Reaktion der Öffentlichkeit unterließ er dies. Speners Position als vom Landesherrn boykottierter Oberhofprediger aber wurde unhaltbar. Die Höflinge zeigten sich verunsichert: Durften sie überhaupt einen Gottesdienst des in Ungnade Gefallenen besuchen? Vergeblich suchte Anna Sophie zu schlichten. Schließlich riet sie Spener, sich an eine andere Dresdner Kirche versetzen zu lassen, doch das wollte er nicht, und das brauchte er als einer der profiliertesten Theologen seiner Zeit auch nicht; er folgte einer Berufung nach Berlin, wo man interessiert das Dresdner Zerwürfnis verfolgt hatte. Anna Sophie wollte seinen Weggang nur akzeptieren, wenn er ihr Beichtvater bis ans Lebensende bleibe. Das suchte ihr der Kurfürst zwar auszureden, aber sie beharrte auf ihrem Verlangen. So geriet die ohnehin angeschlagene Ehe erneut in eine schwere Krise. Spener ging nach Berlin, besuchte aber Anna Sophie regelmäßig und führte einen umfangreichen Briefwechsel mit ihr. Der Kurfürst verübelte es seiner Frau sehr, daß sie einen quasi von ihm vertriebenen Prediger als Beichtvater behielt.

Auf einem seiner vielen Feldzüge erkrankte Johann Georg III. Man brachte ihn am 23. August 1691 nach Tübingen; ein Kurier verständigte Anna Sophie. Sie war unsicher. Sollte sie nach Tübingen reisen? Ihr Mann galt als ungewöhnlich robust, fürchtete nur die Pest, der sein Vater erlegen war. Eine weise Frau hatte ihm prophezeit, auch er werde dieser Seuche erliegen; daran glaubte er. Am 12. September 1691 starb er in Tübingen – an den Blattern;

beigesetzt wurde er im Freiberger Dom neben den berühmtesten seiner Vorgänger, den Kurfürsten Moritz und August.

Nach 25jähriger Ehe war Anna Sophie mit 44 Jahren Witwe. Rückblickend resümierte sie, daß sie und ihr Mann ein ungleiches Paar waren und die größte Übereinstimmung sich wohl auf das gemeinsame Geburtsjahr beschränkte. Seine Vorliebe fürs Militär hatte sie nie recht begriffen, seine Neigung zum Wein hingenommen, seine zahlreichen Liebschaften als etwas sie Beleidigendes verurteilt. Er wiederum hatte ihre literarischen Interessen nie recht ernstgenommen, ihre geringe Neigung zur Geselligkeit als unverständlich, ihre tiefe Religiosität als bigott empfunden. Zumindest in der zweiten Hälfte des Ehelebens hatten sich beide nur noch wenig zu sagen. Die Erbfolge aber war gesichert – sogar doppelt.

Die Söhne und Schwiegertöchter. Im Abstand von anderthalb Jahren hatte Anna Sophie zwei Söhne zur Welt gebracht: den nach dem Vater benannten Kurprinzen Johann Georg (1668) und Friedrich August (1670).

Der Kurprinz trat 23jährig als Johann Georg IV. die Nachfolge seines Vaters an. Weder in der Innen- noch der Außenpolitik zeichnete sich unter ihm eine markante Linie ab. Allerdings beschränkte sich seine Herrschaft auf nur zweieinhalb Jahre, während der Vater elf Jahre lang an der Macht war. Ob es noch einen Wandel gegeben hätte, wenn ihm Zeit zur Profilierung geblieben wäre? Dies erscheint zweifelhaft: Mit ihm hielt in Dresden die Mittelmäßigkeit wieder Einkehr. Bei der Würdigung seines Wirkens gereichte ihm freilich zum Nachteil, daß sein skandalumwitterter Lebenswandel alles verdrängend in den Mittelpunkt rückte.

Sein Vater hatte sich bemüht, ihn auf die Übernahme der Kurfürstenwürde vorzubereiten. Wann immer möglich, hielt er ihn in seiner Nähe, und da er in viele Kriege verstrickt war, nahm er ihn auf Feldzügen mit. Anna Sophie sah ihn mitunter jahrelang nicht. Bei einem seiner seltenen Aufenthalte in Dresden lernte er ausgerechnet bei ihr die schöne Sibylle von Neitschütz kennen. Er fing mit der damals 12jährigen einen Liebeshandel an, in dessen strikter

Ablehnung die ansonsten selten einigen Eltern ausnahmsweise übereinstimmten.

Anna Sophie rechnete nach dem Tode ihres Mannes damit, daß der Sohn im Bewußtsein neuer Pflichten und im Interesse einer Sicherung der Erbfolge durch standesgemäße Heirat von seiner Liebschaft lassen werde. Sie konnte ihn tatsächlich dazu überreden, nach einer Braut Ausschau zu halten, und am 17. April 1692 heiratete er in Leipzig die sechs Jahre ältere Eleonore Erdmuthe Luise von Sachsen-Eisenach, Witwe des sechs Jahre zuvor verstorbenen Markgrafen von Brandenburg-Ansbach. Anna Sophie war zufrieden. Die Schwiegertochter gefiel ihr, und eine Verbindung mit dem protestantischen Brandenburg entsprach ihren Vorstellungen. Sibylle von Neitschütz ward mit einer hohen Pension abgefunden, und alles schien ins Lot zu kommen. Doch schien es nur so. Johann Georg IV. brachte zur Hochzeit seine Mätresse mit, was nicht nur die Braut entsetzte. Daß ihr Sohn alle Absprachen ignorierte und von der Neitschütz nicht lassen wollte, brachte auch Anna Sophie in Rage. Sie zog sich völlig auf ihren Witwensitz zurück, das Renaissanceschloß Lichtenburg in Prettin; Dresdner Boden wollte sie erst wieder betreten, wenn die Neitschütz das Feld geräumt habe. Das rührte den Sohn und seine Mätresse nicht im geringsten, es kam ihnen im Gegenteil gelegen; auf diese Weise sahen sie sich eines mahnenden Gewissens entledigt.

Anna Sophies willensstarker Mann hatte zwar viele Affären, aber seine Liebschaften endeten so rasch wie sie begannen und blieben ohne nennenswerten Einfluß auf die Politik. Dagegen ließ der willensschwache Sohn eine Mätressenwirtschaft zu. Der Neitschütz geradezu hörig, richtete er ihr eine eigene Hofhaltung im Fürstenberg-Palais ein. Das hatte es in Kursachsen noch nie gegeben, das kannte man allenfalls und auch nur vom Hörensagen von Frankreich. Die Neitschütz herrschte bald gleich einer Regentin. Wer auf ein Amt aus war oder eine Konzession, kam am raschesten zum Ziel, wenn er mit gut gefüllter Börse das Fürstenberg-Palais aufsuchte. Mit der Neitschütz waren Vetternwirtschaft und Korruption verbunden. Der Kurfürst ließ ihr jeden Willen, überhäufte sie mit Schmuck, schenkte ihr Grundbesitz und kaufte ihr beim Kaiser den Titel einer Gräfin Rochlitz. Er zeigte sich rein vernarrt. In Dresden war man entsetzt ob dieser Zustände. Vor allem die vom Hofe des Vorgängers verbliebenen Militärs verstanden die Welt nicht mehr. Sie waren zudem verunsichert, weil Generalfeldmarschall Hans Adam von Schöning auf dem Spielberg bei Brünn saß, von 200 Prager Soldaten während einer Kur in Teplitz nachts aus dem Bett geholt und festgesetzt – in Friedenszeiten und in einem als freien Ort geltenden Bad. Der Kurfürst unternahm zwei Jahre lang keinen ernsthaften Versuch, sich für seinen Marschall einzusetzen, und dafür hatten die Militärs nur eine Erklärung: Die Neitschütz zwang den Kurfürsten, den ihr nicht wohlgesonnenen Marschall aufzugeben. Viele Generale und Offiziere drängten sich nach einem fernab gelegenen Kommando, und zu ihnen gehörten die aufrechtesten Leute. Doch für wen machten sie Platz?

Mitunter bezweifelte auch Anna Sophie, ob ihr Entschluß, Dresden zu meiden, richtig war. Ihr kamen moralische Bedenken. Ihre Anwesenheit hätte vielleicht der Schwiegertochter Halt geboten. Deren Schicksal bedauerte sie. Sie fühlte sich dafür mitverantwortlich, hatte sie doch das Heiratsprojekt energisch betrieben. Nun bezahlte die ins Land geholte Brandenburgerin allein die Rechnung. Die Ehe trug alle Merkmale einer Katastrophe: sexuelle Abstinenz, Eifersucht (seitens der Kurfürstin), Gewalttätigkeiten (seitens des Gatten), Morddrohungen (seitens der Neitschütz). Eleonore war verbittert, was nicht verwundern konnte: Vom ersten Tage ihres Aufenthalts in Sachsen erlebte sie nur Demütigungen. Charakterlich bedingt schwer zugänglich, hatte sie wenigstens zu ihrer Schwiegermutter Vertrauen gefaßt. Mit Eleonore bedauerte zumindest eine Person am sächsischen Hofe Anna Sophies Flucht in die Lichtenburg.

Im Nachlaß des 1705 verstorbenen Predigers Spener fand sich ein undatierter Brief Anna Sophies, eigentlich ein Gruß, in dem sie durchblicken ließ, sie habe mit dem demonstrativ betriebenen Rückzug auf den Witwensitz ein Signal setzen, die Stände mobilisieren, die Militärs ihres verstorbenen Gatten ermuntern wollen. Falls sie dies tatsächlich bezweckt hatte, lief es auf eine Selbsttäuschung hinaus; ihr fehlte der für den Erfolg einer derartigen Provokation nötige Einfluß. Sie hatte es nie geschafft, eine Landesmutter zu werden, die beim Volk in hohen Ehren stand, nie engeren Kontakt mit den ihren Gatten umgebenden Generälen gepflegt. Eigentlich interessierte es keinen, wohin sie ging. Mehr noch: Daß eine Kurfürstenwitwe auf dem Witwensitz lebte, erschien als Selbstverständlichkeit, wobei selbst die Abgeschiedenheit Prettins nicht ins Gewicht fiel, lag doch Schloß Colditz, bislang Alterssitz der Witwen verstorbener Landesherren, noch weiter von Dresden entfernt. Allerdings hatten die Witfrauen stets einige Monate des Jahres in der Residenz verbracht, besonders im Winter. Daß Anna Sophie diesem Brauch nicht folgte, war eigentlich das Auffallendste. Johann Georg IV. unternahm zudem einen klugen Schachzug: Er ließ durchsickern, seine Mutter könne allezeit und solange es ihr beliebe Wohnung im Residenzschloß nehmen, wohl wissend, daß sie dieses Angebot negieren werde. Am Hofe aber machte die Einladung einen gewissen Eindruck. Manchem schien es, als wolle sie in Prettin bleiben, um nichts sehen und hören zu müssen, daß sie flüchte, statt den Sohn zu zügeln. Darin lag allerdings eine Überschätzung ihrer Möglichkeiten.

1693 wurde sie Großmutter. Das erfüllte sie keinesfalls mit Stolz, es empörte sie vielmehr, denn das auf den ganz und gar unsächsischen Namen Wilhelmine Marie Friederike getaufte Kind hatte die Neitschütz, derweil Gräfin Rochlitz, zur Mutter. Diese betrieb nun intensiv ihre Ernennung zur Fürstin, denn nach dem Hausgesetz hätte sie damit als standesgemäß gegolten, ein nachgeborener Sohn Anspruch auf die Erbfolge gehabt, falls des Kurfürsten Ehe kinderlos bleiben sollte und der Kurfürst sie nach dem Ableben der Gattin oder nach einer Scheidung heiraten würde. Vom 16. Oktober 1691 datiert ein wichtiges Dokument, möglicherweise falsch datiert, erst 1693 ausgestellt, also ein Jahr nach der Hochzeit des Kurfürsten: »Zur Beruhigung des Gewissens der Fräulein Sibylle von Neitschütz, weil es keine formelle Copulation gegeben, das einander vor den Eltern gegebene Versprechen für eine rechte Ehe zu halten, so daß

Sibylle als Gräfin – was der Kurfürst beim Kaiser erwirken werde – und die Kinder als ehelich zu betrachten seien, doch ohne Succession in den Kurlanden, diese gebühre den Kindern einer zweiten ebenbürtigen Frau, welche der Kurfürst zu wählen sich vorbehalte, da Zweiweiberei in der heiligen Schrift nicht verboten und von der Kirche mehrmals gestattet worden sei.«[3] Dieses kurfürstliche Papier sollte späteren Landesherren noch sehr zupasse kommen.

In Sachsen wurde allerlei gemunkelt, selbst von einer geplanten Beseitigung des Kurfürsten durch eine Hofclique war die Rede. Pamphlete kamen in Umlauf, darunter auch ein Schandgedicht:

> Sie zog ihn dergestalt und kunnt ihn also fassen,
> Daß er die Majestät und seiner selbst vergaß,
> Er mußte sein General ihr zu Gefallen hassen –
> Und als sie war verrecket, da küßt er noch das Aas.

Die Neitschütz starb 19jährig 1694 an den Blattern. Johann Georg, der nicht von ihrem Krankenbett wich, infizierte sich und verschied am 27. April 1694 ebenfalls an den Blattern.

Sachsen hatte nunmehr gleich zwei Kurfürstenwitwen, ein ganz ungewöhnlicher Fall. Jede durfte Anspruch auf einen eigenen Alterssitz erheben und bekam ihn auch: Eleonore, mit ihren 32 Jahren bereits das zweite Mal verwitwet, zog sich ins Schloß Pretzsch zurück, wo sie zwei Jahre später fast vergessen starb. Sie hatte nicht lange genug im Lande gelebt, um eine Lücke zu hinterlassen, zumal sie in die tragische Lage einer versetzten Kurfürstin geraten war. Anna Sophie gehörte zu den wenigen Personen, die mit dieser unglücklichen Frau in Verbindung blieben, zumindest brieflich.

Die Herrschaft in Sachsen übernahm Friedrich August (August der Starke), der zweitgeborene Sohn Anna Sophies. Er traf bei Amtsantritt zwei sie betreffende Weisungen: Er stockte ihr Wittumsgeld auf und räumte ihr am Hofe das Recht auf den »Vortritt« ein – zum Nachteil seiner Frau Christiane Eberhardine. Letzteres mochte auf der Überlegung fußen, daß Anna Sophie ohnehin in der Lichtenburg weilte und allenfalls bei gelegentlichen Besuchen ihre Privilegien wahrnehmen konnte. Augenscheinlich wollte er Spannungen abbauen, seine Mutter wieder für Dresden interessieren, was seinem Ansehen dienlich sein konnte.

Sein Verhältnis zur Mutter war allerdings seit eh und je ein kompliziertes. Er galt heranwachsend nicht als ihr, sondern des Vaters Liebling. Johann Georg III., der »sächsische Mars«, hatte sich den kräftigen, kampflustigen Zweitgeborenen eher als Nachfolger vorstellen können als den Kurprinzen Johann Georg (IV.), »von Natur und Glietmaßen schwag, von Gemiette zornig und melanquollich«.[4] Anna Sophie gefiel zwar Friedrich Augusts liebenswürdiges Wesen, aber sie mißtraute seiner Charakterfestigkeit und vermutete mit dem sicheren Instinkt der lebenserfahrenen Frau einen Don Juan in ihm. Seinetwegen kam es zwischen den Eltern wiederholt zu Differenzen, so eines Hoffräuleins wegen. Anna Sophie hatte 1686 ihre Schwester Wilhelmine Ernestine, die verwitwete Kurfürstin von der Pfalz, zu sich nach Dresden genommen, um der entwurzelten Verwandten zu helfen und während der häufigen Abwesenheit des Gatten eine Vertraute um sich zu haben. In Begleitung der Schwester befand sich eine charmante Hofdame, Maria Elisabeth von Brockdorf, die Friedrich Augusts erste Liebe werden sollte. Er war damals erst »16«, und entsetzt verwies Anna Sophie die Brockdorf aus Dresden und deren Postillon d'amour, den prinzlichen Jagdpagen Gottlob Adolph von Beichling, dazu, was Aufsehen erregte. Am Hofe zeigte man allerdings viel Verständnis für die Kurfürstin – solange der Kurfürst nicht eingriff. Er vermochte die Reaktion seiner Frau nicht zu fassen, fand die Affäre eher belustigend denn besorgniserregend, und die Brockdorf wie Beichling durften nach Dresden zurückkehren. Friedrich August hatte die unterschiedlichen moralischen Auffassungen der Eltern genutzt und sich des Vaters versichert.

Wie sein Bruder die Neitschütz, lernte Friedrich August im Umfeld Anna Sophies seine Frau Christiane Eberhardine kennen. Dazwischen lagen aus der Sicht Anna Sophies Welten. Die Neitschütz war indiskutabel für sie, Christiane Eberhardine dagegen, die Tochter des Markgrafen von Bayreuth, gefiel ihr. Am Ende sollte Anna

Sophie mit ihren beiden Schwiegertöchtern in einem herzlicheren Verhältnis stehen als zu den Söhnen.

Anders denn ihren als schwächlich eingeschätzten Sohn Johann Georg hatte Anna Sophie Friedrich August eher ein lockeres Verhältnis zu Frauen zugetraut. Daß er nicht wie sein Bruder eine Mätressenwirtschaft duldete, also kein Eingreifen seiner Liebschaften in die Regierungsgeschäfte, besänftigte ihren Unmut etwas. Ihr Interesse an Dresden aber verblaßte; sie zog sich erneut in die Lichtenburg zurück, nur weniger demonstrativ als unter Johann Georg IV. August der Starke wiederum gestaltete anders als sein Bruder die Beziehungen zu Anna Sophie etwas freundlicher. Zwar besuchte er sie selten, aber er schrieb ihr oft, informierte sie über dieses oder jenes, mehr politischer denn persönlicher Art und unterzeichnete stets als »ergebener Sohn und Knecht«. Sie war und blieb eine Respektsperson für ihn, ohne daß er unbedingt ihre Meinung teilte.

Kein anderes Verhältnis zwischen Mutter und Sohn erwies sich als so sensibel wie das religiöse. Es brachte dies Anna Sophie wieder im Landesmaßstab ins Gespräch, nachdem es schien, als wolle sie ihren Lebensabend unauffällig in der Provinz verbringen. Sie war eine überzeugte Lutheranerin; August der Starke dagegen hielt es mit dem Pragmatismus. Er wollte die Krone Polens, und da sie nur für einen Katholiken im katholischen Polen zu haben war, wurde er 1697 katholisch.

Man mußte sich schon wenig für politische Vorgänge interessieren und abgeschieden leben, um so ahnungslos wie Anna Sophie sein zu können. Gesprächsweise deutete Spener während eines Besuchs in der Lichtenburg an, daß August der Starke wohl in Kürze zum Katholizismus übertreten werde. Anna Sophie und ihre Schwester Wilhelmine Ernestine gerieten in Panik – notierte der erschrokkene Spener in seinem Tagebuch. Die Neuigkeit pfiffen eigentlich schon die Spatzen von den Dächern. Ihm war gar nicht in den Sinn gekommen, daß die Frauen auf der Lichtenburg so weltfremd und desorientiert dahinleben könnten, sonst wäre er einfühlsamer mit seinen Vermutungen umgegangen. Anna Sophie war viel zu sehr Königstochter und Witfrau eines Landesfürsten, um nicht im Erwerb der Krone Polens durch ihren Sohn einen politischen Erfolg Sachsens zu sehen, aber der Preis erschien ihr zu hoch. Sie war unfähig, einen klaren Gedanken zu fassen, wie sich bald zeigen sollte. Weil August der Starke Geld für Polen brauchte, Schulden machte und Gebiete verpfändete, gab sie ihm gegen Pillnitz als Sicherheit 15 000 Dukaten[5], wohl nicht gerade eine ihrer konsequentesten Entscheidungen.

Spener schrieb ihr aus Berlin: »Der ich sonsten Ev. Hoheit über die Erwählung Dero geliebtesten Herrn Sohnes zur Krone Polens zu gratulieren gehabt hätte, finde dieses Mal gemäßer, über solches ... eher zu kondolieren.«[6] Am Ende empfand auch Anna Sophie dies so. Am 20. August 1697 bat August der Starke sie brieflich, Eberhardine zu überreden, ihm nach Polen zu folgen.[7] Ihre Schwiegertochter hielt sich häufig in Torgau auf, ganz in der Nähe Anna Sophies. Dieser behagte die ihr zugedachte Vermittlerrolle keineswegs. Ihre Sympathien lagen bei der konsequent lutherischen Eberhardine, nicht beim opportunistisch konvertierenden Sohn. Die beiden Frauen kamen sich so zunehmend näher.

August der Starke verstrickte sich völlig in die Pläne des ihm beim Erwerb der polnischen Krone behilflichen Vatikans, der davon überzeugt war, mit dem Konvertit des sächsischen Kurfürsten ganz Sachsen gewendet zu haben. Daß Sachsen nicht katholisch wurde, hatte mit Willen und Wünschen Augusts des Starken wenig zu schaffen. Sachsen blieb evangelisch-lutherisch, weil die Geistlichkeit und die Bevölkerung es so wollten. Daß Mutter und Gattin des abtrünnig gewordenen Kurfürsten im Glauben treu blieben, bestärkte die Lutheraner, symbolisierte Widerstand. Dies war vor allem in den ersten Jahrzehnten nach dem Übertritt des Landesherren zum Katholizismus von Bedeutung. Später griff das Gewohnheitsrecht. Der Vatikan unterschätzte die beiden »Betsäulen« auf ihren abgelegenen Schlössern beträchtlich.

Der Enkel. Am 5.(15.) März 1698, Friedrich August d. J. war anderthalb Jahre alt, berichtete Eberhardines Vater seiner Frau, der neue Statthalter von Sachsen, Fürstenberg, habe ihm eröffnet:

»Ihro Hoheit die verwittibte Churfürstin (hetten) Sich gefallen lasen, ein ErsuchSchreiben an den König zu thun, umb die Erziehung des Churprinzens Ld. und dessen Disposition völlig über sich zu nehmen, dahero dann I. M. der König Ihm (Fürstenberg) befohlen hette, der Königin solches zu hinterbringen und daß in das Künftige Sie keine Sorge und Mühewaltung des Churprinzen halber haben dörfte, weilen I. M. der König S. L. der verwitweten Churfürstin als Frau Mutter die ganze Disposition über den Churprinzen überlassen hette.«[8]

Anna Sophie hatte ein Machtwort gesprochen. Sie konnte das! Eigentlich nur sie. Falls August der Starke jemandem Gehör schenkte, dann seiner Mutter. Auf die Kindeserziehung hatten die Großmütter am Dresdner Hofe traditionell großen Einfluß, so daß sie nichts Ungewöhnliches verlangte. Es lag allerdings nahe, daß sie sich einsam auf ihrem Witwensitz fühlte und der Enkel ihr die Langeweile vertreiben sollte, auch daß sie das Kind davor bewahren wollte, ein Opfer des landesherrlichen Familiendramas zu werden. Die Aktivitäten seiner Mutter aber kamen August dem Starken gar nicht so ungelegen, wie sie meinte.

Am 2. Januar 1703 wies er die Kammer an; »wegen des Kurprinzen Bedienung und Unterhalt (sei) der ... hochgeehrten Frau Mutter Gnaden die völlige Disposition gänzlich überlassen«, und zur Bestreitung der Erziehungskosten wurden ihr »sämbtliche Ordinar- und Extra-Ordinar Revenues an Berg-, Land- und accis Nutzungen des Anteils an der Grafschaft Mansfeldt« angewiesen.[9]

Kaum sechsjährig, wurde der Kurprinz am 26. Februar 1703 »aus der weiblichen Fürsorge genommen«, wie es im höfischen Deutsch hieß. Er bezog die »oberen Gemächer« der Lichtenburg und bekam einen Prinzenerzieher zugewiesen, Alexander von Miltitz, einen Mann in den 40er Jahren, früher Hofmeister verschiedener Fürstenhäuser und als Prinzenbegleiter weitgereist. Für neun Jahre sollte er eine der wichtigsten Bezugspersonen des künftigen Landesherrn sein. Die resolute Anna Sophie trat direkt erst 1706 bei Einmarsch der Schweden wieder voll in Aktion: Sie brachte den Kurprinzen sofort außer Landes, erst nach Magdeburg, dann nach Dänemark. Am 26. Januar 1707 kehrten beide nach Sachsen zurück – nach Dresden.

August der Starke hatte schon vor dem Einfall der Schweden den Eindruck, der Unterricht seines Sohnes hänge von Zufälligkeiten ab, von den Interessen und besonderen Fähigkeiten der Lehrer. Johann Friedrich Reinhard, ein universal gebildeter Gelehrter, in Dresden als Archivdirektor tätig, mußte einen speziellen Unterrichtsplan entwerfen und in Abhängigkeit vom Alter des Zöglings modifizieren. Die Erziehung zur Frömmigkeit stand an erster Stelle – aber ohne ausdrückliche Betonung des Luthertums. Reinhard war sich seines Dilemmas wohl bewußt: Er bezog sein Gehalt vom katholischen Kurfürsten, wollte er nicht gegen den Stachel löcken, wich er besser auf eine unverfängliche Formulierung aus. Gegen »Frömmigkeit« als Erziehungsziel würde niemand etwas einzuwenden haben. Danach waren in Reihenfolge bedeutungsvoll: Beherrschung der Sprachen der Großmächte Europas und der Nachbarländer Sachsens, Naturwissenschaften, Musik und Poesie, Reiten, Tanzen, Fechten, Jagen, Ball- und Kartenspiele sowie Schach. Anna Sophie war einverstanden. Die Umsetzung des Lehrplanes unterlag ohnehin ihrem Willen. Sie bestimmte (noch), wer den Unterricht erteilte.

Von der aufregenden Flucht nach Dänemark abgesehen, erlebte der Kurprinz bis zu seinem 14. Lebensjahr wenig, was den Chronisten eine Notiz in den Annalen wert schien; doch das sollte sich plötzlich ändern. Friedrich August d. J. wurde am 9. Oktober 1710 von Dr. Heinrich Pipping konfirmiert und zwar in der Lichtenburg. August den Starken traf dies unvorbereitet. Er entschuldigte sich am 16. November 1710 von Polen aus beim Papst: »Ich hatte ausdrücklich befohlen, daß er die lutherische Religion nicht annehme, und man hatte es mir versprochen.«[10] Wer ihm das Versprechen gegeben, umschrieb er merkwürdigerweise mit »man«. Um wen sollte es sich da wohl gehandelt haben? Er gab sich als Opfer von Weiberlist, und das war nicht aus der Luft gegriffen.

Anna Sophie und Eberhardine hatten den Kurprinzen während

einer Polenreise Augusts des Starken konfirmieren lassen, um vollendete Tatsachen zu schaffen – wie sie meinten. August der Starke änderte die Taktik: Er schickte 1711 seinen Sohn vorzeitig, mit »15« schon, auf die übliche Kavalierstour in den Süden, um ihn möglichst weit entfernt von dem lutherischen Sachsen, der Lichtenburg und den »Betsäulen« zu haben. Als sein lutherischer Hofstaat unterwegs durch einen katholischen ersetzt wurde, begriff der Kurprinz, daß er sich auf einer »Bekehrungstour« befand. Aufbegehrend schrieb er am 7. Juni 1712 heimlich seiner Großmutter: »Ich verspreche, daß ich niemals so niederträchtig sein werde, mir eine so unwürdige und ehrlose Sache zu schulden kommen zu lassen, als meine Religion zu wechseln.«[11] Anna Sophie hütete den Brief gleich einem kostbaren Schatz. Sie war zwar noch immer erbost über den Glaubenswechsel ihres Sohnes Friedrich August, aber eines tröstete sie: Mit dem Enkel würde wieder ein Lutheraner im Mutterland der Reformation zur Macht gelangen. In diesem Glauben ist sie gestorben. Aber: Der von ihr vergötterte Enkel war bereits 1712 zum Katholizismus übergetreten; man hatte ihr dies verheimlicht.

Die Schwesterngruft in der Lichtenburg. Am 1. September 1716 feierte Anna Sophie ihren 69. Geburtstag. Sie hatte zwar im sonst kaum genutzten Festsaal der Lichtenburg decken lassen, doch August der Starke war in Polen, der Enkel noch auf Reisen, und so hielt sich der Kreis der Gäste klein – einige Vertraute des Lichtenburger Hofes und etwa gleichviel Geistliche aus Dresden, Prettin und Torgau sowie der Wittenberger Universität. Niemand konnte sich erinnern, Anna Sophie zumindest in Prettin je so munter gesehen zu haben. Es lag nicht allein am Wein, zu dessen Absatz sie zwar zeit ihres Lebens das ihre beigesteuert hatte und dem sie in den letzten Jahren sogar über Gebühr zusprach; sie war einfach guter Laune. Ihre Hofdamen meinten, sie sei fest von der baldigen Rückkehr des Enkels überzeugt. Allen blieb schleierhaft, woher sie diesen Glauben schöpfte. Friedrich August d. J. hatte ihr seit Jahren nicht geschrieben und auch sonst nichts von sich hören lassen.

Anna Sophie galt als robuste Person. Ihren Ärzten hatte sie wenig Mühe bereitet, zumal ihr Wehleidigkeit nicht lag. Die Teilnehmer an der Geburtstagsfeier staunten ob der Kraft, die sie ausstrahlte. Wenige Tage danach kam der Zusammenbruch. Die Ärzte rätselten, zögerten mit einer Diagnose. Nichts stimmte mehr, der gesamte Organismus der Patientin erschien als Chaos. Ein Bote jagte nach Warschau: August den Starke reagierte wenig gefühlvoll. Er wies seinen Statthalter in Sachsen, Anton Egon Fürst von Fürstenberg, an, »im Falle des Todes der Kurfürstin (sie) ganz in der Stille ohne irgend welchen Pomp zu Lichtenburg zu beerdigen«.[12] Dies sei ihr Wunsch. Fürstenberg sollte eher aus dieser Welt scheiden denn Anna Sophie. Womit niemand gerechnet hatte: Sie erholte sich, wenn auch nur für einige Monate. Am 1. Juli 1717 starb sie. Sie hatte Vorsorge getroffen und für ihre Schwester Wilhelmine Ernestine (verstorben 1706) und sich selbst eine Gruft in der Lichtenburg anlegen lassen. Dort wurde sie beigesetzt, ohne Pomp.

Knapp hundert Jahre lang sollten ihre sterblichen Überreste in der Lichtenburg ruhen, bis dann in der napoleonischen Ära 1812 das Zuchthaus Torgau aufgelöst und nach der Lichtenburg verlegt wurde. Was aber sollte aus den beiden Sarkophagen werden? Da man sie schließlich aus Pietätsgründen nicht in den Räumen eines Zuchthauses belassen konnte, wurden sie in den Freiberger Dom überführt, wo sie in der sogenannten Schwesterngruft ihren Platz fanden. So kam Anna Sophie letztlich dort zur Ruhe, wo auch ihr Gatte beigesetzt ist. Mit den Sarkophagen wurden auch die für die Lichtenburg im Auftrage Augusts des Starken geschaffenen Plastiken Balthasar Permosers nach Freiberg umgesetzt. In der Lichtenburg, wo Augusts des Starken Mutter reichlich ein Drittel ihres Lebens verbracht hat, erinnert nichts mehr an sie. Die letzten Spuren löschten die Nationalsozialisten aus, denen die Lichtenburg als KZ diente.

Christiane Eberhardine, Augusts des Starken Frau

Reise zu Eberhardines Gruft in Pretzsch
»...gedreister Knecht Friedrich August«
Einsamkeit statt Zweisamkeit
Augusts des Starken Oktober-Sprößlinge
Das Schloß der Eberhardine
Königin ohne Krone
»... die unglückseeligste auf erden«
Mutter ohne Mutterfreuden
Der Hof der Eberhardine
Zwischen Hoftrauer und Karnevalslaune

REISE ZU EBERHARDINES GRUFT IN PRETZSCH. Unmittelbar an der Elbe, schon in jenem Teil des alten Kursachsen, der 1815 an Preußen verlorenging, liegt Pretzsch, ein 2300 Einwohner zählendes Städtchen, das sich seine Bindung an die Scholle bewahrt hat. Im Umland sind noch Schafe auf Futtersuche, und auf den Wiesen zum Strom hin weiden Kühe. Vom Fremdenverkehr wird Pretzsch wenig berührt.

Die spätgotische Stadtkirche St. Nikolai, ein Putzbau mit schlankem, von einer Rokoko-Laterne gekröntem Turm, wirkt zu unauffällig, um Durchreisende zum Verweilen einzuladen. Von der Ausstattung dieses Gotteshauses aber geht eine Wirkung aus, der sich niemand verschließen kann. Hier ist das Schaffen bedeutender Künstler spürbar, die aus reicheren Quellen, als sie der Gemeinde zur Verfügung standen, bezahlt worden sind. Manches stiftete Christiane Eberhardine, Augusts des Starken Frau, die in Pretzsch ihren Lebensabend verbrachte – so das Kruzifix, die Leuchter, die Altargefäße, auch das große Gemälde links vom Altar, 1720 von dem Leipziger David Hoyer gemalt und »Die Kreuzigung Jesu« darstellend. Im Stil des ausgehenden Barock erfolgten nach 1720

Umbauten, geleitet von Matthäus Daniel Pöppelmann, dem Schöpfer des Dresdner Zwingers. Nach seinen Ideen wurde auch die Saaldecke gestaltet. In jeder der vier Ecken ist ein sächsisches Wappen auszumachen, in der Mitte ein großförmiges Monogramm, ein von vier Engeln getragenes K.C.E. (für Kurfürstin Christiane Eberhardine).

Eberhardine hatte die Kapelle im Schloß aufgegeben und die Kirche St. Nikolai zur Hofkirche erkoren. Vom nahen Schloß her betrat sie ihre Loge durch einen separaten Zugang. Treppe, schmiedeeisernes Geländer, Holzdielen im Vorraum, alles ist noch so erhalten wie von Pöppelmann geschaffen, nur der Loge selbst blieben bauliche Eingriffe nicht erspart. Sie dient heute als Winterkirche. Mit Fertigstellung der Wetterfahne 1727 endete die offizielle Tätigkeit des Meisters. Eberhardine war gestorben, und damit erlosch das Interesse des Hofes an der Pretzscher Kirche.

Daß St. Nikolai als Hofkirche der Eberhardine diente, war für das Gotteshaus schon die zweite glückliche Fügung; die erste ist mit dem Namen des Erbauers der 1652 geweihten Kirche verbunden: Wolf Christian von Arnim. Noch aus seiner Zeit stammen Altar und Kanzel. Den Altaraufsatz mit dem Abendmahl-Relief und dem Gethsemane, kunstvoll aus Elbsandstein gearbeitet und teilweise vergoldet, schuf der Dresdner Bildhauer Johann Georg Kretzschmar, bekannt durch einen Altaraufbau, der sich heute in der Pillnitzer Weinbergkirche befindet. Arnims und seiner Gattin Sarg wurden 1690 aus dem Erbbegräbnis unter der alten Schloßkapelle in den Mittelgang der Stadtkirche umgesetzt; beider Epitaph fand einen Platz nahe der Kanzel.

Zwischen Kanzel und Arnim-Epitaph steht ein an den Unterbau eines mittelalterlichen Backofens erinnernder Steinblock. Er kennzeichnet nicht, nein, er verdeckt die letzte Ruhestätte der Eberhardine. Ihre Leiche wurde in einem auf vier schwarzen Steinen ruhenden Doppelsarg im Gewölbe unter dem Steinblock beigesetzt. Auf einer Wandtafel sind die biographischen Angaben vemerkt worden[1], doch die Inschrift sollte nur für die Chronik bestimmt sein, denn das Gewölbe wurde mit einer dreifach verschlossenen

Christiane Eberhardine, Kurfürstin von Sachsen (1671-1727)

Tür versperrt und zugemauert. Die letzte Gewölbeöffnung erfolgte 1896 während des Umbaus der Kirche. In den 30er Jahren unseres Jahrhunderts wurde vor die Mauer eine künstlerisch gestaltete Eisentür gesetzt.

Ein Bildnis der Eberhardine suchen wir in Pretzsch vergeblich. Es verblieb zwar nach ihrem Tode eines im Schloß, kam aber 1992 durch Diebstahl abhanden. Ein anderes ist in die Burg Stolpen umgesetzt worden – und wurde dort 1993 gestohlen. Nur im Bestand der Dresdner Galerie ist noch ein Porträt von Eberhardine zu finden. Louis de Silvestre malte die Kurfürstin als reife Frau während ihrer Pretzscher Jahre. Die waren gewiß nicht ihre besten, aber wer ein Bild erwartet, aus dem der Kummer spricht, sieht sich getäuscht. Sie wirkt keineswegs gedrückt, eher übertrieben selbstbewußt.

»...GEDREISTER KNECHT FRIEDRICH AUGUST«, so unterzeichnete August der Starke am 27. August 1692 einen Liebesbrief an Eberhardine; der letzte Satz hieß: »Indeßen empfehle ich mich der schensten princessin von der wehlt zur beharrlichen gnade der ich bies in doht verharre.«

War es die große Liebe?

Christiane Eberhardine von Brandenburg-Bayreuth, am 19. Dezember 1671 als ältestes von fünf markgräflichen Kindern geboren, weilte 1687 in Dresden zu Besuch. Sie muß eine ausnehmend schöne Frau gewesen sein. Carl Ludwig von Pöllnitz schrieb über ihren ersten Aufenthalt in Dresden in seinem Buch »Das galante Sachsen«, einem Bestseller der Barock-Zeit: »Die Prinzessin von Bayreuth gehörte wirklich zu jenen Damen, die man nicht ohne Bewunderung ansehen konnte. Ihr weißer Teint und ihre blonden Haare machten sie bezaubernd schön. Ihre Züge waren regelmäßig, und ihr Gesicht und ihr ganzes Wesen strahlten von Anmut und Lieblichkeit. Sie war sittsam und bescheiden, und ihr sanfter Charakter machten den Umgang mit ihr zu einem Vergnügen. Nur war sie etwas zu ernsthaft für ein Mädchen, das noch nicht fünfzehn Jahre alt war.«[2]

Es gehörte allerdings zu den Gepflogenheiten des Herrn von Pöllnitz, so zu schreiben, als kenne er alles und jeden aus eigener Anschauung. Als er 1729 erstmals in Dresden weilte, ruhte Eberhardine schon in ihrer Gruft. Trotzdem darf man ihm Glauben schenken, denn verläßlichere Zeitgenossen urteilten ähnlich. Man war von ihrem Dresdner Besuch angetan und behielt sie in guter Erinnerung. So auch der damals kaum 17jährige Prinz Friedrich August; er sandte ihr sehr persönlich gehaltene Briefchen nach Bayreuth.

Friedrich August, am 12. Mai 1670 in Dresden als Zweitgeborener des (nachmaligen) Kurfürsten Johann Georg III. auf die Welt gekommen, vereinte nach einem gängigen Urteil in sich die herausragenden Charaktereigenschaften gleich dreier mit ihm verwandter Kurfürsten: die Prunksucht seines Großvaters Johann Georg II., die Ruhmgier und Lebenslust seines Vaters Johann Georg III. und die Sinnlichkeit seines Bruders Johann Georg IV. Mitglieder fürstlicher Familien heirateten, um die Erbfolge zu sichern! In diesem Geist waren sie beide erzogen, Eberhardine wie August der Starke. Die Hausgesetze der deutschen Fürstenhäuser waren unerbittlich: Geheiratet wurde standesgemäß! Was Friedrich August mit seinem Brief an die »schenste princessin von der wehlt« in Bayreuth auslöste, kam jedoch einer Romanze entschieden näher als dem an Höfen üblichen Eheschacher. Der sächsische Herkules, wie er sich gern bezeichnen ließ – damals nannte ihn noch keiner »August der Starke« –, hegte für Eberhardine Zuneigung. Aus Berechnung hat er nicht geheiratet. In reiferen Jahren hielt er dies für wenig edel. Er gehörte auf dem Zenit seines Lebens zu den Herrschern, die energisch für eine »Staatsehe« der Fürsten plädierten. Liebe war für ihn zu einer Kategorie geworden, die er in der Heiratspolitik nicht mehr unterzubringen vermochte. Reue oder Einsicht? Eines bestritt er nie: Er hatte Eberhardine und keine andere zur Frau gewollt.

Eberhardine fand Gefallen an dem sächsischen Prinzen; zwar sah auch sie sich zur Ehe weder überredet noch genötigt, aber doch mancherlei Zwängen ausgesetzt. Sie zählte derweil 21 Lenze, stand somit in einem Alter, in dem sich ihre Cousinen und Gespielinnen bereits »unter der Haube« befanden. Als Tochter eines Markgrafen war sie durch Geburt privilegiert, und kein noch so strenges Hausgesetz hätte ihr die Ehe selbst mit einem Kur- oder Kronprinzen verwehren können. Im Laufe der Zeit hatten sich einige Freier ins Gespräch gebracht. Aus Heidelberg meldete sich 1690 der Pfälzer Kurprinz Johann Wilhelm, nur war er katholisch, und das galt der streng lutherischen Eberhardine geradezu als Makel. Aus Kopenhagen fand sich Kronprinz Friedrich ein, interessiert an des Markgrafen Töchterlein, irritiert jedoch durch die ihm wenig verlokkend erscheinende Aussicht, eine Frau ohne nennenswerte Mitgift zu ehelichen. Eberhardine hatte zwar die Titel, aber nicht die Mittel für eine »glänzende Partie«.

Ihr Vater, Markgraf Christian Ernst, herrschte in einem erst 1603 aus einem Lehnsgebiet der Nürnberger Burggrafen hervorgegangenen Hohenzollernschen Markgrafentum. Selbst unter den deutschen Kleinstaaten zählte es nur zu den Miniaturausgaben oder gar als halb zu Brandenburg gehörig. War die Markgrafschaft auch unbedeutend, so stand doch Bayreuth in gutem Ruf als Stadt der Kultur – und den Grundstein dazu legte Eberhardines Familie. Der Vater wollte Bayreuth zu einer Residenz ausbauen, die in deutschen Landen ihresgleichen suchte. Sie weilte noch in Bayreuth, als 1691 der barocke Umbau des Schlosses durch Charles Philipp Dieussart, den berühmten Bamberger Meister, begann. Architekten und Künstler aus vieler Herren Länder sollten für Jahrzehnte im bald stark verschuldeten Bayreuth ein reiches Betätigungsfeld finden. Eberhardines Bruder Georg Wilhelm, ein Leichtfuß, stand der Prunksucht des Vaters nicht nach, doch verdankt ihm Bayreuth unter anderem die Eremitage, was wiederum versöhnlich stimmt.

Das alte Renaissance-Schloß, in dem Eberhardine aufwuchs, brannte 1753 ab. Erhalten blieb die seit 1813 von der katholischen Kirche genutzte Hofkapelle, die sich im noch existenten alten Bayreuth am ehesten mit Eberhardine in Verbindung bringen läßt. Zur Frömmigkeit erzogen, versäumte sie kaum eine Messe in dieser Kapelle. Ernsthaft von Natur, bedrückte sie zunehmend das Gefühl, am Hof überflüssig geworden zu sein, und ihr Drang zur Kirche verstärkte sich. Die Aussicht, nach Sachsen, ins Mutterland der Reformation, einheiraten zu können, empfand sie als persönliches Glück, als Wink des Schicksals oder Gottes Fügung.

Zwischen Bayreuth und Dresden bestanden traditionell gute Beziehungen. Bereits 1638 hatte Sachsens Kurfürst Johann Georg II. mit Magdalena Sibylla eine Prinzessin von Bayreuth heimgeführt, und Eberhardines Vater war in erster Ehe mit der sächsischen Prinzessin Erdmuthe Sophie verheiratet. Den alten verwandtschaftlichen Bindungen zwischen den Herrscherhäusern war wesentlich der Einfluß des sächsischen Theaters auf Bayreuth zu verdanken. So ging von Sachsen eine nachhaltige Anregung auf Ballett und Singspiel aus. Bayreuth verpflichtete mit Vorliebe sächsische Intendanten und Regisseure. Daß Richard Wagner im 19. Jahrhundert so freundliche Aufnahme in Bayreuth fand, fußte zum Teil auf der guten Erinnerung an die »sächsische« Theater-Ära.

Der prunksüchtige Vater Eberhardines blickte neid- und ehrfurchtsvoll auf Dresden und dessen seinerzeit schon berühmte Sammlungen. Er meinte, seine Tochter ziehe das Große Los, wenn sie nach Sachsen heirate. Trotzdem ersuchte er am 7. September 1692 Friedrich III., den Kurfürsten von Brandenburg-Preußen (seit 1701 König Friedrich I. von Preußen), um Rat. Damit geriet die Ehe in den Rang eines, wenn auch nicht europäischen, so doch deutschen Ereignisses. Dem Brandenburger gefiel, was sich da anbahnte. Zeitgleich hatte der Markgraf in Dresden über den Inhalt des Testaments von Augusts des Starken Vater, dem 1691 verstorbenen Kurfürsten Johann Georg III., Erkundungen eingezogen. Die Antwort ließ lange auf sich warten, fiel aber zufriedenstellend aus. Friedrich August waren ausgesetzt: ein Deputat von jährlich 50000 Talern, 100000 Taler zur Einrichtung eines eigenen Hausstandes, das Moritz-Haus in der Dresdner Kreuzgasse als Wohnsitz und im Falle seines Ablebens 6000 Taler jährlich für seine Witwe.[3] Johann Georg IV. akzeptierte das väterliche Testament ausdrücklich und gewährte die Heiratserlaubnis, die Friedrich August von seinem Bruder nach den Regeln des Hausgesetzes benötigte. Markgraf Christian Ernst zeigte sich zufrieden. Markgräfin Sophie Luise, eine gebürtige Württembergerin, lehnte Friedrich August als Schwiegersohn ab, in ihm mit weiblichem Instinkt einen Don Juan erkennend. August der Starke verzieh seiner Schwiegermutter nie die kühle Aufnahme in Bayreuth. Markgraf Christian Ernst bemühte sich, auftretende Spannungen mit Sachsen gleich im Keim zu ersticken. Überschwenglich schrieb er am 18. Januar 1693 dem sächsischen Kurfürsten: »Ich gratuliere mir und bin Ew. Chf. höchstens verbunden, daß Sie mir einen so lieben Tochtermann zu Hauße geschicket.«[4] Die Sympathien seines Hofes lagen übrigens bei der Markgräfin. Das sächsische Hunkel (»auf jede Henne springendes Hähnchen«) könne froh sein, ein so hübsches und unbescholtenes Weib wie die Bayreuther Prinzessin zu bekommen, hieß es.

Der Ehevertrag wurde am 10. (20.) Januar 1693 zu Papier gebracht. Bayreuth setzte als Mitgift für Eberhardine 20000 fränkische Gulden aus, 16666 2/3 Reichstaler, zahlbar dem Beilager folgend »nach Jahr und Tag«, sowie neben Kleinodien und Silbergeschirr eine »ehrliche und Fürstliche Morgengabe«. Ausführlich waren besonders jene Passagen gehalten, die sich auf die religiöse Erziehung der Kinder und die soziale Absicherung Eberhardines bezogen. Wörtlich hieß es: »Doch wird sodann die leibliche Mutter von der Mitsorge zu der fürstlichen Kinder besseren Erziehung auch dass dieselben zu allen wohlanständigen fürstlichen Tugenden angewiesen und zumal in der unveränderten Augsburgischen und reinen evangelischen Kon(f)vession und Religion recht unterrichtet werden mögen, nicht ausgeschlossen – wie denn auch so ein oder der andere Fall, es seien gleich kinder vorhanden oder nicht, Prinzessin Christiane Eberhardine Macht habe, die obbemeldete Schloss und Amt so Ihrer Liebden zum Wittum verschrieben, von Stund an einzunehmen, innezuhaben, zu besitzen ihr Lebtag und ohne alle Einträge.«[5] Glaubensangelegenheiten interessierten Friedrich August wenig. Die Erziehung seiner Kinder im lutherischen Glauben erschien ihm eigentlich keines Handels würdig.

Am 10. (20.) Januar 1693 heirateten Eberhardine und Friedrich

August. Der Markgraf war zwar knapp bei Kasse, aber zur »Grünen« seiner ältesten Tochter ließ er es an nichts fehlen. Bayreuth erlebte eine glanzvolle Feier, von der man noch Jahre später in der Stadt sprach. Das jungvermählte Paar hielt nach den Flitterwochen am 17. Februar 1693 Einzug in Dresden. Mit dem eigenen Haus sollte es vorerst noch gute Weile haben. Im und am Moritz-Palais, dem Sitz des Prinzenpaares, wurde noch emsig gebaut. So mußte vorübergehend erst einmal im Schloß Quartier genommen werden.

Für die beiden Eheleute stand ein ruhiges Dasein in Aussicht. Der Kurfürst, Johann Georg IV., war erst 25 Jahre alt, und Friedrich August, zwei Jahre jünger, würde nach menschlichem Ermessen als Nachfolger nicht in Betracht kommen. Ihn erwartete ein Prinzendasein auf Lebenszeit, ohne nennenswerte Verantwortung, und das bei sicherer Apanage; ihm stand etwa das Vierfache eines Ministergehalts zu. Das junge Paar würde viel Zeit füreinander haben...

Einsamkeit statt Zweisamkeit. Eberhardine, aus einem der kleinsten deutschen Fürstenhäuser stammend, mußte Sachsen wie eine Großmacht erscheinen. Ihr geltungsbedürftiger Vater hatte ihr eingeprägt, nur »nach oben«, nie »nach unten« zu heiraten, und sie hatte »nach oben« geheiratet! Ihr Vater war stolz auf sie.

Tief religiös empfindend, erfüllte sich für sie ein Traum, dort leben zu dürfen, wo dereinst ein Martin Luther sich mit Papst und Klerus angelegt und die christliche Welt aus der Lethargie riß. Die räumliche Nähe des historischen Geschehens hatte für sie etwas Faszinierendes. Nirgendwo meinte sie mehr Geborgenheit im Glauben finden zu können als bei den sächsischen Lutheranern. Daß ihr Gatte wenig religiös empfand, war ihr vor der Hochzeit schon bewußt, doch im Rausch der ersten Liebe erschien ihr dies belanglos.

Sie war mit sich und der Welt zufrieden.

Über der Ehe aber stand kein guter Stern. Die ernste Eberhardine und der lebenslustige, protzende Friedrich August paßten so wenig zusammen wie Feuer und Wasser. Eberhardine war besonnen, aber sie fand nicht die Mittel, ihren ungestümen Gatten zu zügeln – was allerdings auch keiner anderen Frau gelungen ist.

Eberhardine war bereits nach kurzer Zeit viel allein.

Sachsen, das der Großen Allianz gegen Frankreich angehörte, mußte Krieg führen. August der Starke stürzte sich, seinem Bruder beistehend, ohne Zaudern in die Schlachten am Rhein. Im September war er wieder bei seiner Frau, aber schon mit neuen Reiseplänen im Kopf: Nach den Weihnachtsfeiertagen fuhr er nach Italien, um die wegen der Hochzeit unterbrochene Kavalierstour fortzusetzen. Statt seine junge Frau auf eine Hochzeitsreise zu entführen, ließ er sie in Dresden zurück und vergnügte sich solo. Am Hof mißbilligte man das Verhalten des Prinzen sehr, wunderte sich aber auch über Eberhardine. Wenn sie ihren Mann schon im ersten Ehejahr nicht zu halten vermochte, schienen Zweifel an ihrem Talent als Gattin geboten!

Eberhardine fiel es schwer, sich am Dresdner Hof einzuleben. Ihr Schwager widmete sich fast ausschließlich seiner Mätresse Sibylle von Neitschütz. Eberhardine fand seinen Lebenswandel unmoralisch; er wiederum sah in ihr eine bigotte Frau, die sich nicht zu wundern brauche, wenn ihr Gatte sie vernachlässige. Über dessen Reise schrieb sie ihrer Mutter ausführlich und offen nach Bayreuth: »Die lustparkeiten aber zu Venisse sollen gar Schlegt geweßen seyn, als glaube, es würd ihn wohl gereuen diese reise gethan zu haben, welches ich wünsche, so verbleibt er ein anter mahl bei mir.«[6] Sie neigte keineswegs zur Schadenfreude, aber kaum in den Ehestand getreten und schon allein gelassen, kam ihr alles gelegen, was die Rückkehr des Gatten beschleunigen und ihm neue Ausflüge verleiden könne.

Am liebsten hätte sie sich auf Schloß Colditz zurückgezogen. Der Kurfürst hatte dem Prinzenpaar Amt und Schloß Colditz als gemeinsames Eigentum übertragen. Das Schloß, früher einmal eine kurfürstliche Residenz, gehörte zu den prunkvollsten Bauten Sachsens. Zwar gab sich der Landesherr so, als verschenke er den prächtigen Besitz in Geberlaune, aber er hatte genau kalkuliert. Mit seinem Bruder Friedrich August vertrug er sich nicht sonderlich; sie hätten »stehten Krieg miet einander« geführt, räumte August der Starke später ein. Johann Georg IV. wollte ihn möglichst weit weg von Dresden wissen und lockte ihn mit dem fernab an der Mulde gelegenen Amt. Ein so schönes Schloß wie das Colditzer würde der prunkliebende Bruder doch wohl bewohnen, wenn schon nicht ständig, so wenigstens den größten Teil des Jahres. Daß Eberhardine in die Schenkung einbezogen ward, geschah nicht minder berechnend. Das väterliche Testament verpflichtete Johann Georg IV., seiner Schwägerin einen Witwensitz zu überlassen. Mit der eigentlich dafür bestimmten Lichtenburg ließ sich vorerst nicht rechnen, weil Kurfürstin-Witwe Anna Sophie dort herrschte, eine selbstbewußte Dame, die mit ihrem ältesten Sohn seiner Mätressenwirtschaft halber auf gespanntem Fuß lebte und Dresden mied.

August der Starke zeigte für Colditz wenig Interesse, wohl auch, weil er die Absichten seines Bruders durchschaute. Eberhardine aber hätte sich Schloß Colditz gut als Liebesnest vorstellen können, fernab des Hofes mit all seinen Versuchungen, vor denen sie sich fürchtete, seit ihr bewußt geworden, wie empfänglich ihr Mann für die Verlockungen des Lebens war. Sie sollte keine Gelegenheit finden, Besitz von Colditz zu ergreifen: Johann Georg IV. starb 26jährig im April 1694, ohne einen Erben zu hinterlassen. Nach dem Hausgesetz fiel die Nachfolge dem Zweitgeborenen zu, dem eben erst aus Italien zurückgekehrten Friedrich August.

Mit knapp 24 Jahren war August der Starke nun als Friedrich August I. Kurfürst von Sachsen, seine Frau Christiane Eberhardine Kurfürstin.

AUGUSTS DES STARKEN OKTOBER-SPRÖSSLINGE. Am 7. (17). Oktober 1696 brachte Eberhardine einen Sohn zur Welt, den nach seinem Vater benannten Kurprinzen Friedrich August. Aus Bayreuth kam eilends Markgräfin Sophie Luise nach Dresden, und im Großmutterglück schrieb sie dem daheim gebliebenen Markgrafen begeistert, der Enkel sei »ein allerliebster schöner Engel, ist so groß als wan er 8 Wochen alt wäre«.

August der Starke erlebte mit diesem Oktober des Jahres 1696 einen Höhepunkt seines Daseins als Vater: Nur elf Tage später als Eberhardine entband seine Mätresse Aurora von Königsmarck ebenfalls einen Sohn. Sie nannte ihren Sprößling nach der Moritzburg, in der sie dem Drängen des stürmischen Sachsenherrschers nachgegeben hatte, Moritz. Herr von Pöllnitz rühmt in »Das galante Sachsen«, der Kurfürst erfüllte »seine Pflichten bei der Kurfürstin« wie seiner Geliebten, die er »während der Zeit ihres Wochenbettes fast gar nicht« verließ.[7] Diese Story hat zwar etwas Rührendes an sich, enthält aber einen Fehler: Sie ist nicht wahr. Die Kurfürstin entband in Dresden, Aurora von Königsmarck in Goslar – und der Kurfürst vergnügte sich in Wien.

Kaum waren die Salutschüsse für die Geburt des Kurprinzen verhallt, hetzte Oberhofmeister von Pflugk nach Wien zu August dem Starken. In Dresden wurde alles für die Rückkehr des Kurfürsten vorbereitet, die Kindtaufe hinausgezögert – drei Wochen lang. Warum eilte der junge Vater nicht nach Hause, um seinen Stammhalter zu begrüßen? Es gab keinen plausiblen Grund für sein weiteres Verweilen in der Kaiserstadt. Der Sommerfeldzug der Habsburger gegen die Türken, an dem er mit 4000 Sachsen teilgenommen hatte, war ruhmlos zu Ende gegangen. Die kaiserlichen Befehlshaber verbrachten ihre Zeit damit, sich gegenseitig Schuld zuzuweisen. Auch der Kurfürst von Sachsen kam nicht ungeschoren davon: Er sei völlig bezecht in die Schlacht an der Bega gezogen. Dem Katzenjammer der Militärs hätte er sich wegen »dringender Familienangelegenheiten« leicht entziehen können, aber er ließ den Oktober verstreichen, auch den November und fand sich erst im Dezember wieder in Sachsen ein. Länger vermochte er seine Heimkehr nicht aufzuschieben, weil sich Brandenburgs Kurfürst Friedrich III. zu einem Besuch angesagt hatte.

Die Erklärung für seine späte Rückkehr reiste mit an und hieß Maximiliane Gräfin Esterle. Ohne Umschweife führte er sie am Hofe als seine neue Mätresse ein. Ungerührt von den Peinlichkeiten zeigten sich nur der Kurfürst und die Esterle, weniger gelassen gaben sich die Mütter seiner beiden Oktober-Sprößlinge und Kurfürstin-Mutter Anna Sophie. Letztere flüchtete wie dereinst beim

Erscheinen der Neitschütz, der Mätresse ihres Erstgeborenen, wieder in die Lichtenburg. Aurora von Königsmarck ließ sich ihre Nachfolgerin noch vorstellen, dann zog sie sich zurück in das Stift zu Quedlinburg, noch bevor sie den Abschied erhielt. Vielleicht hätte sich auch Eberhardine gern davongemacht, aber sie genoß nicht die Freiheiten einer Witwe wie Anna Sophie oder die einer Mätresse wie Aurora.

Mit dem Familienzuwachs hatte sich Eberhardine eine Festigung der ehelichen Beziehungen ausgerechnet, eine Hoffnung, die sich nun verflüchtigte. Das Tuscheln über die landesherrlichen »Oktober-Sprößlinge« blieb ihr nicht verborgen, doch auch ohne die Rechenkünste der Höflinge wußte sie, wie rasch der Kurfürst ihr Bett gegen das der Aurora vertauscht hatte. Sie fühlte sich gedemütigt, lebte in der Furcht, man werde ihr wie drei Jahre zuvor nach der Solo-Hochzeitsreise des Gatten wieder eine Mitschuld zuweisen. Sie wußte wohl, daß sie im Ruf stand, im Ehebett ein Eisberg zu sein. Das folgenreiche Verhältnis des Kurfürsten mit Aurora hätte sie verschmerzt, als Abenteuer abgehandelt, doch mit dem Erscheinen der Esterle steigerte sich ihre Furcht, der Gatte könne Vergnügen daran gefunden haben, von Mätresse zu Mätresse zu flattern. Seit er um seiner Frau Schwangerschaft gewußt, erzählte er ungeniert seinen Vertrauten, habe ihn ihr stets kaltes Bett nicht mehr interessiert.

Das erste Kind der Eberhardine sollte zugleich ihr letztes sein.

Da August der Starke den größten Teil des Jahres 1696 auf den Schauplätzen des Krieges oder des Vergnügens im Habsburgischen weilte, hatte seine Ehe mit Eberhardine drei, allenfalls vier Jahre nach der Hochzeit aufgehört, eine Ehe zu sein; formell bestand sie noch 31 Jahre, und erst der Tod vollzog die Scheidung.

Des kleinen Kurprinzen wegen erließ der Kurfürst keine Anordnungen. Sah er keine Veranlassung dazu? Die Höflinge, die nichts falsch machen wollten, vielleicht auch von Eberhardine vorgeschickt worden waren, erkundigten sich denn doch, wieviel dienstbare Geister eigentlich zur Betreuung des Kurprinzen vorgesehen seien und welche Voraussetzung das Personal mitzubringen habe, wer als vertrauenswürdig gelten könne und wer nicht. Denkbar knapp wies August der Starke am 24. Dezember 1696 fast unwirsch den Hof an, es sei alles so zu bestellen, »wie die herzgeliebte Gemahlin Ld. gutbefinden und anordnen wird«.[8]

Damit nahm das Jahr 1696 doch noch einen versöhnlichen Ausklang für Eberhardine. Oft hatte sie der Gedanke geplagt, der Kurfürst werde ihr das Söhnchen entreißen, und alles vermieden, was ihn erzürnen könne. Ihr sehnlichster Wunsch war es, die Erziehung ihres Kindes selbst zu übernehmen. Wenn sie es recht bedachte, hatte sie in ihrem 25jährigen Leben noch nie eigenständig etwas verantwortet. Jetzt wuchs ihr eine Aufgabe zu, eine bedeutende: die Erziehung des künftigen Kurfürsten. Zwar hatte sie die Liebe des Gatten verloren, ein Unglück, wie sie sich eingestand, aber sie konnte die Liebe des Kindes und künftigen Landesherrn gewinnen und in ihm fortleben.

Über all den Aufregungen Ausgang des Jahres 1696 verlor sie fast das Präsent, das ihr August der Starke zur Geburt des Kurprinzen vermacht, aus den Augen, das Schloß Pretzsch. Sie hegte keine rechte Vorstellung von Pretzsch, schon gar nicht, was sie mit einem so fernab von Dresden gelegenen Besitz eigentlich beginnen solle.

DAS SCHLOSS DER EBERHARDINE. In Wien hatte August den Starken die Nachricht erreicht, Eleonore, die Witwe seines Bruders, sei am 9. September 1696 in Pretzsch verstorben. Das Schloß brauchte einen neuen Schloßherrn! Oder eine neue Schloßherrin? Dieser Gedanke gefiel ihm besser. Am 2. (12). Oktober 1696 schrieb er an seine Räte: »Nachdem unlängst durch absterben der vormaligen Chf. Fr. Wittib das Schloß und ambt Pretzsch welches sie bißher in Besitz und Nutzung gehabt Uns wieder anheim gefallen, So haben Wir sonderbahrer zutragenden guter Affektion und Liebe zu Unserer herzgeliebtesten Gemahlin Ld. und zur Bezeugung Unserer Freude über ihren gesegneten Zustand Deroselben erwähntes Schloß und ambt jedoch ohne fernere Folgerung ad dies vitae überlaßen und eingeräumet... Ihr wollet selbiger 6 Wochen nach der höchst selig verstorbenen Fr. Wittib beerdigung Unserer Hertzgeliebten gemahlin ... mit allen Pertinentien, gerechtigkeiten und Nutzungen wie vornehmlich oben erwähnte Churf. Fr. Wittib beseßen und genossen, übergeben und einräumen laßen...«[9]

Mit der Übergabe hatte es allerdings gute Weile. Der neuen Herrin von Pretzsch eilte es auch nicht. Als im Juni 1697 endlich die Übergabe erfolgte, ging es wenig feierlich zu! August der Starke, der Gebende, war auf Reisen, und Eberhardine, die Nehmende, ließ sich von ihrem Oberhofmeister Johann Balthasar von Bose vertreten. Eine der bedeutendsten Herrschaften des Landes wechselte den Besitzer in Abwesenheit der unmittelbar Beteiligten.

Bose war es dann, der Eberhardine ermunterte, ihr Schloß wenigstens in Augenschein zu nehmen. Sie tat es, fast unwillig, mehr einem Gebot der Höflichkeit denn einem inneren Drang folgend. Pretzsch beeindruckte sie nicht sonderlich. Überall wurde noch gebaut. Der Ort war durch Unachtsamkeit eines Böttchers 1693 bis auf wenige Häuser einer Brandkatastrophe zum Opfer gefallen, und das Schloß, unversehrt geblieben, glich einer Insel. Die meisten Räumlichkeiten waren vom Justiz- und Rentamt belegt, und das mißfiel Eberhardine besonders. Da sie ihre künftige Rolle als Ehefrau und Landesherrin noch nicht überblickte, übertrug sie die Sorge ums Schloß einem Verwalter.

Wie die Stadtkirche zeigt sich das Schloß heute noch so wie zu Zeiten Eberhardines, allerdings nur äußerlich. Unverkennbar bleibt: Der dreistöckige Bau mit viereckigem Turm, vierflügelig angelegt, ist eigentlich nur ein Torso. An der Tür verrät eine Inschrift manches Wissenswerte zur Baugeschichte, zumindest dem, der des Lateinischen mächtig ist und dessen Augen scharf genug sind, um die verwitterten Buchstaben entziffern zu können. Danach sind »die Grundmauern so tief in der Erde wie das Schloß über der Erde hoch ist«. Man nutzte das Fundament einer 1380 abgebrochenen Burg aus dem 12. Jahrhundert. In unmittelbarer Nähe des Flusses blieben Schwierigkeiten mit dem Grundwasser gewiß nicht aus. Selbst wenn die Mauern nicht ganz so tief gehen sollten, wie die Tafel vermerkt, und der Vergleich zwischen Ober- und Unterbau eher symbolisch gemeint ist, an der Solidität des Fundaments dieses trutzigen Baus zweifelt wohl niemand, und den Respekt vor den Leistungen der Erbauer mindert dies keineswegs. Die Inschrift vermeldet des weiteren, daß das Schloß 1571–74 unter Hans Löser entstanden ist.

Die Lösers zählten zu den alteingesessenen sächsischen Adelsgeschlechtern mit Lehnsbrief von 1325. Nach der Überlieferung soll ein Magnus Rehfeld den 1311 bei Großenhain von den Brandenburgern gefangengesetzten Markgrafen durch einen kühnen Handstreich befreit haben; dafür wurde er mit der Herrschaft Pretzsch bedacht und zum Ritter Löser geschlagen. Eigentlich hatte ihm der Markgraf den Namen »Erlöser« zugedacht, doch der Geehrte verstand das als Gotteslästerung und drang auf Streichung der ersten beiden Buchstaben. Die Herrschaft Pretzsch, durch holländische Siedler zu einem Zentrum der Agrarkultur im Sächsischen geführt, erlitt während der Hussitenkriege 1419–1434 schweren Schaden.

Für Eberhardine, eine fromme Frau, sollte das alte Schloß als ein Schauplatz der Reformation Gegenstand besonderer Verehrung werden. Hans Löser d. Ä., der Vater des gleichnamigen Erbauers des neuen Schlosses, war ein Freund Martin Luthers. In Pretzsch meint man: Die Kirche sei Wolf Christoph von Arnim zu verdanken, die Einführung der Reformation Hans Löser d. Ä.. Auf dessen Bitte weilte hier Martin Luther am 30. November 1531 zur Hasenjagd. Vielleicht hatte er ursprünglich tatsächlich die Absicht, dem Weidwerk zu frönen, aber er ließ die Jagdgenossen ziehen und übersetzte derweil in einem Winkel des für Stunden still gewordenen Schlosses den 147. Psalm aus dem Hebräischen ins Deutsche, heute der Festpsalm der Pretzscher.

Wolf Christoph von Arnim hatte während des 30jährigen Krieges 1637 als Oberst der Kaiserlichen wenn nicht den Ort, so doch das Schloß vor der Vernichtung bewahrt. Nach ihrem Sieg bei Breitenfeld 1642 besetzten die Schweden für knapp zwei Jahre erneut Pretzsch. Als sie abzogen, sah sich der Schloßherr, Hans Löser d. J., ruiniert: Er mußte verkaufen. Arnim, für den Pretzsch mit einem entscheidenden Kriegserlebnis verbunden war, interessierte sich für die Herrschaft. Ein mittlerweile zum General avancierter Adliger schien kurz vor Ausgang des Krieges gut beraten, wenn er sich rechtzeitig auf eine Zeit einstellte, in der Offiziere nicht mehr sonderlich gefragt sein würden. Er kaufte! Über dem Portal ließ er in Sandstein einen Vers meißeln, der mit dem Wunsch endete, »daß lang' hier lebe mein Geschlecht«. Er sollte sich getäuscht haben.

Der General verstarb 1668. In Schloß und Herrschaft Pretzsch teilten sich seine vier Söhne. Anfangs ließ sich alles gut an, doch dann machten sich Rechthaberei und Neid breit. Jeder gönnte sich selbst viel, den anderen wenig. So lieferten sie am Ende ein Paradebeispiel dafür, wie eine Familie durch Erbstreitigkeiten zerfallen kann. Dem immer wieder als Schlichter angerufenen Kurfürsten Johann Georg III., dem Vater Augusts des Starken, ward der Familienkrieg der Arnims leid. Er gab jedem der vier Brüder am 11. März 1689 im Tausch gegen Pretzsch ein Rittergut, so daß sie fürhin ihre eigenen Wege gehen konnten. Diese Güter lagen weit auseinander, drei sogar fernab von Pretzsch: Walda bei Großenhain, Neusorge bei Mittweida und Planitz bei Zwickau. Nach der Version des Kurfürsten hatten ihm die Arnims den Handel angetragen, weil nur er vier gleichwertige Güter einzubringen vermochte. Dank seiner Stellung als Landesherr und in Ermangelung eines Konkurrenten hatte er beim Tausch alle Trümpfe in der Hand. Die vier Rittergüter waren ihm zusammen 70000 Rthr. wert, was dem Preis entsprach, den die Familie von Arnim 42 Jahre zuvor für Pretzsch bezahlt hatte. Daß sie seinerzeit die Zwangslage des durch den 30jährigen Krieg ruinierten Vorbesitzers ausgenutzt und Pretzsch weit unter Wert gekauft hatte, führte die Familie von Arnim nicht ins Feld. Recht so! hätte es geheißen. Die Arnim-Söhne hatten mit ihren ewigen Zänkereien längst den vom Vater überkommenen Bonus an Ansehen verzehrt. Gegen vier Rittergüter traten sie nun eine Herrschaft ab, zu der 30 Dörfer und das stattliche Schloß an der Elbe zählten.

Grund und Boden interessierten den Kurfürsten weit mehr als ein Schloß, für das er erst Verwendung suchen mußte. Er verlegte nach Pretzsch den Sitz eines Amtsbezirks und wies das Schloß dem

Rentamt zu. Um den stattlichen Bau einigermaßen auszulasten, erhielten außer dem Direktor, wie üblich, ganz unüblich auch die Beamten Wohnrecht. Aus dieser Verlegenheitslösung sollten allerhand Schwierigkeiten erwachsen. Es bedurfte mancher Finte, um später beide wieder hinauszukomplimentieren, das Amt und die Beamten.

Auch bei den neuen Schloßherren, den Wettinern, blieben unvorhergesehene Ereignisse nicht aus. Kurfürst Johann Georg III. war erst 42 Jahre alt, als er Pretzsch eintauschte. Er meinte, noch ein langes Leben vor sich zu haben, aber für den Fall seines Todes sah sich seine Witwe versorgt: Sie konnte sich in die Lichtenburg zu Prettin zurückziehen, was sie denn auch getan hat, als er zwei Jahre später verschied. Daß sein Nachfolger, Johann Georg IV., nach nicht mal drei Amtsjahren sterben würde und Sachsen gleichzeitig zwei verwitwete Kurfürstinnen versorgen mußte, konnte niemand ahnen. Als zweiter Witwensitz bot sich das unzulänglich genutzte Schloß Pretzsch an. Darin zumindest waren sich die Landesherren ohnehin einig: Sie wollten die Kurfürstin-Witwe nicht in Dresden haben. Sie galt als Störfaktor, als unbequem, sollte vom Treiben in der Residenz tunlichst wenig erfahren. Pretzsch lag als Witwen-Sitz so ideal wie die Lichtenburg. Augusts des Starken Schwägerin Eleonore, die erste Herrin von Pretzsch unter dem Regime der Wettiner, eine der unglücklichsten Fürstinnen ihrer Zeit, starb 34jährig nach zweijährigem Aufenthalt in Pretzsch, wo sie nie heimisch geworden ist. Beerdigt wurde sie in Freiberg. Schloß Pretzsch war wieder vakant: für Christiane Eberhardine. Aber was sollte einer verheirateten Frau das als Witwensitz geltende Schloß!

KÖNIGIN OHNE KRONE. Polen hatte mehr zu vergeben als ein Schloß: Nach dem Ableben Johann Sobieskis war 1696 der Thron frei geworden! Der älteste Sohn des Verstorbenen konnte sich keine Chancen auf die Nachfolge ausrechnen, da die Republik am Wahlkönigtum festzuhalten gedachte und alles ablehnte, was auf Einführung der erblichen Monarchie schließen ließ. So konnten sich Interessenten melden, auch auswärtige.

August der Starke, der sich in seinem Machtstreben nicht mit der ihm zugefallenen Kurfürstenwürde begnügen wollte, sah sich schon als König im Schmuck der Krone Polens. Beim Dresdner Karnevalsumzug agierte er am 3. Februar 1697 als Karl der Große, sechs Tage später als Sultan. Das waren Vorzeichen, die allerdings die wenigsten recht zu deuten vermochten. Von seinen Festen sprach man in ganz Europa. »Er war in diesem Punkte so eitel, daß es ihm mehr schmeichelte, wenn man ihn wegen der Anordnung eines gelungenen Balletts, als wegen der Disposition einer gewonnenen Schlacht etwas Verbindliches sagte«, schrieb ein Kenner.[10] Hätte man gewußt, daß er bereits nach der Krone Polens strebte, wäre die Neigung geringer gewesen, alles leichthin seiner Eitelkeit zuzuschreiben.

Polen war katholisch, der Thron nur für einen Katholiken zu haben. August der Starke setzte auf den Überraschungseffekt. Nach dem Grundgesetz Polens, der Pacta conventa, mußte der Nachfolger binnen eines Jahres gefunden sein. Die Frist war fast verstrichen, als er am 2. Juni 1697 vor dem Bischof von Raab, seinem Vetter Christian August von Sachsen-Zeitz, in der Hofkapelle zu Baden bei Wien das katholische Glaubensbekenntnis ablegte. In Sachsen war die Aufregung groß: Der Herrscher im Mutterland der Reformation buhlte der Krone Polens wegen um die Gunst des Papstes! Am 27. Juli 1697 versicherte er den Landständen feierlich, »daß er aber die Landstände und sämmtliche Unterthanen bei dero augsburgischen Confession, hergebrachten Gewissensfreiheit, Kirchen, Gottesdienst, Ceremonien, Universitäten, Schulen und anderen Gerechtigkeiten, wie dieselben solche anjetzo besitzen, kräftigst erhalten und handhaben, auch Niemanden zu der jetzt angenommenen katholischen Religion zwingen, sondern einen jedweden sein Gewissen frei lassen« werde.[11]

Baron von Loen vermerkte 1750 in »Kleine Schriften«: »August, sagt man, habe die Religion verraten. Ich würde es zugeben, wenn ich gewiß wüßte, daß er zuvor eine gehabt hätte. Es ist bekannt, daß er von Jugend auf ein kleiner Freigeist war, der nichts glaubte, als was viele unserer Fürstenkinder insgeheim zu glauben pflegen: Nämlich, daß ein Gott im Himmel sei, sie aber als Fürsten auf Erden tun könnten, was sie wollten. August hatte demnach, als er zur römischen Kirche überging, noch keine Religion; man kann also nicht sagen, daß er die seinige verändert hätte; er nahm nur zum Schein eine an.«[12]

Am 27. August 1697 legte August der Starke im Jesuitenkloster Picari nahe Krakau den Eid auf die Pacta conventa ab, in der verankert war: »Der König und die Königin müssen vor der Krönung römisch-katholisch sein« (und bleiben), »und wenn es sich anders verhält, ist die Krönung ohne Geltung, und der König ist gehalten, seine Gemahlin zu genannter Religion zu bekehren«.[13] Die Krönung konnte erst nach Beisetzung des toten Vorgängers erfolgen, und dessen Leiche hatte Prinz Franz Ludwig von Conti, der ebenfalls König werden wollte, gleich einer Geißel genommen, was August den Starken nur momentan in Verlegenheit brachte: Er ließ am 13. September 1697 einen leeren Sarg mit allem für die Beerdigung eines Königs gebührenden Ehren in der Königsgruft beisetzen. Zwei Tage später wurde er in Krakau gekrönt.

Eberhardine fehlte zur Krönungsfeier!

Am 20. August 1697 hatte August der Starke seiner Mutter geschrieben: »Man verlanget im übrigen allhier einhellig, dass die Königin... kommen möchte, welches auch sein könnte, ohne dass sie die Religion changierte, indem der Exempel schon vorhanden sind. Ich fürchte aber, dass die Königin Leute um sich haben möchte, welch anderer Impressionen ihrer machen und sie also deturmiernieren möchten, bitte derohalben, Ew. Gnaden wollen in dem Fall trachten, sie zu persuadieren.«[14] Er gab sich auch sonst alle Mühe, seine Gattin zur Reise nach Polen zu bewegen. Der Wunsch, sie in der Stunde des Triumphes an seiner Seite zu wissen, wirkte freilich fatal blaß verglichen mit der offen bekundeten Sorge, bei ihrem Ausbleiben eine Mehrung politischer Verquickungen zu erfahren. Einen seiner Höflinge, Herrn von Seiffertitz, schickte er direkt zu Eberhardine, um sie nach Krakau zur Thronerhebung einzuladen, und am 21. August, sechs Tage vor der Vereidigung auf die Pacta conventa, sandte er ihr noch durch von Bose ein Schreiben, das sie umgehend beantwortete. Sie zeigte sich verärgert, daß »Wir blos auf der Post mit einer kleinen Suite dahin kommen sollen, da wir dan ferner mit allen nothwendigkeiten solten versehen werden«. Auch sonst mangelte es nicht an Ausflüchten, die ihr die Feder führten. Sie sei beunruhigt durch »die viehlen vorfallende affairen... Allein wie bey dermahliger Beschaffenheit und Zustandt in Pohlen und da E. M. noch nicht eingerichtet, ich auch wegen des freien exercitii meiner religion als anderer bedingnüssen von der Republique noch keine Versicherung habe, auch vor eine Dame etwaß sehr schwer zu Herzen gehendes in ein so enfernten Landt mit Hinterlassung aller der Unsrigen zu gehen billich anstehe, ... auch bis Wir Unsere herztgeliebteste Eltern dem kindlichen respect gemäß hierinnen consultieret und alles in solche wege werden gerichtet haben, daß Wir zu E. M. hoher reputation und zu Unserer selbst eigenen Zufriedenheit solche reise umb so begnügter dermahleins werden antreten können, geneigt pardonnieren. Der Allerhöchste aber erhalte E. M. bey beständieger guten gesundheit, segne alle Dero actiones und gebe daß die vorseiende Kröhnung nach allen selbst verlangten contento möge vollzogen werden...«[15] Zwar schlug sie die Teilnahme an der Krönungsfeier aus, aber sie wies nicht die Einladung nach Polen zurück. Der Rang einer Königin hatte auch für sie etwas Verlockendes, was wohl niemand einer 25jährigen jungen Frau verübeln konnte. Sie wollte weder die Krone Polens noch den Ehefrieden aufs Spiel setzen, aber an ihrer Religion festhalten.

Während der Krönung wurde August der Starke ausdrücklich an die Pacta conventa erinnert, nach der König wie Königin katholisch sein mußten, aber die Mahnung geschah beruhigend dezent. Es krönten ihn eben jene, die ihm wohlgesonnen waren! Mit den politischen und militärischen Wirren, die der Krönung in Polen folgten, wurden die Straßen zunehmend unsicherer, und der Kurfürst-König konnte die Polen, die ihre Königin sehen wollten, damit trösten, daß sich erst einmal die Lage im Lande stabilisieren müsse. Eberhardine hätte ihn mit einem Glaubenswechsel vieler Unannehmlichkeiten enthoben, doch fürs erste wäre er schon zufrieden gewesen, so er sie in Polen wisse. Dies hätte auf die Polen beruhigend gewirkt, das Weitere sich finden lassen.

Dachte er gelegentlich an Scheidung? Vielleicht hätte der Papst zugestimmt – neue Bedingungen stellend. In Polen wäre wenig gewonnen, denn Scheidungen waren hier unpopulär. Sein Verhältnis zu den protestantischen Nachbarländern würde eine Belastung erfahren, zu Brandenburg vor allem, auch zu Dänemark, dem Land seiner Vorfahren mütterlicherseits, und in Sachsen konnte Eberhardine leicht zur Märtyrerin werden. Sie machte von einer verbrieften Gewissensfreiheit Gebrauch, als sie den Übertritt zum Katholizismus verweigerte. Was der Kurfürst einem jeden Sachsen offiziell und wiederholt ausdrücklich zugesagt, das mußte auch für sie, die Kurfürstin, gelten. Selbst ohne gefestigten Glauben, vermochte er allerdings ihr Verhalten nicht zu begreifen. Bot er ihr nicht eine Krone? Des Übertritts halber als skrupellos geltend, mußte er sich jedoch in Zurückhaltung üben und alle zu beruhigen versuchen – seine Frau, die Polen, den Papst, die protestantischen Nachbarn, die Sachsen.

Er hatte noch vor der Krönung gemeint versichern zu müssen, daß er »nicht etwa aus Konsideration einiger Würden oder Nutzens, sondern allein Gott vor Augen habend, den römisch-katholisch-apostolischen Glauben unlängst auf- und angenommen«.[16] Das hätte er sich besser erspart. In Sachsen kursierte die Meinung, der Gott des Landesherrn habe polnisch gesprochen und mit einer Krone gewunken, die Sachsen eine Menge Geld koste. Es tauchten erhebliche Zweifel auf, ob der zum Katholizismus übergetretene Landesherr nicht doch Kursachsen um den evangelischen Glauben bringen werde. Wenn der Vatikan dem Wettiner zum Übertritt und damit zur polnischen Krone verhalf, würde er wohl die Gelegenheit genutzt und sich einen Einfluß auf das lutherische Sachsen gesichert haben. Genährt wurde dieser Verdacht durch einige landesherrliche Entscheidungen, die wenig dazu dienten, ihm das zu sichern, was er angesichts seiner vagen Stellung in Polen unbedingt brauchte, nämlich Ruhe in den Erblanden.

Weil er fortan viel auswärts sein werde, setzte er sechs Wochen vor seiner Krönung einen Statthalter in Sachsen ein. Anfangs verlautete, er habe für dieses Amt seinen Schwiegervater vorgesehen, was Eberhardine sicher als freundliche Geste verstanden hätte. Zu aller Überraschung berief er aber seinen Vertrauten der Wiener Zeit, den Fürsten Anton Egon zu Fürstenberg, was man weithin als provozierend empfand. Fürstenberg war kein Sachse, was angehen mochte, denn auch mit dem Bayreuther Markgrafen wäre ein Landesfremder eingesetzt worden, aber was schwerer wog: Fürstenberg war Katholik. Sollte es im lutherischen Sachsen niemanden geben, der sich als Statthalter eigne? Ein landesfremder Katholik repräsentierte also nunmehr die oberste Behörde und das Oberste Gericht Sachsens! Eberhardine hatte sich erschreckt nach Pretzsch zurückgezogen, um ihrer Verpflichtung zu entgehen, als Landesherrin den Statthalter, den sie auch persönlich nicht mochte, empfangen zu müssen. Zu Beginn des Monats September, als der Hof zur Teilnahme an der Krönungsfeier nach Krakau aufbrach, kehrte sie über Torgau überraschend nach Dresden zurück – um die einfachen Leute zu beruhigen, wie sie verlauten ließ. Jeder solle wissen: Die Kurfürstin und der Kurprinz seien im Lande verblieben. Eine Welle der Sympathie schlug ihr entgegen. Eigentlich geschah es zum ersten Mal. Rechte Freude wollte jedoch bei ihr nicht aufkommen, eher Unruhe. Der Gatte im katholischen Polen, sie im evangelischen Sachsen – wohin sollte das führen?

Der Vatikan, der über den Glaubenswechsel des Kurfürsten im Mutterland der Reformation triumphierte, wollte die Entwicklung in seinem Sinne beschleunigen. Das Kardinalskollegium brachte am 18. Januar 1698 öffentlich Details des Übertritts zur Sprache, um August den Starken in Zugzwang zu bringen. Berauscht von der Aussicht, König von Polen zu werden, hatte er dem Papst weitreichende Zugeständnisse gemacht, um die Aufnahme in die römisch-katholische Kirche zu erlangen:

»1. ...daß er in seinen Erblanden Sachsen die Gewissensfreiheit nicht mehr gestatten und sogleich einige katholische Kirchen in Leipzig und Dresden eröffnen wolle.

2. ...feierliche Abschwörung des Luthertums, ...damit seine pol-

nischen Unterthanen desto mehr Vertrauen zu ihm fassen möchten.

3. ...den Übertritt seiner Gemahlin zu bewerkstelligen und den seines Sohnes und dessen Erziehung sicherzustellen.«[17]

Damit fand man bestätigt, was zu befürchten gewesen. Augusts des Starken Versicherung, in Sachsen die Augsburgische Konfession zu respektieren, stand im Gegensatz zu den Zugeständnissen an den Vatikan. Die Dresdner, besonders ungehalten über den Landesherrn, stimmten das »Klagelied« an:

Schau Sachsen, wo du kannst vor Gram und Wehmut sehen;
Es ist um Deutschlands Ruhm und deinen Ruhm geschehen;
Dein Fürste und dein Held ist vor den andern allen
Zwar auf den Thron erhöht, doch auch zugleich gefallen,
O umgekehrte Welt! O unerhörte Zeit!
Wo bleibt die Frömmigkeit und deutsche Redlichkeit!

Ob solcher Worte zeigte sich August der Starke recht unbekümmert. Mochten seine Sachsen »Luft ablassen«!

Nervös machte ihn, was in den Kirchen gepredigt und gesungen wurde, und er reagierte überempfindlich, ohne Ein- und Weitblick. Von Warschau aus erließ er im Juli 1698 binnen weniger Tage zwei Dekrete: Er untersagte den evangelischen Geistlichen, die katholische Religion »auf der Kanzel oder sonstwie anzugreifen« und verbot mehrere Kirchenlieder, so das »Erhalt uns, Herr, bei deinem Wort«, ein Lied, in dem er eine besonders deutliche Anspielung auf seinen Glaubenswechsel sah. Das Oberkonsistorium lehnte es strikt ab, sich von einem katholischen Landesherren die Predigt vorschreiben und das Gesangbuch zensieren zu lassen; das »Erhalt uns, Herr...« wurde nun in Sachsens Kirchen erst recht und inniglicher denn je gesungen.

August der Starke hatte die Verweigerung des Oberkonsistoriums nicht erwartet. Die Spannungen erwiesen sich als ernster denn von ihm befürchtet. Im Hintergrund stand die naheliegende Frage, ob der katholisch gewordene Landesherr – oder sein katholischer Statthalter – gegenüber den evangelisch gebliebenen Kirchen Sachsens noch weisungsberechtigt sei. August dem Starken dürfte erst mit dem von ihm selbst provozierten Kirchenlieder-Streit bewußt geworden sein, daß er in Kirchen- und Religionsangelegenheiten nicht mehr in bisheriger Weise in Sachsen gebieten könne, obwohl er beide stets als elementaren Bestandteil seiner Souveränität betrachtet hatte. Es blieb ihm nichts anderes übrig, als auf das Summepiskopat zu verzichten und seinem Statthalter Fürstenberg die Kompetenz in Kirchenfragen zu entziehen. Das dürfte nun auch nicht eben das gewesen sein, was man sich im Vatikan ausgerechnet hatte.

Auf Vorstellungen, Eberhardine das Direktorium für Kirchen- und Religionsangelegenheiten zu übertragen, ließ er sich nicht ein. Wer am Dresdner Hof laut darüber nachdachte, fiel sofort in Ungnade – der Präsident des Oberkonsistoriums von Knoch, Oberhofmarschall von Haugwitz, der Direktor des Geheimen Konsiliums von Gersdorf, Männer, die den Glaubenswechsel ihres Landesherrn entschieden mißbilligten. Noch trug sich dieser mit der Hoffnung, Eberhardine den Polen als Königin präsentieren zu können. Übernahm sie das Direktorium, festigte dies ihre Stellung im lutherischen Sachsen. So übertrug er lieber Herzog Friedrich II. von Gotha die Leitung. Der fernab von Dresden lebende Herzog war die personifizierte Unauffälligkeit; als er nach drei Jahren sein Amt niederlegte, wunderten sich alle, daß er überhaupt eins besessen hatte. Seine Nachfolge trat Herzog Johann Georg von Sachsen-Weißenfels an, der ebenfalls die Kunst der Inaktivität perfekt beherrschte. August der Starke war einer trickreichen Operation verfallen: Wenn er und sein Statthalter als Katholiken schon nicht für evangelische Kirchenfragen zuständig sein durften, dann mochten das eben um des Landesfriedens wegen Lutheraner übernehmen, aber solche, die sich schonten, die seinen von ihm besoldeten Räten die Arbeit überließen. Später gestand er ein: »Es gibt kein Land, wo der Eifer gegen den Katholizismus so stark ist, wie meine Erblande Sachsen; jede Unternehmung zugunsten des Katholizismus ist geeignet Unruhen zu erregen.«[18]

Eberhardine beklagte zwar das Chaos, aber sie wollte weder den

Glauben wechseln, noch die Gegenspielerin ihres Gatten werden. Dieser hielt es für das beste, sie von ihrem Hofstaat zu trennen und nach Polen zu holen. In Sachsen stellte sie für ihn einen Unsicherheitsfaktor dar, konnte sie zu einer fraktionsbildenden Kraft werden. Eberhardine wiederum wußte nur allzu gut, daß sie die Kraft benötigte, die von ihrer Umgebung ausging, und wehrte sich gegen eine Isolierung.

Als sie die Teilnahme an der Krönungsfeier in Krakau verweigerte, stand sie vornehmlich unter dem Einfluß ihrer Schwiegermutter Anna Sophie, deren Beichtvater Philipp Jakob Spener und Friedrich III. von Brandenburg. Anna Sophie hatte das Schreiben ihres Sohnes mit der Bitte um Fürsprache bei Eberhardine sofort Spener vorgelegt. Er riet Eberhardine am 28. August 1697, zu warten, bis »in Polen alles wieder ruhig sei...; übrigens sei es nunmehr eine Hauptsache, die Erhaltung des Kurprinzen bei der evangelischen Wahrheit zu sichern«. Dieser Auffassung war auch Friedrich III. von Brandenburg: Er hielt es für ratsam, den Kurprinzen unverzüglich nach Dänemark zu bringen, damit er dort protestantisch erzogen werde.

Statt an seine Mutter, hätte sich August der Starke besser an seine Schwiegermutter gewandt. Das nahm ihm Eberhardine ab, wenn auch in völliger Verkennung der Lage. Von Pretzsch aus sandte sie einen Hilferuf nach dem anderen gen Bayreuth. Der Vater hielt sich in Feldlagern auf, und die Mutter dachte pragmatisch: Weigerte sich Eberhardine, ihrem Gatten nach Polen zu folgen, drohte diesem der Verlust einer hart erkämpften Krone; dazu werde er es nicht kommen lassen und die Scheidung einreichen, und flugs würde man in Bayreuth die Tochter wieder in die Arme schließen können (müssen), den Enkel verlieren. Aus Bayreuth wehte Eberhardine ein kalter Wind entgegen.

Kurios war es schon: In seiner Schwiegermutter Sophie Luise, die ihn wenig mochte, fand August der Starke seinen besten Anwalt. Sie flehte ihren Gatten schon am 26. August an: »Ach umb Gottes Willen mein Engel, Sie warten doch nicht länger, die Gradulation bey dem König durch einen Abgeordneten ablehgen zu lassen. Es haben schon viele Fürsten wie auch der Herzog von Eisenach einen Cavalier zum König abgeschicket und die Gradulation ablehgen lassen. Wüehr hätten billich allß Schwieger Ehltern die Ersten Sein Sollen.«[19] Von all dem wußte Eberhardine nichts. Auch nichts davon, daß die rührige Markgräfin sich des Beistandes anderer Fürsten zu versichern suchte und Friedrich III. von Brandenburg-Preußen gebeten hatte, er möge doch August dem Starken das Versprechen abringen, Eberhardine könne in Polen ungehindert ihrem Glauben nachgehen und jederzeit nach Sachsen zurückkehren. In diesem Sinne hat sich der Brandenburger auch tatsächlich an August den Starken gewandt.

Forderungen und Gegenforderungen waren formuliert, und da beide Seiten keinen Bruch riskieren wollten, konnten die Verhandlungen beginnen. August der Starke, der Bischof von Raab und der nach Polen geeilte Markgraf Christian Ernst einigten sich am 26. April 1698 in Warschau auf ein zwölf Punkte umfassendes Abkommen.[20] Um die Sachsen zu beruhigen, solle der Kurprinz von seiner Großmutter Anna Sophie erzogen werden. Eberhardine wurde kein Glaubenswechsel abverlangt; sie könne sich von einem Geistlichen nach Polen begleiten lassen, und sollte es zu Konflikten kommen, werde sie auf ihren Wunsch hin »wieder in das Churfürstentum Sachsen sicher verschafft«. Um Geld ging es auch. Der Markgraf brachte im Interesse seiner Tochter das Gut Gorbitz bei Dresden ins Gespräch, das der Königin als »zu einer sonderbaren Menage dienen könnte«. Doch August der Starke war anderer Auffassung. Er hätte Gorbitz durchaus in den Handel eingebracht, darauf kam es ihm nicht an, aber er wollte seine Frau in Polen sehen, ihr nicht im Kursächsischen, sondern in Polen einen Hof einrichten. Er hatte ihr schon vor den Warschauer Verhandlungen, wenn auch ziemlich pauschal, einen Hofstaat mit eigenem Etat von jährlich 50000 Rthr. zugesagt, gestaltete aber nun dieses Angebot attraktiver: 105000 Rthr. sollten ihr »zur freien Disposition« stehen. Davon hatte Kursachsen 25000 Taler zu tragen (für die Kurfürstin), Polen (für die Königin) 80000 Taler. Die Kosten des evangelischen Hofstaates Eberhardines wollte August der Starke aus einem nicht näher bezeichneten Fonds extra begleichen. Das war ein gewiß generöses Entgegenkommen.

So sah es auch der Markgraf. Er suchte seine Tochter auf, um sie zur Annahme des Warschauer Vertrages und der baldigen Übersiedlung nach Polen zu bewegen, brachte ein entsprechend abgefaßtes Papier gleich mit, das sie nur noch zu unterschreiben brauchte. Es wich den Differenzen nicht aus, war aber ausgleichend, vielleicht gar etwas devot gehalten, »daß, obwohl in Religions- und Glaubenssachen sich zwischen Ew. Mt. und mir seithero discrepantz erwachsen«, hieß es wörtlich, »dennoch meine Liebe und die Begierde zu einer mutuellen ehelichen Beiwohnung unverrückt bestanden und bis zu meinem letzten Athem verbleiben werde«.

Zum Verdruß ihrer Eltern verweigerte Eberhardine die Unterschrift.

Markgraf Christian Ernst und der Bischof von Raab trafen sich daraufhin am 24. Juni 1698 in Großenhain, um Eberhardines Einwände zu erörtern; sie bestand auf einen Konsens Polens. Der Bischof gab zu bedenken, daß August der Starke inmitten der allgemeinen Wirren den Reichstag damit nicht behelligen könne, ohne in Schwierigkeiten zu geraten. Sie müsse sich schon auf das Wort des Königs verlassen.

Das lehnte sie brüsk ab.

Der Markgraf verspürte nunmehr große Neigung, sich der undankbaren Aufgabe eines Unterhändlers zu entziehen. In einem Brief an seine Frau schilderte er ausführlich den unbefriedigenden Ausgang der Großenhainer Gespräche. Obwohl Eberhardine »alle ersinnliche persuasoria u.a. ...die väterlichen consilia nicht annehmen und allein ihren eigenen sambt Dero nicht unverdächtigen Rathgebern folgen wolten, Ich die Hand gar von dem Werck abziehen und damit nichts zu thun haben wolte«, werde er ihr vor seiner Rückkehr nach Bayreuth noch einmal vorstellen »die gefährliche suites, welche, wenn Ihro Mt. die Königin Ihres Herrn und Gemahls Mt. nicht folgen wolte,... weilen es scheint, daß man sich mit der Hoffnung flattire, Ihro Mt. würden die Königin ungeachtet der verweigerten ehelichen Folge dennoch nicht verstoßen noch weniger aber einen königlichen oder doch churfürstlichen Unterhalt versagen können«.[21]

Auch für die markgräfliche Familie lag der Schlüssel aller anstehenden Probleme in der Lösung Eberhardines von ihren Vertrauten. Die Bayreuther hielten es daher für einen klugen Schachzug, sie ins Elternhaus einzuladen. Sie wollte mit diesem nicht brechen, aus Anhänglichkeit wie aus Vernunft – als verstoßene oder geschiedene Ehefrau würde es ihr als letzte Zuflucht bleiben. Ende August, nur wenige Wochen nach der Abreise des Vaters aus Sachsen, traf sie in Bayreuth ein. Von ihrer Meinung in den polnischen Angelegenheiten ließ sie sich jedoch nicht abbringen. Trotzdem hielt der inzwischen wieder optimistischer gestimmte Markgraf noch nicht alles für verloren. Er schickte seinen Kanzler von Reichenbach nach Zeitz, damit er am 16. Oktober mit dem Bischof von Raab alles erneut erörtere. Es kam wenig genug dabei heraus, denn Eberhardine blieb mißtrauisch: Ihr Gatte hatte bei der Krönung auf die Pacta conventa geschworen, sie dem katholischen Glauben zuzuführen; nur wenn der polnische Reichstag ihn von diesem Eid entband, brauchte sie bei einem Aufenthalt in Polen nicht befürchten, in der Ausübung ihrer Religion behindert und aus welchen Gründen auch immer festgehalten zu werden. Es mochte für ihren Gemahl wenig schmeichelhaft sein: Ihr genügte sein Wort nicht. Grund dazu hatte sie: Der Krone Polens halber war er zum Katholizismus übergetreten, und zur Verteidigung der Krone würde er eher ein seiner Frau gegebenes Versprechen denn seinen Eid auf die Verfassung brechen. Daß auch der Reichstag eine ihr erteilte Zusage wieder zurücknehmen könne, bedachte sie nicht.

Sie hatte sich den Warschauer Vertrag genau angeschaut. Auf einen geistlichen Beistand brauchte sie in Polen nicht zu verzichten, so die Versicherung ihres Gatten, aber nur einen Priester wollte er akzeptieren, und der durfte nicht »auf die katholische Religion … schimpfen«, sonst müsse Eberhardine »sich mit einem anderen Geistlichen versehen«. Das konnte zur Handhabe für recht willkürliche Entscheidungen werden. Auch mußte schon das Wissen um eine jederzeit denkbare Ausweisung den Geistlichen behindern und das Klima in Eberhardines Umgebung durch die Furcht vor Zuträgern belasten.

Unverkennbar war auch die Absicht Augusts des Starken, den Hofstaat Eberhardines personell zu verändern. Wen sie mitbringen dürfe, wollte er selbst bestimmen. Keinesfalls durfte sich in ihrem Troß Oberhofmeisterin M. A. von Pröck (genannt »die Pröcklin«) befinden, das ließ er seine Gattin sofort wissen. Verdacht hegte er auch gegen Oberhofmeister von Bose, doch dieser vertrat Eberhardine als Unterhändler und war somit vorerst unangreifbar; ob sich noch ein Platz für ihn finden würde, sobald Eberhardine in Polen weile, erschien allerdings fraglich. Er könne, wie er beteuerte, dem katholischen Polen nicht außer der evangelischen Königin auch noch einen sie begleitenden größeren evangelischen Hofstaat zumuten, und daher solle sie von ihren evangelischen Bediensteten nur »so wenig als immer möglich« mitbringen, und da ihr Hofstaat größtenteils mit Geld aus der Kasse Polens finanziert werde, müsse sie auch Polinnen als Gesellschafterinnen etc. heranziehen. So lag denn doch der Schluß nahe, daß ihr Hofstaat in Polen anders als in Sachsen Deutsche und Polen, Lutheraner und Katholiken vereinen würde. August der Starke hoffte eben nach wie vor, Eberhardine werde in der neuen Umgebung doch noch zum Katholizismus finden.

Wollte Eberhardine sich selbst treu bleiben und keinen Lutheraner enttäuschen, konnte sie in den Warschauer Vertrag nicht einwilligen, denn dessen Bestimmungen zielten gar zu deutlich darauf ab, sie von ihrem Glauben abzubringen. Das Geld, das ihr und ihrem Hofstaat bei einem Wechsel nach Polen zukommen sollte, übertraf zwar ihre kühnsten Erwartungen, doch der Preis erschien ihr zu hoch.

Sie hat polnischen Boden nie betreten.

Daß sie seinen Ruf nach Polen mißachtete, blieb für August den Starken ohne die befürchteten Folgen. Man hatte angesichts der politischen Turbulenzen und der militärischen Konflikte bald andere Sorgen, als sich Gedanken über eine sächsische Fürstin zu machen, die der von Herren aller Länder umworbenen polnischen

Krone nicht ihren Glauben opfern wollte. Mochte sie Lutheranerin bleiben und in Sachsen; Polen würde auch ohne sie auskommenn. So interessierte sich bald niemand mehr für sie. Nach ihrem Tode mußte August der Starke in Warschau das Anlegen von Trauerkleidung kategorisch anweisen. Man sah keinen Anlaß, um eine Frau zu trauern, die zwar mit dem König verheiratet war, aber im Verlaufe von drei Jahrzehnten kein Verhältnis zu Polen gefunden hatte.

August der Starke selbst kam mit Eberhardine nicht mehr ins reine. Nach langer Abwesenheit traf er am 22. August 1699 wieder in Dresden ein. Er eröffnete den Landtag, reiste aber tags darauf mit der Gräfin Esterle nach Teplitz, besuchte dann die Herbstmesse in Leipzig, traf Eberhardine und verständigte sich mit ihr über eine Aussprache. Es eilte ihm nicht. Erst kurz vor Weihnachten fand er sich in Pretzsch ein. »Die Königin empfing ihren Gemahl voll Würde und ging nicht aus jener gleichgültigen Kälte heraus, die sie angenommen hatte, mochte der König auch zu ihr mit der Herzlichkeit eines Gatten sprechen, der ihre Tugenden und Vorzüge verehrte«, heißt es in einem alten Hofbericht.[22] Es mochte etwas frostig zugegangen sein, aber man verständigte sich, wie sich künftig der Umgang miteinander gestalten solle. August der Starke blieb nur für eine Nacht in Pretzsch; er eilte fortzukommen, denn im Pretzscher Wald erwartete ihn bereits die Fürstin Lubomirska, seine neue Favoritin.

Eberhardine mußte auf den nächsten Besuch ihres Gatten in Pretzsch 25 Jahre warten.

»... DIE UNGLÜCKSEELIGSTE AUF ERDEN«. Am 16. Februar 1700 speisten August der Starke und Eberhardine gemeinsam im Residenzschloß zu Dresden. Dies trug der Chronist im Hofkalender ein! Wenn es ihm derart bemerkenswert erschien, kam wohl eine gemeinsam eingenommene Mahlzeit nur höchst selten vor. In der Öffentlichkeit zeigte sich das landesherrliche Paar mit einer gewissen Regelmäßigkeit nur noch zur Leipziger Neujahrsmesse und zum Dresdner Karneval.

Am 5. Januar 1700 fuhr Eberhardine von Dresden aus über

Wurzen nach Leipzig zur Neujahrsmesse, wo ihr Gatte von Oranienbaum kommend bereits zwei Tage früher eingetroffen war. Man besuchte gemeinsam die Oper, doch ansonsten ging jeder seiner Wege. Eberhardine fuhr am 18. Januar über Torgau zurück nach Dresden, ihr Mann folgte vier Tage später; man war getrennt angereist, man reiste getrennt ab. Das sollte bald charakteristisch sein für die »gemeinsamen Messebesuche«.

Eberhardine, die früher geduldig monatelang allein in der Residenz ausgeharrt hatte, führte jetzt ein unstetes Leben. Sie hielt sich nur noch selten in Dresden auf, öfters dagegen in Torgau und Pretzsch, sie fuhr zur Kur, meist mehrmals im Jahr, blieb nach der Beerdigung ihrer Mutter 1703 gleich vier Monate in Bayreuth.

Als sie am 3. Dezember 1704 wieder einmal den Gatten in Dresden bei einem Mahl sah, dürften die Tischgespräche besonders wenig erbaulich gewesen sein, denn August der Starke war erneut Vater geworden; die Lubomirska, vom Kaiser zur Fürstin Teschen erhoben, hatte ihm den Chevalier de Saxe Johann Georg geboren. Es mochte Eberhardine trösten, daß selbst die kluge Lubomirska das große Herz des starken August nicht auszufüllen vermochte; er hielt sich mit der Türkin Fatime eine zweite Mätresse. Zur Neujahrsmesse tauchte mit Frau von Hoym, der späteren Cosel, eine neue Favoritin auf. Eberhardine fuhr von Leipzig aus direkt nach Torgau. Dort blieb sie bis zum 22. August, dann erst kehrte sie nach Dresden zurück, aber nur für vier Wochen: Am 22. September verließ sie überstürzt die Residenz in Richtung Torgau – der Hoym wegen, wie gemunkelt wurde. Wochen zuvor, am 10. Juli 1705, hatte sie von Torgau aus ihrem Vater nach Bayreuth geschrieben: Sie sei »ohne dem die unglückseeligste auf erden..., welche mit so vielen leuden umgeben, daß ich wohl tgl. und stündl. nach meiner erlößung seufze und ein seeliges ende mir ales gut machen könte«.

Den meisten Höflingen wurde erst allmählich die Kluft bewußt, die sich zwischen den Eheleuten aufgetan hatte. Manche mochten wohl eine entschiedenere Haltung von Eberhardine erwartet haben. Warum räumte sie den Mätressen ihres Mannes freiwillig das

Feld? Ihr Stolz in Ehren, aber gar so bequem brauchte sie es dem Gatten und den Rivalinnen nicht zu machen! Und gehörte die Kurfürstin nicht in die Residenz? Dies meinten vor allem jene, die am Hofe Augusts des Starken das mahnende Gewissen vermißten. Hätte das nicht am ehesten Eberhardine sein können! Oder würde ihr bei einem Verweilen in Dresden nur eine nervenzehrende Prozedur beschieden sein? Diese Erkenntnis kam vor allem 1709 auf, als bei den Festivitäten anläßlich des Besuches des Dänenkönigs der starke August die Cosel als Diana auftreten ließ, Eberhardine dagegen die Rolle der Vesta zumutete – der Göttin des häuslichen Herdes. Welche Ironie? Am Ende fand sich die Residenz erstaunlich rasch mit einem Hof ohne Landesherrin ab.

Ihre Glaubensstärke brachte ihr Bewunderung ein, selbst von seiten jener, die niemals bereit gewesen wären, es ihr bei aller Verehrung gleichzutun. Ob sie auch unter günstigeren familiären Bedingungen zur »Betsäule« geworden wäre? Das regte die Phantasie ihrer Biographen an, aber alles dazu Gesagte mündete in letztlich müßigen Spekulationen. Nicht auf einem »Wenn-und-hätte« basiert ihr Lebensbild, sondern auf den Gegebenheiten. Dazu gehörte nun allerdings ihr Rückzug in die Abgeschiedenheit. Ihr blieb viel Zeit, unvergleichbar mehr als sie in der für sie bestimmten Rolle als Landesherrin an der Seite Augusts des Starken im Hofbetrieb mit allen möglichen protokollarischen Pflichten gehabt hätte. Und es war nicht nur dies: Sie fühlte sich um ihr Leben betrogen, suchte Trost, und den fand sie in ihrem Glauben, er gab ihr Halt und ihrem Erdendasein einen Sinn.

Während der landesweiten Auseinandersetzungen um den Übertritt Augusts des Starken zum Katholizismus hielt sie sich im Hintergrund. Als sie ihrem Gatten zuliebe nach Polen gehen sollte und dies verweigerte, hatte sie, bewußt oder unbewußt, aktiv in die Politik eingegriffen. Doch dabei beließ sie es. Ihr schien wohl, es sei alles gesagt, was gesagt werden müsse. All jene, die sich noch auf einen weiteren Eklat einstellten, sei es aus Sorge oder Sensationslust, sahen sich enttäuscht. Für Eberhardine waren die Würfel gefallen. Sie unterließ alles, was ihrem Gatten schaden konnte. Viele meinten, sie sei sich ihres Einflusses gar nicht recht bewußt geworden, wahrscheinlicher aber ist, daß sie diesen nicht zur Kenntnis nehmen wollte.

MUTTER OHNE MUTTERFREUDEN. Für den Sohn und Nachfolger gab es im Leben Augusts des Starken wenig Platz. Seine Mätressen, die einander in rascher Folge ablösten, sorgten sich um ihre eigenen Belange und die ihrer Nachkommen. Eberhardine hatte er zwar 1693 im Ehevertrag die »Mitvorsorge zu der fürstlichen Kinder besseren Erziehung« zugesagt, ihr 1696 gar die Erziehung des gemeinsamen Sohnes ausschließlich überlassen, doch das entsprach einem Bequemlichkeitsstandpunkt.

Seine Haltung änderte sich, als er katholisch und König von Polen wurde. Beim Glaubenswechsel mußte er sich verpflichten, seinen Sohn katholisch erziehen zu lassen, und die Mahnungen des Papstes ließen denn auch nicht lange auf sich warten. Er hätte sie zu ertragen vermocht, aber er wollte seinem Haus die Krone Polens sichern, und wenn sein Sohn nicht katholisch würde, mußten seine Pläne zerrinnen wie ein schöner Traum. Solange er meinte, mit einem Glaubenswechsel der Eberhardine rechnen zu können, ließ er alles offen, allerdings immer das gemeinsame Kind als Druckmittel benutzend.

Anfang März 1698 erfuhr Eberhardine durch Sachsens Statthalter Fürstenberg, »daß in das Künftige Sie keine Sorge und Mühewaltung des Churprinzen halber haben dörfte, weilen I. M. der König S. L. der verwitweten Churfürstin als Frau Mutter die ganze Disposition über den Churprinzen überlassen hette«.[23] (Vgl. S. 63) Das geschah sieben Wochen vor den Warschauer Familiengesprächen über das Schicksal Eberhardines und des damals anderthalbjährigen Kindes. August der Starke wollte, daß Eberhardine ihm nach Warschau folge. Das wäre mit Sohn problematisch geworden, weil man in Sachsen eine »Entführung« des evangelischen Kurprinzen ins katholische Polen vermutet hätte. Bei Anna Sophie würde Eberhardine ihr Kind gut versorgt und evangelisch erzogen wissen. So kam ihm eigentlich ein schriftliches Ersuchen seiner Mutter zupasse, ihr das Kind zu überlassen. Sie bekam es und wie selbstverständlich auch die Unterhaltsgelder![24] Nach Polen ging Eberhardine zwar nicht, aber sie pochte auch nie ernsthaft auf die ihr versprochenen Erziehungsrechte. Sie wollte nicht Gefahr laufen, allen Einfluß auf den Sohn zu verlieren. In der Lichtenburg konnte sie ihn besuchen, wann immer sie wollte; am Ende fand sie den Weg dahin erstaunlich selten. Eine Zeitlang gab sie sich der Illusion hin, den Sprößling mit der Schwiegermutter gemeinsam zu erziehen.

Der junge Friedrich August wurde am 9. Oktober 1710 in Prettin konfirmiert. Es sollte dies in den Mutter-Sohn-Beziehungen einen letzten Höhepunkt darstellen. Noch ahnte das keiner. Eberhardine nahm den Sohn »ins Gebet«, führte ihn zu den – seit dem Übertritt Augusts des Starken mit einem Trauerflor verhangenen – Bildern der Ahnen: »Sieh dort Friedrich den Weisen, dort nebenan den Bruder, Johann den Beständigen, dort Friedrich den Großmütigen, dann den tapferen Moritz, den biederen August und all die hohen Glaubenshelden, sie beten dort oben für Dich…, daß Du Glauben haltest und treu bleibest dem reinen Worte Gottes, und wie sie ausharrest, nicht wankest, nicht weichest bis an Dein Ende...; folge nicht den lockenden und gleisnerischen Versprechungen der päpstlichen Werkzeuge, höre nicht auf die Stimme des Vaters, der Dich zwar zu erheben gedenkt, aber Dich doppelt schwer belasten wird!«[25] Dem war der Kurprinz nicht gewachsen. Berauscht schwor er tags darauf dem aus Wittenberg gekommenen Prof. Feustking feierlich: »Bis daß mein Ende kommt,… will ich nicht… lassen von meinem Glauben und der Religion, die ich habe.«[26] Das vernahm man in der Lichtenburg gern. Zwei sehr zufriedene Frauen hinter sich lassend, Mutter und Großmutter, kehrte er zurück.

Sie freuten sich zu früh über ihre List. August der Starke, dessen wiedergewonnen polnische Krone noch recht schwankte und der deshalb die Unterstützung des Vatikans benötigte, schmiedete Reisepläne für seinen Sohn und stellte heimlich für ihn einen katholischen Hofstaat unter Graf Koß zusammen. In fremde Umgebung versetzt, würde der Kronprinz schon parieren! Es fand sich auch eine plausible Begründung für die Reise: Am 26. Juli (1711) feierte der Markgraf von Bayreuth Geburtstag; sollte er doch die Freude haben, seinen Enkel begrüßen zu können! Eberhardine durchschaute die Absichten ihres Gatten nicht, fühlte sich sogar geschmeichelt. Von Bayreuth aus fuhr Friedrich August d.J. nach Frankfurt/M., wo Karl VI. zum Kaiser gekürt wurde, und da er einmal unterwegs war, konnte er doch gleich seine, allen Prinzen vorgeschriebene Kavalierstour anschließen – nach Italien! 40000 Taler standen ihm jährlich zur Verfügung, mehr als dreimal soviel als im heimatlichen Sachsen. Er war begeistert. Die meisten seiner Begleiter wurden vor dem Verlassen deutschen Bodens nach Dresden zurückbeordert, nur Miltitz, die drei Köche und Leibarzt Dr. Schmetz durften bleiben. Der Austausch des evangelischen Hofstaates gegen den katholischen hatte begonnen. Die Reiseberichte nach Sachsen unterschrieben zunächst Koß und Miltitz gemeinsam, dann zeichnete sie Koß allein ab; Miltitz war am 24. November 1711 nach Polen beordert worden. Die Abberufung des ihm vertrauten Erziehers aber machte den Kurprinzen nervös. Er bat seinen Vater dringend, »möglichst bald nach Sachsen zurückkehren« zu dürfen, er fühle sich in Italien unbehaglich.[27] August der Starke wußte um die Ursache dieser Unbehaglichkeit und entgegnete am 24. März 1712 unmißverständlich: »Ich sage Dir, mein Sohn, meine Meinung, mein Rat und mein Wille ist, daß Du katholisch wirst.«[28] Und er half nach!

Der Kurprinz durfte keine lutherische Kirche mehr besuchen. Graf Koß war sogar angewiesen, ihn von lutherisch gesinnten Personen fernzuhalten, schlief im Zimmer des Kurprinzen und überwachte dessen Post. Nach von Miltitz mußte auch Dr. Schmetz am 7. Juni 1712 als letzter Vertreter des alten kurprinzlichen Hofstaates zurück nach Dresden. Friedrich August d. J. sah sich von nun an nur noch von Katholiken umgeben.

Am Ende fühlte sich der halbwüchsige Kurprinz dem Druck nicht mehr gewachsen: Am 17. (27.) November 1712 trat er in der Kapelle des Kardinal-Legaten Casoni zu Bologna in Anwesenheit seines Hofmeisters Koß, des Jesuiten Johann Baptist Salerno und mehrerer Prälaten zum Katholizismus über. Willenlos verlas er die ihm vorgelegte Eidesformel, die mit den Worten endete: »Ich will auch, so viel an mir ist, allen Fleiß anwenden, damit dieser Glaube von meinen Unterthanen oder von denen, welche meiner Obsorg befohlen sein, gehalten, gelehret und gepredigt werde. Das verheiße, gelobe und schwöre ich, so wahr mir Gott helfe!«[29] Um seine Erblande nicht zu beunruhigen, ersuchte August der Starke den Papst, Stillschweigen zu wahren, womit sich dieser auch einverstanden erklärte. Erstaunlicherweise hielt sich das Geheimnis etwa fünf Jahre lang. Noch 1716, vier Jahre nach seinem Glaubenswechsel, versicherte der Kurprinz in einem Brief an Eberhardine, er stehe wie eh und je treu zu Luther. Seine Mutter zu belügen, betrachtete er wohl nicht als Sünde.

Von Abstechern abgesehen, etwa nach Paris, wo er vom Sonnenkönig Ludwig XIV. empfangen wurde, weilte der Kurprinz vornehmlich in Italien. Er widmete sich intensiv den Künsten und eignete sich ein solides Wissen an. Am Ende war es nicht einmal die hohe Politik, die zur Offenbarung der Konversion führte, sondern ein Heiratsplan: Die Kaisertochter Maria Josepha war die (von August dem Starken) Auserwählte und wie alle Habsburger katholischen Glaubens. Der Papst frohlockte: »Das sächsische Kurhaus ist jetzt der katholischen Kirche zurückgewonnen und damit so Gott will ganz Sachsen.«[30] Wie es schien, bot sich auf dynastischem Wege eine Lösung an. Die jungen Eheleute würden Kinder haben, katholisch erziehen und Sachsen so früher oder später zum alten Glauben zurückfinden, was eine Erschütterung der lutherischen Welt nach sich ziehen dürfte. Von Wien aus gab der Kurprinz am 11. Oktober 1717 seinen Glaubenswechsel öffentlich bekannt, tags darauf legte er vor dem Bischof von Raab den Schwur ab: »Ich bekenne, daß der Papst das Haupt der Kirche sei und nicht irren könne... Ich glaube und bekenne, daß ich durch sonderbare Vorsorge dieser christlichen Obrigkeit ... von dem ketzerischen Weg und Glauben, zu der wahren römisch-katholischen und Seligmachenden Kirche hin gebracht worden, und daß ich dieselbe freiwillig und ohne allen Zwang angenommen, will ich beides mit meinem Mund und Zunge der ganzen Welt öffentlich zu erkennen geben.«[31]

Vor seiner Großmutter Anna Sophie brauchte sich der Kurprinz nicht zu rechtfertigen, sie war derweil nach 26jähriger Witwenschaft unauffällig von dieser Welt gegangen. Seiner Mutter schrieb er erst am 28. Oktober, als sie bereits durch Dritte eingeweiht war, einen langen, schwerlich ohne fremde Hand verfaßten Brief: »Eurer Majestät gebe ich mit allem Respekt und aller Kindesliebe Kenntnis von der Erklärung, die ich am 11. d. M. über meinen Übertritt zur katholischen Religion abgegeben habe. Ich hatte sie seit langem aus eigenem Antrieb angenommen. Seine Majestät der König, mein Vater, ließ mir immer vollkommene Freiheit (!) und niemand ist mir je in dieser Beziehung lästig gefallen. Allein die Eingebung Gottes und meines Gewissens und das Verlangen nach ewigem Heil für meine Seele haben mich gezwungen, dem römisch-katholischen Glauben zu folgen, dessen Wahrheit und Notwendigkeit ich nach reiflicher Überlegung und einer gründlichen Unterweisung (!) klar erkannte.«[32] Mit der Wahrheit nahm er es wieder einmal nicht so genau.

Eine Woche später begannen in Dresden die dreitägigen Feiern aus Anlaß des 200. Jahrestages der Reformation. Lutherisch erzogen, wußte der Kurprinz sehr wohl um den Stellenwert dieses Jubiläums. Es hätte ihm schon mit Rücksicht auf seine Mutter gut zu Gesicht gestanden, mit seinem Glaubenswechsel erst einige Wochen später vor die Öffentlichkeit zu treten, mochte dies für den Sachverhalt letztlich belanglos sein. So jedenfalls war das Jubiläum belastet mit der Frage für alle Anhänger der Lehre Luthers, was wohl Sachsen ins Haus stünde.

Das Jubiläum wurde mit großem Aufwand begangen, obwohl die Kurfürstin-Mutter Anna Sophie kurz zuvor verstorben war. Zum öffentlichen Abendmahl in der Schloßkirche sah sich Christiane Eberhardine umgeben von allen Ministern und Höflingen. Im Hintergrund blieben einige überempfindliche Reaktionen des Hofes. So war der Druck der Festpredigten verboten worden. Das gab Handhabe zu allerlei geheimen Untersuchungen. Bei Löscher entdeckte man in einem Traktat eine Parabel auf das Lied »Das alte Jahr vergangen ist« mit der Passage: »Vor Papstes Lehr' Abgötterei behüt' uns Gott und steh' uns bei.« Eine wilde Jagd auf dieses Traktat begann, und aus jedem aufgespürten Exemplar wurde das anstößig empfundene Lied herausgeschnitten. Die Predigten aber verfielen nicht der Zensur, auch späterhin nicht. August der Starke urteilte nüchtern: »Die lutherischen Prediger haben in der Woche einmal eine Stund, wo sie sagen können, was sie wollen, wenn sie außerhalb dieser Stund etwas sagen, so sollen sie es büßen. Die Kanzel ist mir zu hoch.« Für Eberhardine war die Jubelfeier ein Höhepunkt ihres Lebens – und eine Erwiderung auf den Glaubenswechsel des Sohnes. Sie beantwortete seinen Brief spät, erst am 17. Januar 1718: »Sie haben Grund zu fürchten, daß es mir einen sehr empfindlichen Kummer bereitet, Eure Abkehr vom Glauben zu erfahren, zu dem ich mich bekenne...«[33] Elisabeth Charlotte von Orleans berichtete sorgenvoll: »Ich kann nicht sagen, wie sehr mich die Königin jammert. Es steht ja in der Schrift: Des Vaters Segen bauet den Kindern Häuser, aber der Mütter Fluch reißet sie nieder.«[34] Im Winterhalbjahr 1717/18 kursierte eine Flugschrift »Die weinende Rahel«, in der zu lesen war: »Ich weine mit Rahel über mein Kind und will mich nicht trösten lassen.« Eberhardine hatte mit der Urheberschaft nichts zu schaffen. Ihr lag diese Art des Protestes in keiner Weise.

Enttäuschung und Zorn über den Kurprinzen klangen am 1. Januar 1718 bei Löscher im Neujahrsgebet an: »Ach, die Krone unseres Hauptes ist abgefallen...! Da unsere Hoffnung auf ihn bisher wie eine Zeder gestanden, so ist sie durch diesen Schlag ganz daniedergeschlagen worden. Weh denen, so daran Ursach!« Aber nicht nur die Priester waren unruhig. Die Stände verkündeten am 28. Mai 1718 demonstrativ, »beständig bei der Augsburgischen Konfession zu verbleiben«. Kurz zuvor, am 6. Mai, hatte August der Starke wieder einmal versichert, es bleibe alles beim alten, es gebe keinen Grund zur Aufregung. Man mißtraute ihm aber zutiefst, dachte wohl gar zeitweilig an eine ans Ausland gerichtete Bitte um Beistand. Ein diesbezügliches Ersuchen war bereits formuliert, adressiert an Preußen. Zerstritten und verunsichert erlahmte die Opposition. August der Starke, ein guter Beobachter, gab am 15. August 1718 mit gewisser Wirkung wieder einmal die Erklärung ab, die katholische Kirche Sachsens werde nie öffentlich, stets nur hinter verschlossenen Türen wirken, so daß kein Lutheraner sich um Sachsens Zukunft zu sorgen brauche. Vielleicht hatten die oppositionellen Kräfte wie schon 1697 gehofft, in Eberhardine ein Schutzschild zu finden, aber sie wollte von Manipulationen oder Kraftproben wie früher schon nichts wissen. Im Übertritt ihres Sohnes sah sie eine Fügung Gottes.

Am 23. März 1718 war der Kurprinz nach knapp siebenjähriger Abwesenheit in seine sächsische Heimat zurückgekehrt. In Torgau hatte er eine lange Unterredung mit seiner Mutter, bei der kein Dritter zugegen war. Was besprochen worden sein könnte, das geriet in den Dunstkreis der Spekulation.

Zur Hochzeit des einzigen Sohnes 1719 trat das landesherrliche Paar wieder einmal gemeinsam vor die Öffentlichkeit. Beim letzten Hauptfest der Hochzeitsfeier, dem Saturnusfest im Plauenschen Grund, sah sich Eberhardine durch ein Brustbild und die Beischrift »mater populi« an einer den Saturnustempel umgebenden Pyramide geehrt. Es scheint sie angenehm überrascht zu haben. Sie beging die Feier in der bangen Ahnung, sie werde Sachsens letzte protestantische Kurfürstin gewesen sein, was sich bewahrheiten sollte.

Nach den Septemberfesten zog sie sich wieder nach Torgau bzw. Pretzsch zurück. Ihre Großmutterfreuden waren noch bescheidener als ihre Mutterfreuden. Ihr erstes Enkelkind wurde am 18. November 1720 geboren. Eberhardine sollte bei der Taufe Pate stehen, was sie nicht ablehnen konnte. Zur Taufe aber ließ sie sich unter Ausflüchten von der Weißenfelser Prinzessin Christiane vertreten. Sie wollte keinesfalls als Protestantin der katholischen Taufe ihres Enkels beiwohnen. Die Familie ihres Sohnes blieb ihr fremd. Die Abstände zwischen ihren Besuchen in Dresden vergrößerten sich zunehmend. Anfang 1725 war sie zum letzten Mal in der Residenz.

Der Hof der Eberhardine. In Pretzsch ging es geruhsam zu. Wer Karnevalsvergnügen, Hofbälle und Hubertusjagden erleben wollte, fuhr besser nach Dresden oder Moritzburg. Berauscht vom Glanz des sächsischen Hofes verschwendeten die Fürsten und Kavaliere samt ihren Damen auf Pretzsch keinen Gedanken. In ihren Augen fristete die Kurfürstin ein kümmerliches Dasein.

Aus mancherlei Gründen hatte Eberhardine lange geschwankt, ob sie Zuflucht in Pretzsch nehmen solle. Pretzsch galt als Witwensitz, aber sie war keine Witwe, sondern die Gattin des regierenden Herrschers, und gerade weil sie getrennt von ihm lebte, wollte sie ihren Stand unterstreichen, was mit Wohnsitz in Hartenfels, der Nebenresidenz der Wettiner, sich überzeugender darstellte. Sie sollte aber in Torgau nie heimisch werden; man mochte sie nicht. Als Kurfürstin gehörte sie laut Meinung der Torgauer nach Dresden, ansonsten auf ihr Schloß in Pretzsch. Dort verhielten sich die Leute freundlicher zu ihr. Im »Magazin der Sächßischen Geschichte« hieß es 1791, »daß wenn sie ausgefahren, hatten die Torgauer, so herausgesehen, ihr Fenster zugemacht, die Pretzscher hingegen, wären freudig ihrem Wagen nachgelaufen«.

Das prächtige Schloß Hartenfels gefiel ihr aber besser als der eigene Besitz in Pretzsch. Einiges wollte sie denn doch verändert wissen, bevor sie ihr Schloß endgültig bezog. So kaufte sie als erstes der Stadt Pretzsch Land für das Vorwerk Neu-Pretzsch ab. Die »Ökonomie« mußte samt Rentamt und eingemieteten Beamten das Schloß räumen, damit sie es allein in Besitz nehmen konnte. Den kleinen Park wollte sie umgestalten lassen und Gewächshäuser errichten, aber der Ausbruch des Nordischen Krieges brachte die kaum begonnenen Arbeiten ins Stocken und schließlich ganz zum Erliegen. Nach Abzug der schwedischen Truppen aus Sachsen und Überwindung der Kriegsfolgen griff sie ihre alten Pläne zur Umgestaltung des Schlosses und dessen Umgebung auf, trat mit Matthäus Daniel Pöppelmann und Balthasar Permoser in Verbindung, Künstlern, die mit dem Zwingerbau ausgelastet waren und sich ohne Auftrag des Kurfürsten schwerlich für das abgelegene Pretzsch interessiert hätten. Pöppelmann übernahm es, den Park im Stil des Barock zu verändern und Kavaliershäuser zu errichten, Permosers Werkstatt lieferte die Statuen für den Park, zumindest die meisten der etwa hundert.

Mit den Umbauten scheint Schloß Pretzsch für Eberhardine wesentlich an Attraktivität gewonnen zu haben. Ihre Abneigung gegen den »Witwensitz« überwindend, zog sie sich schließlich 1721 ganz nach dort zurück. Viele betrachteten es als Kapitulation, was wohl der Wahrheit ziemlich nahekam. Für Eberhardine jedenfalls begann ein neuer Lebensabschnitt, und sie wußte, daß es der letzte sein würde, was der dritte Grund für ihr zögerliches Verhalten gewesen sein dürfte.

Zwar vereinsamte sie zunehmend, doch sie verarmte keineswegs. 6000 Taler jährlich standen ihr laut Ehevertrag als Apanage zu, und das war nach dem Zeitverständnis eine Menge Geld. Der Bürgermeister von Leipzig brachte es auf jährlich 500 Taler, ein Professor auf 450 bis 700 Taler, Matthäus Daniel Pöppelmann, der Architekt des Zwingers, auf 1 200 Taler. Die Apanage war nicht Eberhardines einzige, schon gar nicht ihre wichtigste Einnahmequelle. Ihre Einkünfte aus den Gütern wurden auf 100 000 Taler jährlich geschätzt. Bevor die Cosel als Mätresse Augusts des Starken eingeführt wurde, forderte sie ebenfalls 100 000 Taler als Jahreseinkommen. Der Hof schwankte zwischen Entrüstung und Spott, was die Cosel nicht zu begreifen vermochte. Sie wollte der Kurfürstin gleichgestellt sein, und das mußte sich nach ihrem Verständnis auch in den Bezügen ausdrücken. August der Starke begriff sehr wohl, worauf es ihr ankam – und setzte für sie 15 000 Taler aus, die üblichen Bezüge einer Mätresse; mehr als ein Minister-Gehalt hatte er noch keiner zugestanden. Eberhardine triumphierte: Sie war dem Landesherren und Gemahl noch immer sechsmal soviel wert wie die berühmteste seiner Mätressen. Durch die Forderungen der Cosel aber gewann erstmals ein größerer Personenkreis der Residenz eine Vorstellung von den Einnahmen der Kurfürstin.

Die ergiebigste Finanzquelle sprudelte aus den Einkünften »ihrer« Ämter. Am 12. Juli 1694 hatte ihr Kurfürst Johann Georg IV. das Deputat der Ämter Chemnitz, Zwickau, Nossen und Dippoldiswalde überschrieben. Als August der Starke Kurfürst wurde, stockte er auf; sie bekam zusätzlich die Einkünfte der Ämter Torgau, Eilenburg, Mühlberg und Düben.[35] Es flossen keine konstanten Einnahmen. Mißernten und Kriegswirren konnten erhebliche

Einbußen bringen, aber gerade ihre Jahre in Pretzsch zählten zu den friedlichen und katastrophenarmen Sachsens. Als Eberhardine starb, wurden bei der Nachlaßbearbeitung ihre Einnahmen in jenem Jahr mit 90 500 Talern ausgewiesen. Was ihr in den 30 Jahren ihres strohwitwenähnlichen Daseins insgesamt zufloß, würde ausgereicht haben, um die Rechnungen für den Bau des Schlosses Hubertusburg in Wermsdorf und der (nach ihrem Tode errichteten) Hofkirche in Dresden zu begleichen. Sie besaß eine Pfründe, ein müheloses Einkommen. Ihre Ausgaben blieben ins Nebelhafte gehüllt. Sie habe vieles Bayreuth, der Kirche und der Stadt Pretzsch zukommen lassen, verlautete. Um den Leichtsinn ihres Bruders, des neuen Herren in Bayreuth, wußte sie, und vielleicht griff sie ab und an tatsächlich helfend ein, um Schaden von der väterlichen Markgrafschaft abzuwenden. Belege fehlen. Die Kirche wurde in Zuwendungen einbezogen. Nur pauschal ausgewiesen sind die 1722 erfolgten Ausgaben für Schloß- und Kirchenbauten in Pretzsch: 35 000 Taler. Das entsprach aber nur dem reichlichen Drittel ihres Jahreseinkommens. Der Stadt Pretzsch stellte Eberhardine 3 333 Taler zur Verfügung: Die Zinsen waren zur Aufbesserung der Pfarrer- und Lehrergehälter bestimmt. Belegt ist, daß sie 1715 Dommitzsch nach einem verheerenden Brand 100 Taler stiftete, vier Taler je Einwohner.

Im absolutistisch regierten Kursachen galt der Grundsatz: »Der Herr (oder die Herrin) kann mit dem Geld tun, was er (sie) will.« Eberhardine war niemandem rechenschaftspflichtig, auch nicht dem Kurfürsten. Ihr Vermögen verwalteten ein Rent-Sekretär und ein Kanzlist; im weiteren Sinne ließen sich noch der Oberhofmarschall und der Verwalter zur »Ökonomie« zählen. Vier Personen! Ihre Hoffräulein hielt Eberhardine wohl für wichtiger – mit sechs adligen Damen ohne nennenswerte Aufgaben hatte sie sich umgeben.

Ihr Nachlaß verriet zwar wenig von den Geheimnissen ihres Finanzgebarens, aber dafür umso mehr über ihr Verhältnis zum Hofstaat. Ihr Personal mußte entlohnt und mit einer testamentarisch verfügten Abfindung bedacht werden. So wurde jeder erfaßt, namentlich und unter Hinweis auf seine Funktion – ausgenommen die Leibwache, welche die benachbarten Garnisonen Torgau und Wittenberg stellten und die ihr Geld aus der Heereskasse erhielt, nicht aus der Privatschatulle der Eberhardine. Ohne die Leibwache zählten 169 Personen zu ihrem Hofstaat.[36] Einen solchen Aufwand leistete sich keine andere sächsische Landesherrin. Königin Carola beispielsweise sollte sich mit 26 Bediensteten begnügen. Eberhardine suchte ihren von Dresden her gewohnten Lebensstil weiterzuführen, und das vermochte sie nur, wenn sie in Pretzsch über eine eigene »Ökonomie« verfügte; in der Residenz stand diese dem gesamten Hof zur Verfügung. So beschäftigte sie allein in der Konditorei fünf Personen, in der Küche gar 21; die getrennte Hofhaltung des landesherrlichen Paares war für Sachsen eine recht kostspielige Angelegenheit. Eberhardine schränkte sich allerdings auch nicht bezüglich der sie direkt umgebenden Personen ein. Zu diesen gehörten die erwähnten sechs Damen sowie fünf Kammerherren und 14 Kammerjunker, eine Türkin, eine Französin, sieben Pagen, sechs Kammerdiener, 15 Lakaien, zwei Leibärzte, ein Apotheker, ein Geheimer Sekretär, ein Barbier, ein Tanzmeister, ein Leibschneider, ein Mundschenk, drei Kammermägde, ein Bettmeister, zwei Bettmägde und eine weitere Zahl von Mägden. Eberhardine fuhr fast nur sechsspännig aus, sie meinte dies ihrem Stand schuldig zu sein. Sie beschäftigte einen Leib- und fünf andere Kutscher, einen Leib-Vorreiter und sechs weitere Vorreiter, 21 Personen insgesamt für die Betreuung der 50 Pferde des Marstalles, die vorwiegend fürs Renommee ihr Futter erhielten. Ähnliches traf auf den Fuhrpark zu: Eberhardine besaß an die 50 Wagen – Reisewagen für Überlandfahrten, leichte Kaleschen für Ausflüge, Chaisen und Karossen. Die meisten Wagen wurden gar nicht genutzt, nur geputzt.

Die Pretzscher betrachteten den aufwendigen Hofstaat der Eberhardine mit einem gewissen Wohlgefallen. Etwas vom Glanz dieses Hofes fiel auch auf den Ort, vor allem aber klopfte, wer Arbeit suchte, am besten im Schloß an; Eberhardines Bedarf an Dienern, Wäscherinnen, Gärtnern, Torwächtern etc. schien unerschöpflich zu sein. Auch einen eigenen Steuermann für ihr Elbboot hatte sie engagiert, obwohl sie selten eine Flußfahrt unternahm.

Über die Ausstattung des Schlosses sagt Eberhardines Nachlaß weit weniger aus als übers Personal und den Marstall. Das Inventar ist zwar geradezu pedantisch erfaßt worden – bis auf den letzten Spiegel oder Schirm –, aber nur aufgelistet, ohne Beschreibung, ohne Wertangaben. Da das Schloß nach Eberhardines Tod fast hundert Jahre lang keiner konkreten Bestimmung oblag, verflüchtigte sich das Inventar. Es wurde verkauft, versteigert oder verschenkt; der Dresdner Hof übernahm meist nur Einzelstücke, annähernd komplett lediglich die Galerie. Ab und an ist das Nachlaß-Verzeichnis aber bei aller Nüchternheit doch recht aufschlußreich, so bei Erfassung von Eberhardines Himmelbetten – »eines aus gelbem Saffian mit allem Zubehör, ein anderes aus blauem, wieder ein anderes aus karmoisinfarbenem, weitere fünf von stahlgrünem und zwei von grünem Saffian«.

Pastor Leisegang verdanken wir eine eindrucksvolle Schilderung des Wohnbereichs. Er bot ihm zufolge »einen prächtigen Anblick... Zierliche und sauber gestickte Tapeten mit Silberfransen, auf denen Blumenmuster, Menschen- und Tierfiguren und Landschaften prangten, bedeckten die Wände. An den Fenstern und Thüren waren große Vorhänge von blau geblümtem Damast, Seide und Leinwand mit seidenen und goldnen Schnüren und Fransen angebracht. Die kostbarsten Teppiche aus Wolle, Tuch oder Leder lagen auf den Fußböden. Vor den mit verschiedenartigem Marmor ausgemauerten Kaminen ... standen buntseidene gestickte, indianische und gemalte Schirme mit vergoldeten oder schwarz gebeizten Füßen. Schöne Gemälde, Spiegel mit geschnitzten, geblümten und vergoldeten Rahmen, in allen Größen und Formen, bildeten neben andrem Zierrat den Schmuck der Wände...«[37]. Allein die Möbel, ein Geschenk Augusts des Starken, kosteten 18000 Rthlr.

Das Schloß diente ab 1829 als preußisches Waisenhaus, Mädchenabteilung elternloser Soldatenkinder zwischen 6 und 17 Jahren, Pendant zum Potsdamer Militär-Waisenhaus für Knaben. Und es blieb weiterhin Kinderheim, nach 1945 für Flüchtlingskinder, dann für schwer erziehbare Kinder, zusätzlich seit einigen Jahren für Waisen aus dem zerstrittenen früheren Jugoslawien. Finanzielle

Nöte zwangen zwischen den beiden Weltkriegen zur Vermietung verschiedener Räume an eine Orgel- und Harmoniumfabrik. Dem Kinderheim standen stets nur die für die Gebäudeerhaltung unerläßlichen Mittel zur Verfügung, nie Geld für größere Umbauten. So blieb Schloß Pretzsch anders als Schloß Hartenfels wenigstens von gravierend entstellenden Eingriffen verschont. Der Speisesaal ist baulich detailgetreu erhalten. Mit etwas Phantasie kann sich der Besucher noch vorstellen, wie es hier Anfang des 18. Jahrhunderts ausgeschaut haben mag. Zwar sind die Räumlichkeiten noch die gleichen wie zu Zeiten Eberhardines, doch da das Inventar abhanden gekommen ist, fehlt das gewisse Fluidum.

Nach den zehn Himmelbetten zu urteilen, rechnete Eberhardine jederzeit mit Gästen, hohen Gästen, etwa fremden Fürsten – oder dem Gatten? Die Betten genossen das Vergnügen, sich schonen zu dürfen. Mitunter verstrichen Jahre, bevor sich wieder ein Gast fand, der sein müdes Haupt auf die Kissen legte.

Zu den seltensten Gästen in Pretzsch gehörte August der Starke. Er fand sich 1724 ein, aus Polen kommend, und am 16. Juli 1725, von Torgau her auf der Reise nach Polen, nur auf ein Souper, dann noch einmal im April 1727, auf der Heimreise von Polen. Dies sollte das letzte Treffen der Eheleute gewesen sein.

Die Staatsgäste Sachsens mochten sich scheuen, vor oder nach einem Besuch der Residenz Eberhardine ihre Aufwartung zu machen. Der dänische König Friedrich IV. setzte sich über alle Bedenken hinweg: Im März 1709 fand er sich in Pretzsch ein, wohl um Erinnerungen an die Jugendjahre aufzufrischen. Eberhardine ließ nicht spüren, was ihr die Begegnung mit dem einstigen Bräutigam in spe bedeutete. Als er anschließend in Dresden offiziell empfangen wurde, zeigte sie sich in der Residenz nach langer Pause wieder an der Seite Augusts des Starken, auffallend demonstrativ. Der Besuch Friedrichs muß zwiespältige Gefühle in ihr geweckt haben. Im Sommer 1721 kam der Herzog von Braunschweig-Blankenburg mit Frau nach Pretzsch. Ein Jahr darauf, am 22. Juli 1722, fand sich König Friedrich Wilhelm I. von Preußen ein, der mit dem Haus Bayreuth auf gutem Fuß stand.

Zu ihrer Bayreuther Verwandtschaft unterhielt Eberhardine nur sporadische Beziehungen. Von ihren Geschwistern hatte ihr stets Georg Wilhelm am nächsten gestanden. Sie soll bei seiner Hochzeit mit Prinzessin Sophia von Sachsen-Weißenfels die Hand im Spiel gehabt haben. Er bemühte sich ursprünglich um Therese Katharina Lubomirska. August der Starke betätigte sich als Brautwerber, vielleicht schon mit Blick auf seine spätere Mätresse Ursula Katharina Lubomirska (Fürstin Teschen), die demselben Haus angehörte. Eberhardine, ebenfalls um Vermittlung gebeten, war entrüstet, weil die Lubomirska als Katholikin im evangelischen Bayreuth einzuziehen gedachte und sich auf Eberhardine berief, die ja ebenfalls einen Glaubenswechsel verweigere. Die plötzliche Hinwendung des Bruders zu einer sächsischen Prinzessin kam für alle überraschend. Die Hochzeit fand am 15. Oktober 1699 während der Leipziger Herbstmesse statt, und zu den Feierlichkeiten reiste der Hof mit einem 200 Kutschen und zahlreiche Reiter zählenden Troß an. Daß August der Starke und Eberhardine sich gemeinsam zeigten, gehörte damals schon zu den ungewöhnlichen höfischen Ereignissen. Georg Wilhelm, seit 1712 Markgraf von Bayreuth, besuchte 1721 in Begleitung seiner Frau die Schwester für mehrere Wochen zu deren großer Freude in Pretzsch; fünf Jahre später starb er, ohne einen Erben zu hinterlassen, was Eberhardine tief betrübte. Daß die väterliche Markgrafschaft an eine Nebenlinie des Hauses fiel, verstand sie als Trennung von Bayreuth auf Dauer; sie fand den Weg zur Stätte ihrer Kindheit nicht mehr.

Es mochte ihrem gewaltsam verdrängten Mutterinstinkt zuzuschreiben sein, wenn Eberhardine sich verarmter Cousins und Cousinen annahm, auch junger Adliger, zu denen sie in keinem oder nur entferntem verwandtschaftlichen Verhältnis stand. Den Nachlaßakten zufolge unterstützte sie elf bedürftige Personen, indem sie sich um deren Erziehung oder soziale Absicherung sorgte. Dies ging nicht immer ohne Komplikationen mit dem Gemahl ab. So zog sie 1703 ihren Cousin, den damals 12jährigen Prinzen Friedrich Ludwig von Württemberg, an den Dresdner Hof. August der Starke förderte den jungen Prinzen, gewährte ihm eine jährliche Pension von 3 000 Talern. 1722 heiratete der Prinz in aller Heimlichkeit die Lubomirska, die nach Hoyerswerda abgeschobene einstige Mätresse seines Gönners. Er starb aber zwei Jahre später erst 34jährig, noch bevor die Affäre so recht publik geworden war.

Mehr Glück hatte Eberhardine im Umgang mit weiblichen Pfleglingen. So adoptierte sie, wie sie selbst es formulierte, Prinzessin Sophie Magdalena von Brandenburg-Bayreuth, eine einstige Gespielin, deretwegen 1721 der dänische Kronprinz, der spätere König Christian VI.(seit 1730), nach Pretzsch kam. Am 7. August 1721 heirateten beide, und Eberhardine fühlte sich ganz als Brautmutter; sie richtete die acht Tage währenden Feierlichkeiten aus, und Pretzsch erlebte ein aufregend schönes Fest. Zwei Jahre darauf, am 8. Dezember 1723, brachte sie eine andere Gesellschafterin, die Prinzessin Sophie Caroline von Culmbach, »an den Mann«, an den Fürsten Georg Albert von Ostfriesland, und wiederum genoß sie die Freude, in Pretzsch eine Hochzeit ausrichten zu können.

Töchter aus dem Hause Wolfenbüttel gehörten regelmäßig zum Hofstaat. Im Mai 1710 reiste Eberhardine, begleitet von Christiane von Wolfenbüttel, zur Kur nach Karlsbad, wo die Gesellschafterin den russischen Kronprinzen Alexius kennenlernte. Am 25. Oktober im Jahr darauf fand beider Hochzeit statt – in Torgau, denn der russische Zar Peter der Große hatte sich angesagt, und Sachsen betrachtete seinen Besuch als hohe Ehre. Eberhardine blieb mit Christiane im Briefwechsel, erfuhr aber wenig Erfreuliches, wenn auch nicht das ganze Ausmaß dieser Ehetragödie. Christiane, die Mutter des späteren Zaren Peter II., starb zutiefst unglücklich bereits vier Jahre nach der Hochzeit.

In Pretzsch stand Eberhardine im Ruf, ein Ehe-Schmied zu sein.

Um ihrer Zeit etwas Sinnvolles abzugewinnen, sammelte sie alte Kirchenlieder. Der Pretzscher Pfarrer M. Ulich gab 1713 in Wittenberg einen »Auserlesenen Liederschatz« heraus, zu dem sie einige von ihr aufgespürte alte Lieder beisteuerte, Vorarbeit für ein 1719 in Leipzig unter dem zeitgenössisch langatmig-schwulstigen Titel »Glaubensschallende und himmelsteigende Herzmusik, bestehend in 1042 auserlesenen Liedern« publiziertes Buch. Im Vorwort schrieb Superintendent Johann Christian Bucke: »Wie gegenwärtiges Gesangsbuch von einer hohen Fürstlichen Person erstlich zusammengetragen und in ihren täglichen Hauß-Bet-Stunden gebraucht worden, also hat es das Glück anjetzto, von einer Königin vermehret zu werden.« Es wurde in den Kirchen fast zweihundert Jahre lang benutzt, wenn auch Eberhardines Mitarbeit in Vergessenheit geriet.

Zwischen Hoftrauer und Karnevalslaune. Am 4. September 1727 fühlte sich Eberhardine unwohl. An ihrem Verhalten war in den letzten Tagen nichts Auffallendes zu beobachten, und so vermuteten ihre Fräulein eine Unpäßlichkeit, die sich bald verflüchtigen werde. Wahrscheinlich hatte sie wieder einmal zu reichlich von ihren geliebten Melonen genossen. Gegen 11 Uhr ließ sie nach Johann Balthasar Matthesius schicken, den Ortspfarrer von Pretzsch. Die beiden Leibärzte tauschten leise, für die Umstehenden kaum vernehmbar ihre Diagnosen aus: »Das Herz! – Der Kreislauf! – Die Sehstörungen!« – Der Hofstaat hielt es für angebracht, August den Starken zu benachrichtigen. Er vernahm die Botschaft, überlegte lange, entschloß sich dann aber doch, tags darauf seiner Frau einen Krankenbesuch abzustatten. Noch in der Nähe Dresdens, in Proschwitz, kam ihm von Pretzsch her der Kammerjunker von Marschall mit der Nachricht entgegen, die Königin sei in den ersten Stunden des neuen Tages verstorben. August der Starke ließ seine Kutsche wenden und fuhr nach Dresden zurück (Er nahm auch nicht an der Beerdigung seiner Frau teil). Den befreundeten Höfen wurde mitgeteilt, Eberhardine sei »nach ausgestandener fünfzehnstündiger hefftigen Krankheit heute den 5. Sept. früh gegen 2 Uhr durch einen sanfften und seeligen Tod aus diesem vergänglichen in das ewige Leben« abgefordert worden.[38] Die Kirche ward angehalten, in den ersten sechs Wochen zu jedem Gottesdienst die Leichenpredigt neu »von der Kanzel« zu verlesen und täglich eine ganze Stunde lang, von 11 bis 12 Uhr, die Glocken zu läuten. Alle mit Tanz oder Unterhaltungsmusik verbundenen

Vergnüglichkeiten wurden abgesagt und jedermann verpflichtet, dezente Kleidung anzulegen. Wer bunte Kleider trug, durfte zu keiner Audienz vorgelassen werden.

In Dresden leitete Oberhofprediger Bernhard Walther Marperger die Gedächtnisfeier, als langjähriger Beichtvater und häufiger Reisebegleiter der Verstorbenen dazu besonders berufen. Vor zwei Wochen erst hatte er Eberhardine noch in Pretzsch besucht. Ihm schien es, Eberhardine »ist fröhlich, ist gern aus dieser Welt gegangen...« Es lag ein Doppelsinn in diesen Worten, von Marperger vielleicht gar nicht beabsichtigt, aber namentlich von den älteren der sich in der überfüllten Schloßkirche zu Dresden drängenden Besucher so verstanden. Die jüngeren Höflinge hatten die Verstorbene kaum gekannt, wußten nur, daß sie im fernen Pretzsch gelebt und vom Treiben in der Residenz möglichst verschont bleiben wollte.

Beigesetzt wurde Eberhardine am 8. September 1727 gegen 20 Uhr in Pretzsch. Der von sechs Pferden gezogene Wagen mit dem Sarg fuhr die wenigen Schritte vom Schloß zur Kirche durch ein von 250 Milizionären gebildetes Spalier.

Eberhardine lag bereits seit vier Wochen in der Gruft der Pretzscher Kirche, als Dresden am 9. Oktober offiziell die Landestrauer auf ein Jahr festsetzte. Der Leipziger Universität kam dies sehr gelegen; sie hatte mit ihrer Trauerfeier bis zum Beginn des Herbstsemesters, bis zur Rückkehr der Studenten, warten wollen. Am 17. Oktober formierte sich um 9 Uhr der Trauerzug in der Nikolaikirche, um sich dann zur Totenfeier in die nahegelegene Paulinerkirche zu begeben. Hans Karl von Kirchbach bezeichnete Eberhardine in der Trauerpredigt als »einen unerschöpflichen Brunnen, aus welchem alle, die nach Hilfe lechzten, ihr Labsal schöpfen durften«.[39] Vorgetragen wurde eine von dem 27jährigen Dichteridol Johann Christoph Gottsched verfaßte und von Johann Sebastian Bach in Noten gesetzte Trauerode:

> O Königin, du stirbst nicht,
> Man weiß, was man an dir besessen.

Es sollte die letzte Trauerfeier in Sachsen aus Anlaß des Ablebens der Eberhardine sein. An eben diesem 17. Oktober, als Leipzig Abschied von der verstorbenen Landesherrin nahm, wurde in den sächsischen Kirchen von allen Kanzeln herab die Erklärung des Dresdner Hofes verlesen, das – acht Tage zuvor verkündete – Trauerjahr sei zu Ende. Der Landesherr habe »die tiefe Trauer durchgehend angeleget..., da (er) gebührenden Ehren-Dienst durch das ganze Land erweisen zu lassen, gesonnen gewesen«, aber Christiane Eberhardine habe »vor Dero Ableben alle dergleichen Ceremonien verbothen, und daß solche eingestellet werden möchten, ausdrücklich verlangt«.[40] Wenn dies »vor Dero Ableben« schon geschah, war die Verhängung der streng reglementierten Hof- und Landestrauer unverständlich.

Dachte August der Starke nur an den bevorstehenden Karneval? Er stürzte sich jedenfalls recht unbekümmert ins Karnevalsvergnügen, ganz so, als habe es im Haus Wettin keinen Trauerfall gegeben. Aber das allein war es nicht, was Unbehagen bereitete. Man war erstaunt, als er im Mai 1728 schon 58jährig die 17jährige Brandenburger Prinzessin Wilhelmine heiraten wollte. Sein Sohn redete ihm darob gehörig ins Gewissen, und die Heiratspläne zerschlugen sich denn auch. Wilhelmine, die Auserkorene, wurde Markgräfin von Bayreuth, zog in Eberhardines Vaterstadt ein. Sie ließ sich über August den Starken nicht eben wohlwollend aus, nahm es allerdings mit der Wahrheit nie sonderlich genau. Für die Feinde des Sächsischen Herkules sollte ihr Briefwechsel zu einer Fundgrube werden.

August der Starke starb fünf Jahre nach seiner Frau als Witwer. Sein Leib wurde in Krakau, sein Herz in der Dresdner Hofkirche beigesetzt. Selbst im Tode gab es zwischen ihm und Eberhardine keine Gemeinschaft. Beider Ruhestätte liegt meilenweit voneinander entfernt.

Maria Josepha, die Kaisertochter

Hochzeitsfeier mit Zwingerweihe
Ein Dutzend plus drei
Erste katholische Kurfürstin seit der Reformation
Das Josephinenstift
Flirt mit der Kaiserkrone
Friedrich der Große und das Dresdner Ärgernis
Die letzte Reise fällt aus

HOCHZEITSFEIER MIT ZWINGERWEIHE. Trauen ließen sich Kurprinz Friedrich August, der Sohn Augusts des Starken, und Maria Josepha, die Tochter des Kaisers Josephs I., 1719 in Wien, aber ihre Hochzeit feierten sie in Dresden – fast einen Monat lang (vom 2. bis 26. September). Es »setzten …solch Lustbarkeiten vorgenommen, die viel tausend Menschen, welche sie mit anzusehen aus allen Gegenden sich eingefunden hatten, in die äußerste Verwunderung… Sie bestunden nicht nur in Opern, Comödien, Jagden, Wirtschaften und Banqvets, sondern auch in einem vortrefflichen Feuerwerk, Kampf- und Wasser-Jagen, Fuß-Turnier, Vorstellung eines großen Jahrmarkts, Caroußel, Damen-Rennen und Aufzüge der Bergleute«.[1] Es war das eine Vergnüglichkeit der Superlative, der Höhepunkt höfischer Festkultur des europäischen Kontinents. Kein anderer Staat konnte (oder wollte) mithalten, nicht mal das Frankreich des »Sonnenkönigs«.

Für jeden Festtag hatte sich August der Starke etwas Besonderes ausgedacht.

Am 2. September trafen die Brautleute ein. Ab Pirna hatten sie die Reise zu Wasser fortgesetzt, auf dem von Allessandro Mauro

Maria Josepha, Kurfürstin von Sachsen, Königin von Polen (1699-1757)

entworfenen Prunkschiff »Bucentaurus«, begleitet von 100 vergoldeten Gondeln und 15 Jachten.[2] Am Stadtrand von Dresden wartete in einem Zelt am Elbufer August der Starke. Sechs Regimenter Infanterie und vier Regimenter Kavallerie, neu eingekleidet, marschierten unter Böllerschüssen auf. Den Festzug zum Schloß führte der Generalhofpostmeister an, gefolgt von 150 grün und weiß gekleideten Jägern, den etwa 2000 Hochzeitsgästen, darunter 431 auswärtige, den Staats- und Hofbeamten sowie den Vertretern der Bürgerschaft. Maria Josepha saß in einem von acht Rappen gezogenen spanischen Galawagen. Im Schloß lernte sie auch Schwiegermutter Eberhardine kennen.

Obwohl Maria Josepha vom berühmten und verwöhnten kaiserlichen Hof zu Wien kam, war sie von Dresden berauscht. Das Festmahl nahm die königliche Familie auf goldenen Tellern ein. Kleidung und Haartracht der Tafelgäste verrieten statt spanischer Mode französische. Die Damen fanden blondes Haar chic und halfen mit hellem Puder nach, trugen turmartige Haaraufsätze, zeigten eine Vorliebe für Schönheitspflästerchen im Gesicht, Sterne etwa oder Käfer, bevorzugten in der Garderobe den Fischbeinrock, die kostbaren Unterkleider erkennen lassend, das Aufsteckleid mit bis zu 200 m Spitze und Bändern verziert, darüber ein ärmelloser Umhang. Charakteristisch für die Herrenmode waren Allongeperücke, lockerer mit Spitzen besetzter Wams, frei von den Verwülstungen spanischen Stils, Kniehosen und farbige Strümpfe. Maria Josephas erste Eindrücke in der ihr noch fremden Residenz: Hier ging es etwas protzig zu, doch in der Mode war man aufgeschlossen für alles Neue. Ihr schien es, als konkurriere August der Starke mit Kaiser Karl VI., was der Wahrheit ziemlich nahe kam. Zur Ruhe sollte sie so bald nicht kommen. Ihren Briefen nach Wien zufolge, empfand sie den Besuch der Oper am zweiten Tag ihrer Dresdner Anwesenheit als ein ganz besonderes Erlebnis. Das Opernhaus im Zwinger, ein neuer Bau Pöppelmanns, war mit 2000 Plätzen (Parkett und drei Ränge) seinerzeit das größte deutsche Theater.[3] Ungewöhnlich wie das Haus war die Leistung des Opernensembles. Bis nach England sollte sich dies herumsprechen, und

Georg Friedrich Händel nahm die beschwerliche Reise nach Dresden auf sich und engagierte zum Verdruß des Hofes die besten Kräfte vom Fleck weg für London. Aber von diesen Querelen war die Hochzeitsfeier noch frei.

Eröffnet wurden die Festwochen eigentlich mit der »Erringung des Goldenen Vlieses«, in der Rolle des Jason der Bräutigam, eine Verbeugung vor Wien, der Heimat der Braut, wo 1667 das Wiener Roßballett nach eben dieser Idee Triumphe gefeiert hatte.

Eine besondere Note erhielten die Festwochen durch das zur Schau Stellen der Quellen von Sachsens Reichtum, so auf dem an die Leipziger Messe erinnernden Jahrmarkt im Zwingerhof. Die Festgäste verkleideten sich als Moskowiter, Perser, Türken, Ungarn oder andere auf der Leipziger Messe anzutreffende Fremde, hatten also eine Aufgabe. In 56 Buden stellte sich das sächsische Gewerbe vor. Es präsentierten sich Goldschmiede, Uhrmacher, Büchsenmacher, Spiegelhersteller, Zinngießer, Bauern, Winzer, Kunsthändler, Bildhauer (Jean Joseph Vinache mit seinem Wachsfigurenkabinett, der Händler Bastousch mit asiatischem Porzellan und – als Widerpart die Meißener Porzellanmanufaktur. Für den Bergbau sollte es eine besondere Gelegenheit zur Selbstdarstellung geben, während der Planetenfeste.

Die sieben Planeten wurden personifiziert durch die antiken Götter, der Mond durch Diana, die Sonne durch Apoll usw. Das letzte der Planetenfeste war am 26. September das Saturnfest im Plauenschen Grund, das im Zeichen des Saturn stand, des Gottes des Bergbaus, und ein Abbild des für Sachsen so wichtigen Bergbaus bot. Dem Aufzug der Bergleute folgten die Festwagen; sie führten mit, was für den Bergbau dieser Zeit charakteristisch war, Erze, Werkzeuge, einen »Hohen Ofen«, eine Münzmaschine.

Die Festwochen sind in Wort und Bild und Medaillen verewigt worden.[4]

Was wohl keiner der Gäste wußte und wissen wollte: Die Knappen erschienen in einheitlicher schmucker Tracht, bereitgestellt von der Oberbergbaudirektion, die Kosten dafür wurden ihnen aber in Raten vom Lohn abgezogen. Ähnlich erging es den »Statisten«, den braven Landeskindern, die sich am Wegrand aufstellen und den Festgästen zujubeln mußten. Nur ausgesuchte Leute kamen infrage, schön anzusehen und gut gekleidet. Der Andrang war groß. Sachsen erlebte 1719 eine Mißernte – die Leute hungerten. Sie essen »Sachen, so kein Vieh fressen würde«, meldete Obersteuerinspektor Graf Watzdorf an den Hof. Selbst aus der Leipziger Gegend reisten junge Leute an; sie wollten Spalier stehen, weil sie mit Abfällen von der Festtafel rechneten. Das aber geriet in den Schatten dieser ungewöhnlichen Lustbarkeit.

War es eigentlich die Feier der Jungvermählten? Wohl eher die Augusts des Starken! Wochen zuvor schon schwamm er auf einer Woge der Glückseligkeit. Aus Preußen ließ er den Zeremonienmeister Johann von Besser kommen, was sich eigentlich als überflüssig erwies. August der Starke übernahm die Regie selbst, konzipierte die Festwochen bis ins Detail. Sein Eifer hatte mit dem Anlaß der Festivitäten zumindest eines zu schaffen: Er war stolz darauf, eine Kaisertochter in seine Familie zu bekommen. Mit familiären Bindungen ans Haus Habsburg erfüllte sich ihm ein lang gehegter Wunsch. Die Ankunft der Kaisertochter in Dresden gab dem geltungsbedürftigen Kurfürsten einen Anlaß, seine Beziehungen zu Wien und seinen Reichtum herauszustellen. Er wollte Europa beeindrucken!

Die Hochzeit seines Erben nahm er als willkommene Gelegenheit wahr zur Übergabe neuer Bauten. In die Festwochen verlegt, konnte die Weihe des Zwingers vor einem großen Publikum erfolgen. Die schon ins Stocken geratenen Arbeiten an diesem weltberühmt gewordenen Bau waren mit Blick auf die Hochzeitsfeier bis zur Schmerzgrenze aktiviert worden. Tag und Nacht werkten Arbeiter und Künstler. Der Zwinger wurde zur Festanlage erweitert, drei Pavillons entstanden, das Redoutenhaus, das Opernhaus. Der große Ball fand im Riesensaal des Schlosses statt, auch neu, erst aus Anlaß der Hochzeitsfeier geschaffen. Es schien an nichts zu mangeln, oder…? Ausgang des Jahres 1719 warteten die Arbeiter und Künstler noch immer auf ihren Lohn, und zwar devot, aber sichtlich erbost schrieb Pöppelmann an August den Starken: »Es waren viele blutarme Leute darunter, nicht imstande, eine Woche lang ihren Lohn bei diesen teuren Zeiten zu entbehren.«[5] Die Mißernte zog eine verheerende Preissteigerung nach sich.

Als seien es der Festlichkeiten nicht genug, richtete August der Starke im Oktober noch eine besondere Festwoche in Moritzburg aus. Vornan stand hier die Jagd. Er war begeistert, in seiner Schwiegertochter eine treffliche Jägerin zu finden. Das Weidwerk war ihre große Leidenschaft, ihre einzige, wie sie behauptete.

Für die Zukunft zeichnete sich eines deutlich ab: Das junge Paar würde im Schatten Augusts des Starken stehen.

EIN DUTZEND PLUS DREI. Anders als August der Starke hatte Friedrich August (II). Familiensinn. Als Kind die Katastrophe der elterlichen Ehe erlebend, wollte er seiner Familie Geborgenheit bieten, sie vor den ihm widerfahrenen Aufregungen bewahren.

Wilhelmine Friederike Markgräfin von Bayreuth schrieb in ihren Memoiren: »Dieser Prinz ist groß und sehr stark, sein Gesicht ist unregelmäßig schön, er besitzt aber nichts Einnehmendes. Ein verlegenes Wesen begleitet alles, was er tut, und um diese Verlegenheit zu verbergen, nimmt er oft seine Zuflucht zu einem sehr unangenehmen Lachen. Er spricht wenig und besitzt nicht die Gabe, verbindlich und zutraulich zu sein wie sein Vater... Sein Leben ist sehr regelmäßig, man kann ihm kein Laster vorwerfen, und das gute Einverständnis, in welchem er mit seiner Gemahlin lebt, ist lobenswert. Diese Prinzessin war außerordentlich häßlich und besaß nichts, was ihn für ihr wenig einnehmendes Gesicht entschädigen konnte.«[6] August dem Starken dichtete eben diese Bayreuther Markgräfin – die er dereinst heiraten wollte – mit loser Zunge 365 Kinder an, eine aus der Luft gegriffene Bosheit, die aber gefiel. Auf neun Kinder hat er es gebracht, eines ehelich geboren, acht außerehelich. Nicht August der Starke kam auf eine ungewöhnlich große Kinderschar, sondern sein Sohn – auf 15. Doch das erregte merkwürdigerweise nie Aufsehen. Vielleicht lag es daran, daß alle Nachkommen aus der Ehe mit Maria Josepha stammten, keine Mätresse Anteil hatte, alles wenig erwähnenswert normal erschien.

Mit seinen Halbgeschwistern verkehrte Friedrich August (II.) selten, und auch dann meist nur auf Weisung seines Vaters. Mutter Eberhardine mied Dresden, und da sie ihm den Übertritt zum Katholizismus verübelt hatte, fand er wiederum den Weg nach Pretzsch nicht mehr; man sah sich allenfalls noch zu offiziellen Anlässen. Maria Josephas Mutter lebte im fernen Wien. Sie war gegen die »sächsische Heirat« gewesen und scheint ihre Meinung nie geändert zu haben. August dem Starken schließlich genügte es, die Nachfolge gesichert zu wissen. Ihm kam nie der Gedanke, seinen Sohn heranzuziehen, ihn auf künftige Regierungsgeschäfte vorzubereiten. So lebte das Paar füreinander und für die Kinder; elf von 15 sollten sie überleben.

Üblicherweise nahm sich in den Herrscherhäusern die Königin-Mutter der Kinder an, damit der Mutter Zeit zur Wahrnehmung der Repräsentationspflichten blieb. Zu Lebzeiten Augusts der Starke hielten sich diese für Maria Josepha zwar in engen Grenzen, aber infolge der zerrütteten verwandtschaftlichen Verhältnisse schied eine Großmutter-Erziehung ohnehin aus. Maria Josepha erzog die Kinder selbst, und sie hatte sehr klare Vorstellungen von deren Lebensweg.

Maria Josepha war eine strenggläubige Katholikin und verehrte den Hl. Xaver (1552 verstorbener Missionar, Mitbegründer des Jesuitenordens). Einer ihrer Söhne erhielt den Rufnamen Xaver. Alle übrigen Kinder bekamen den Beinamen Xaver bzw. Xaveria. Da sie dies selbst bei den Enkelkindern durchsetzte, prägte sie den für zwei Wettiner-Generationen charakteristischen Vornamen, dann kam es des öfteren zu Abweichungen, aber alle sächsischen Könige mit Ausnahme des letzten, Friedrich August. III., hießen noch mit Beinamen Xaver.

Mit Heiratsplänen für ihre Kinder trug sich Maria Josespha geduldig und listenreich. Sie zeigte sich dabei ganz als Habsburgerin (»Mögen andere Kriege führen, du glückliches Österreich heirate!«) Es war vor allem ihr Werk, daß zwei Töchter sich Einfluß erheirateten: Maria Josepha d. J. (1731–1767) ehelichte Ludwig von Frankreich, und wurde die Mutter von drei französischen

Königen – Ludwig XVI., Ludwig XVII. und Karl X.; Maria Amalia (1734–1788) heiratete den (späteren) König von Spanien.

Fromm wie sie war, wollte Maria Josepha aber auch einige ihrer Kinder dem geistlichen Stand zuführen. Das gelang ihr problemlos bei Maria Christina (1735–1783), die Äbtissin von Remiremont/Lothringen geworden ist. Clemens (1739–1812) trat gegen ihren Willen erst einmal in die Armee ein, brachte es bis zum Generalfeldmarschall-Leutnant Österreichs, wurde aber dann doch Geistlicher und erlangte als Kurfürst-Bischof von Trier schließlich eines der einflußreichsten Ämter der röm.-kath. Kirche. Maria Josepha hätte es gern gesehen, wenn auch Friedrich Christian (1732–1763) Geistlicher geworden wäre, ein Wunsch, der Befremden auslöste, denn Friedrich Christian gebührte als dem Ältesten die Kurfürstenwürde. Trat er in den geistlichen Stand, rückte Xaver als Zweitgeborener in der Erbfolge nach, und eben darum ging es Maria Josepha: Xaver war ihr erklärter Liebling, und sie hätte in ihm gern den kommenden Kurfürsten gesehen. Brühl, der einflußreiche Minister, suchte ihr das auszureden, und sie überwarf sich deshalb einmal mehr mit ihm, gab aber nach. Der ewig kränkelnde und zuletzt an den Rollstuhl gefesselte Friedrich Christian heiratete 1747 Maria Antonia, die geistig rege Tochter von Kaiser Karl VII., und verstarb 1763 reichlich zwei Monate nach Erlangung der Kurfürstenwürde. Da er keinen mündigen Erben hinterließ, leitete Xaver (1730–1806) von 1763–1768 Sachsen als Administrator. Eigentlich trat mit dem Enkel, Friedrich August III., erst ein Vertreter der übernächsten Generation die Nachfolge an; er glich aus und regierte gleich 59 Jahre lang.

Von ihrem Mann trennte sich Maria Josepha selten. Erstmals 1723, vier Jahre nach der Hochzeit, fuhr sie ohne ihren Mann für ein paar Tage nach Prag, neun Jahre später, 1732, für drei Monate mit der an einem Lungenleiden laborierenden Tochter Margarethe zur Kur ins böhmische Teplitz – ohne das Töchterchen retten zu können. Sie begleitete ihren Mann in der Regel auf all seinen Reisen, und seit er 1733 als August III. König von Polen war, hieß das Reiseziel fast immer Polen. Zur Krönungsfeier am 17. Januar 1734 in Krakau nahm sie ihren erst dreijährigen Sohn Xaver mit. Man sah sie nur selten ohne Kinder. Komplett konnte sie ihre große Kinderschar zwar nicht in die Kutsche setzen, aber ein Kind zumindest nahm sie auf Reisen mit. Auf der Rückfahrt von Krakau nach Dresden geriet sie unvermutet mit dem Kind in ein katastrophales Hochwasser an Oder und Neiße. Im Herbst des folgenden Jahres fuhr sie mit ihrem Gatten nach Warschau, wo sie für 21 Monate blieb und im Abstand von nur einem Jahr zwei Kinder zur Welt brachte. In diesen Warschauer Jahren erlernte sie die polnische Sprache. In Wien erzogen, sprach sie perfekt lateinisch und italienisch, auch brauchbar französisch, doch das brachte ihr als Königin von Polen keinen sonderlichen Nutzen. So eignete sie sich die polnische Sprache an, und sie beherrschte das Polnische bald besser als der polnische König; er zeigte für das mühselige Sprachstudium kein sonderliches Interesse. Schon der Sitzungen des Reichstags wegen machte sich für das Königspaar jedes Jahr ein mehrwöchiger Aufenthalt in Warschau erforderlich. Von einer solchen Reise kehrte Maria Josepha auch am 21. Dezember 1754 nach Dresden zurück. Sie ahnte nicht, daß sie Polen nie wiedersehen würde.

Erste katholische Kurfürstin seit der Reformation. Die Einführung der Reformation lag derweil rund zweihundert Jahre zurück, als nach zwei protestantischen »Betsäulen«, Anna Sophie und Eberhardine, die vorwiegend evangelisch-lutherische Bevölkerung mit Maria Josepha wieder eine katholische Kurfürstin bekam, eine strenggläubige, die ihren katholischen Hofstaat aus Wien mitbrachte und die katholische Erziehung ihrer Kinder zur Vorbedingung der Heirat gemacht hatte. Maria Josepha begegnete 1719 in Sachsen Vorbehalten, doch im Jubel der verordneten Festwochen kamen die Kritiker nicht zum Zuge. Daß August der Starke konvertierte, war noch als Sonderfall hingenommen worden, aber daß auch sein Sohn katholisch wurde, eine Katholikin heiratete, und die Kinder katholisch erzogen wurden, ließ die Absicht des Herrscherhauses erkennen, sich endgültig dem Katholizismus zuzuwenden. August der Starke zeigte sich unberührt: Das sei eine Familienangelegenheit, dem Volk werde der lutherische Glauben nicht genommen. Mit dieser Versicherung vermochte er jedoch Zweifel nicht auszuräumen. Und es blieb die Gewinn- und Verlust-Rechnung: Sachsen würde in Polen und Österreich gewinnen, sein Prestige als Mutterland der Reformation und damit den Einfluß auf die norddeutschen Staaten – zur Freude Preußens – verlieren. August der Starke, der in Polen die erbliche Monarchie durchsetzen wollte, wußte aus Erfahrung, daß Polen nur einen katholischen König (und eine katholische Königin) akzeptieren würde, und das gab für ihn den Ausschlag.

Mit Maria Josepha erhielten die Katholiken in Sachsen zunehmend mehr Rechte, wenn auch weit weniger, als sich der Vatikan ausgerechnet hatte. In Begleitung Maria Josephas befand sich der Jesuitenpater Johann Baptist Salerno, der Vertraute des Papstes; er hatte Friedrich August (II.) zum Konvertit bewegt und die Heirat vermittelt. Dafür wurde er von August dem Starken mit einer jährlichen Pension von 10000 Talern belohnt. Der Papst berief ihn von Dresden nach Rom und erkannte ihm 1720 den Kardinalshut zu, erfreut über die sich in Sachsen abzeichnende Wende.[7]

August der Starke kannte die Stimmung im Lande und hielt sich zurück.

Da Maria Josepha ihren katholischen Hofstaat mitgebracht hatte, war es nur eine Frage der Zeit, wann die so heiklen Kirchenfragen zur Sprache kommen würden. Den Anlaß bot eine zwar naheliegende, aber vernachlässigte Alltagsproblematik: Wo sollten die Begleiter der Kurprinzessin im Falle ihres Ablebens beerdigt werden? Einen Ausweg bot das Kloster Marienstern, eine katholische Oase Sachsens in Panschwitz-Kuckau. Auf dem Kloster-Friedhof war 1716 auch der landesfremde Fürst Egon von Fürstenberg beigesetzt worden. Maria Josepha fand das indiskutabel. Sie verwies auf ihren Ehevertrag, in den Pater Salerno vorausschauend eine Klausel eingefügt hatte, wonach Sachsen verpflichtet war, für den Hofstaat der Kurprinzessin in Dresden einen katholischen Friedhof einzurichten. Sie lebte bereits seit vier Jahren in Dresden, als August der Starke vor der Stadt, in Ostra, einen katholischen Friedhof anlegen ließ; die erste Bestattung ist am 16. Februar 1724 erfolgt. Um möglichst wenig Aufsehen zu erregen, mußte bei Trauerfeiern eine Ansammlung von Kutschen vermieden werden – nur zwei durften gleichzeitig im Blickfeld sein –, und es wurde auf den Bau einer auffälligen Kapelle verzichtet. Nach dem Thronwechsel wurde der Friedhof für die gesamte katholische Gemeinde Dresdens freigegeben.

Das neue Herrscherpaar verdrängte die evangelische Hofkapelle aus dem Schloß , indem es unter Hinweis auf seine große Kinderschar den Raum für Wohnzwecke beanspruchte; mit einem letzten Gottesdienst sollte zu Pfingsten 1737 die Geschichte der evangelischen Schloßkapelle enden. Fortan fand der protestantische Hofgottesdienst in der (1945 zerstörten) Sophienkirche statt; den Priestern war es ausdrücklich untersagt worden, von der Kanzel herab auf den Umzug einzugehen.

Ein Jahr später wies Friedrich August II. 50000 Taler für »einen gewissen Bau in Unserer Residenz allhier nahe der Vestung« an. Nur einige wenige Personen wußten, daß das Geld für den Bau der katholischen Hofkirche gedacht war. Die Grundsteinlegung erfolgte erst im Jahr darauf in aller Stille – gegen 5 Uhr in der Frühe. Da der einflußreiche Minister Brühl möglichst wenig damit zu schaffen haben wollte – wie alle Minister hatte er politische Bedenken –, Entscheidungsfreudigkeit aber nicht zu den stärksten Seiten des Kurfürsten zählte, war ein bestimmender Einfluß Maria Josephas unverkennbar. Daß Dresden mit der 1734 eingeweihten (städtischen) Frauenkirche Deutschlands bedeutendsten protestantischen Kirchenbau besaß, verstand das katholische Herrscherpaar als Herausforderung, und in dem kaum von Katholiken bewohnten Dresden entstand mit der katholischen Hofkirche ein Sakralbau, größer noch als die evangelische Frauenkirche, größer gar als jede andere Kirche Sachsens (Grundfläche 4800 m^2); die Baukosten lagen bei 1041000 Talern und damit über denen des Zwingers – 900000 Taler.[8] Am Bau der Hofkirche wirkten Italiener in großer Zahl mit. Sie waren katholisch, und so erfuhr die Dresdner Gemeinde unerwartet Zuwachs. Maria Josephas Beichtvater, Jesuitenpater Johannes

Guarini, selbst Italiener, übernahm die seelsorgerische Betreuung seiner Landsleute. Außerhalb der kurfürstlichen Hauskapelle und der Hauskapelle des österreichischen Gesandten war zwar kein katholischer Gottesdienst gestattet, aber dieses Prinzip war schon 1738 durchbrochen worden, als das von einem Kaplan betreute Soldatenknabenwaisenhaus in Dresden-Neustadt entstand (1762 nach Annaburg verlegt). Da Guarini bereits betagt war (1748 starb er 83jährig), kamen zu seiner Unterstützung weitere Jesuitenpater ins Land, und es konnte am Ende kaum mehr überraschen, daß Sachsen 1743 apostolisches Vikariat wurde.

DAS JOSEPHINENSTIFT. Ging Maria Josepha aus, fand sie bei der Rückkehr häufig Bittschriften im Polster ihrer Kalesche oder der Manteltasche. Ihr eilte der Ruf voraus, hilfsbereit zu sein. Sie hatte »monatlich eine ganz beträchtliche Summa ausgeworfen, so daß diejenigen, welche mit der Bezahlung beschäftigt waren, sich öfters verwunderten, wie doch alles dieses zu bestreiten, das Geld niemals ermangelte«, vermerkte ihr Beichtvater. »Man hatte Ihr einigemale vorgestellet, daß unter so vielen Bettlern sich auch viele Betrüger einfänden... Ja, war Ihre Antwort: Es ist besser, zehnmal betrogen zu werden, als unter dem Vorwand der Behutsamkeit auch nur einem einzigen wahrhaften Armen die Hülfe zu entziehen.«[9]

Bleibende Verdienste erwarb sie sich 1746 mit Gründung des (nach ihr benannten) Josephinenstiftes. 1743 hatte der Älteste der Dresdner Kramerinnung, Johann George Ehrlich, das Ehrlichsche Stift zur »Fürsorge für geistig und verwaiste und arme Kinder ev.-luth. Bekenntnisses« ins Leben gerufen. Dem setzte sie ein katholisches Stift entgegen. Der Entschluß reifte in ihr, als sie nach dem Einfall der Preußen im November 1745 und der für Sachsen so unglücklich verlaufenden Schlacht bei Kesselsdorf mit ihren Kindern nach Teplitz flüchten mußte, eines ungewissen Schicksals harrend. Um die materiellen Voraussetzungen für eine großzügige Stiftung stand es zunächst schlecht bestellt, denn Sachsen mußte an Preußen eine Million Taler Kontribution zahlen. Privat fielen ebenfalls Belastungen an, da gleich drei Töchter Heiratsabsichten hegten und mit einer ansehnlichen Mitgift rechneten. Da am 16. Mai 1746 die Nebenlinie Sachsen-Weißenfels ausstarb, machte jedoch das Haus Wettin unerwartet eine bedeutende Erbschaft. So konnte Maria Josepha in Dresden ein großes Haus mit Garten für ein Stift erwerben, das sie für »alle Zeiten frei machte« und dadurch von Abgaben verschonte. Sie finanzierte Umbauten, kaufte Betten, Hausrat und Geschirr, warb Personal an. Hundert Kinder sollte das Stift aufnehmen, arme katholische Mädchen.

Das unter Aufsicht eines Kaplans stehende Stift orientierte sich an klösterlicher Strenge. An erster Stelle stand die religiöse Erziehung der Kinder. Sie wurden aber dazu angehalten, »sich niemals in einen Streit über Glaubenssachen einzulassen«,[10] geschuldet der konkreten Situation des Stiftes in der lutherisch gesinnten Umwelt. Angesichts des geringen Anteils der Katholiken erwies es sich für Dresden von vornherein als überdimensioniert, zumal es ja nur für arme Kinder und auch nur für Mädchen gedacht war, also nicht für die Sprößlinge der katholischen Höflinge, Diplomaten oder Künstler, die in Dresden die meisten Anhänger der Papst-Kirche stellten. So fanden auch andersgläubige Kinder Aufnahme, und das unter den kritischen Blicken der protestantischen Geistlichkeit, nach deren Meinung das Stift Zöglinge zum Konvertit verleiten wolle.

Zur religiösen Erziehung gesellte sich die Unterweisung der Mädchen in »anständiger Handarbeit«, damit sie in der Lage seien, sich »dereinst ihr Brodt in einem ehrlichen Dienste« zu verdienen. Die Stiftsordnung sah vor, »daß sie allezeit, wie es armen Menschen gebühret, in Essen und Kleidung zwar zur Nothdurft versehen, keineswegs aber zur Zärtlichkeit und bequemen Lebensart angewöhnt werden sollten«, um früh schon auf das harte Dasein eines Dienstmädchens vorbereitet zu sein. Aufnahme fanden nur »gesunde, niemals aber krüppelhafte« Mädchen, »und zwar aus der Ursache, weil diese letzteren nicht leicht von jemanden in Dienste genommen werden, mithin dem Hause zur Last fallen und andern zum Schaden das Gnadenbrodt genießen würden«.[11]

Von der Reformpädagogik etwa eines Comenius blieb das Stift unberührt, und die Sozialkritiker konnten sich nie damit abfinden, daß die durchaus löbliche Versorgung entwurzelter Kinder der Sicherung des Dienstmädchen-Nachwuchses dienen sollte.

Mit Angliederung des »Freiherrlich von Burkersrodaer Fräuleinstifts« wandelte sich der Charakter des Josephinenstiftes wesentlich. Es erwies sich als erstaunlich lebensfähig und existierte bis 1945. Solange die Herrschaft der Wettiner währte, »vererbte« sich das Patronat von einer Landesherrin zur anderen; die Geschäfte besorgte zumeist die Oberhofmeisterin.

FLIRT MIT DER KAISERKRONE. Sachsen überraschte 1741 Europa mit folgendem Manifest: »Kraft des... feyerlichen Familien-Vertrages ist nunmehro, da Kayser Carolus VI. ohne männlichen Erben mit dem Tode abgegangen, die Ordnung der Succession auf Ihre Majestät die Königin in Polen, als älteste Tochter des weyland Kaysers Josefi und Deroselben ehel. Descendenten gefallen.«[12]

Maria Josepha Kaiserin?

Es geschah nicht zum ersten Mal, daß Sachsen Anspruch auf den Thron erhob. August der Starke arbeitete jahrzehntelang auf die Kaiserkrone für die Wettiner hin. Bereits 1701 verhandelte er, unterstützt von der Kurie, mit Wien wegen einer späteren Ehe seines Sohnes Friedrich August (II.) mit der 1699 geborenen Maria Josepha von Österreich. Bei der Kaiserwahl 1705 unterstützte er Joseph, in ihm schon den Vater seiner künftigen Schwiegertochter sehend, und der wiederum half ihm bei der Rückgewinnung der Krone Polens. Da Kaiser Joseph I. 1711 erst 33jährig nach nur sechsjähriger Herrschaft ohne männlichen Erben starb, trat sein Bruder Karl, der letzte männliche Habsburger, als Karl VI. die Nachfolge an. Da er kinderlos war, schien Maria Josepha noch immer die sichere Thronerbin zu sein, und August dem Starken eilte es mit dem Übertritt seines Sohnes zum Katholizismus. Durch das zunächst geheimgehaltene Erbfolgegesetz (Pragmatische Sanktion) von 1713 sicherte Karl VI. jedoch im Falle seines Ablebens seinen Kindern, auch Töchtern, den Vorrang vor den Töchtern seines Bruders Joseph. Als dem Kaiser 1716 ein Sohn geboren wurde, sah August der Starke dann ohnehin seine Hoffnungen schwinden. Selbst sein Interesse an den Arbeiten im Zwinger ließ spürbar nach. Des Kaisers Sohn starb jedoch 1717, und wenn auch im selben Jahre noch eine Tochter zur Welt kam, Maria Theresia, reiften in Dresden neue Blütenträume; Maria Josepha war schließlich die Ältere und die Pragmatische Sanktion von den Ständen und Nachbarstaaten noch nicht anerkannt.

Die Heirat Maria Josephas mit einem sächsischen Prinzen billigte Karl VI. anstandslos. Er sei an die Absprachen mit Dresden von 1701 gebunden, erklärte er der Kaiserin-Witwe und dem einflußreichen Prinzen Eugen, die einem anderen Bewerber, Karl Albert von Bayern, den Vorzug gaben. Maria Josepha mußte sich allerdings, wie im Haus Habsburg bei Heirat außer Landes üblich, vermittels »eines theuren Eids in Person« dem Actus Renuntiationis unterwerfen, und am Vorabend der Trauung trat sie von allem Ansprüchen, die ihr »infolge ihrer Abkunft, kraft des im Hause Österreich früher üblichen Herkommens, oder des Paktum vom 12. September 1703 oder irgend eines anderen Namens oder erdenkbaren Titels zukam oder zukommen konnte, zugunsten der karolischen Deszendenz« zurück.[13]

Auch ihr Bräutigam mußte auf alle Ansprüche verzichten, konnte sich allerdings persönlich aus der Vereidigung heraushalten, und von dieser Möglichkeit machte er Gebrauch: Für ihn verzichtete als Generalbevollmächtigter sein Brautwerber, Graf Flemming, auf den Kaiserthron. Damit entstand eine überschaubare Rechtslage. Zumindest schien es nach außen so.

Vermutlich ging die Idee von August dem Starken aus, aber Maria Josepha war es, die 1723 nach Prag reiste, wo sich gerade Karl VI. aufhielt, um ihm die Verheiratung ihres Sohnes Joseph mit Maria Theresia vorzuschlagen. Der Kaiser hatte als Schwiegersohn bereits Franz Stephan von Lothringen vorgesehen, und davon ließ er sich auch nicht abbringen, obwohl ihm Maria Josepha mit Engelszungen darzulegen versuchte, daß Sachsen doch weitaus bedeutender als Lothringen und auch näher zu Österreich gelegen sei. Die Werbung endete mit einem Mißerfolg. Karl VI. bestimmte am 10. August 1723 den Lothringer zum Gemahl Maria Theresias. Daß

Maria Josephas Sohn Joseph 1728 starb, kann hier unbeachtet bleiben; sie war ohnehin nicht unbedingt auf ihn festgelegt, ebensogut hätte dies Friedrich Christian sein können, an der Ehe eines ihrer Söhne mit Maria Theresia lag ihr, doch waren alle jünger als diese, bei Joseph der Altersunterschied mit fünf Jahren aber am geringsten.

Schwerlich ohne Wissen und Einverständnis seiner Schwiegertochter unternahm August der Starke einen ganz anders gelagerten Vorstoß: Er wollte im Falle des Ablebens Karls VI. das Reich unter die Töchter Habsburgs, Maria Josepha einbezogen, aufgeteilt wissen. Er hatte im Jahr zuvor von seinen Geheimen Räten das Erbrecht prüfen lassen und fand sich in seiner Meinung bestätigt, Maria Josepha habe als Tochter des Kaisers Joseph I. Ansprüche.

Karl VI. aber erreichte 1731 eine Garantie für die Pragmatische Sanktion durch das Reich – gegen die Stimmen von Bayern und Sachsen. Damals regierte noch August der Starke, der für seinen Sohn ein Türchen offen zu halten suchte. Als dieser 1733 König von Polen wurde, mußte er jedoch die Pragmatische Sanktion ausdrücklich anerkennen: Nicht nur in Polen, auch in den Staaten Mitteleuropas wäre ein auf den Kaiserthron reflektierender polnischer König undenkbar gewesen. Erst mit dem Tode Karls VI. ergab sich eine neue Konstellation, und frühere Verpflichtungen gerieten sofort in Vergessenheit. Friedrich August II. wollte Kaiser werden, konnte aber Ansprüche nur über Maria Josepha geltend machen. Sie geriet ins Schwanken. Hatte sie nicht unter Eid auf die Thronfolge verzichtet? Aber warum sollte sie zugunsten ihrer Cousine Maria Theresia als die mit den älteren Rechten versehene Kaisertochter zurücktreten?

Das angeführte Manifest Sachsens wurde keinesfalls ohne ihr Einverständnis veröffentlicht, denn nur sie konnte auf Erbrechte pochen. Das Manifest aber erschien auffallend spät, fast ein Jahr nach dem Ableben Karls VI., was eine bestimmte Taktik verriet. Um nicht als wortbrüchig gebrandmarkt zu werden, wartete Sachsen den Bruch der Pragmatischen Sanktion durch andere Staaten ab. Als Maria Theresia 1740 die Herrschaft in den österreichischen Erbländern übernahm, wurden von verschiedenen Seiten Ansprüche auf das habsburgische Erbe angemeldet, von Spanien, Sardinien und vor allem von Bayern. Sachsen mit den älteren Rechten zog zumindest nach außen lediglich nach. Preußen brach die Pragmatische Sanktion am offensten, indem es 1740 unter Ausnutzung der schwachen Position Maria Theresias Schlesien besetzte, und das traf auch Sachsen, das sich auf Schlesien als Verbindung zu Polen angewiesen sah. Anfangs hatte Maria Josepha ihren Gemahl noch beschworen, ihrer Cousine Maria Theresia nach dem Einfall Preußens in Schlesien beizustehen.

Die Krone Polens hatte sich für Sachsen schon als teuer erwiesen, noch teurer erschien die Kaiserkrone. Graf Brühl, der alles beherrschende Minister, zollte zwar den Wünschen seines Landesherrn Respekt, wußte aber auch, daß Sachsen die Kaiserkrone teuer zu stehen kommen würde. Aus Sicht der Nachbarn war das mit Polen vereinte Sachsen ohnehin schon viel zu mächtig. Gleich drei Throne wurden 1740 frei: Friedrich Wilhelm I. von Preußen starb, gefolgt von Friedrich II., in Rußland löste Katharina die Große Zarin Anna ab, in Österreich Maria Theresia bzw. ihr Gemahl Franz Joseph Karl VI. Theoretisch hätte Maria Josepha durchaus Kaiserin werden können, und es lag ihr auch daran. Die Staaten Europas aber duldeten keinen sächsisch-polnisch-österreichischen Verbund. Friedrich August II. erschreckte die antisächsische Koalition, zumal ihm sein nüchtern denkender Minister Brühl vorhielt, Sachsen habe gar nicht das Hinterland, um sich die Kaiserkrone aufbürden zu können. Kaiser wurde 1742 als Karl VII. der Kurfürst von Bayern Karl Albert, und damit sollte für Maria Josepha der Traum von der Kaiserkrone ausgeträumt sein. Als Karl VII. 1745 starb, wurde Maria Theresias Mann als Franz I. deutscher Kaiser, unterstützt von Sachsen. Maria Josepha aber verübelte es ihrer Cousine Maria Theresia bis ans Ende ihrer Tage, daß sie ihr die Ansprüche auf die Krone streitig gemacht hatte.

Friedrich der Grosse und das Dresdner Ärgernis. Mit dem Einfall von 66 374 preußischen Soldaten in Sachsen begann am 29. August 1756 der Siebenjährige Krieg. Sachsen, das lediglich 17 000 Mann unter Waffen hatte, hielt Widerstand für zwecklos. Kurfürst Friedrich August II. verabschiedete sich am 2. September von Maria Josepha, um sich mit den Söhnen Xaver und Karl sowie begleitet von Brühl in die Festung Königstein zurückzuziehen. Daß es kein Wiedersehen geben würde, ahnte niemand.

Das bei Struppen eingeschlossene Heer kapitulierte am 16. Oktober. Wider jedes Kriegsrecht steckte Friedrich der Große 14 000 sächsische Soldaten zwangsweise in preußische Uniformen. Die Offiziere stellte er vor die Wahl: Entweder Übertritt oder Gefangenschaft. (Nur 14 sächsische Offiziere schlossen sich den Preußen an, 39 flohen zu den Verbündeten, 651 gingen in Gefangenschaft). Aber was sollte mit dem Kurfürsten geschehen? Unerwartet traf Polens Großkanzler Malachowski in Struppen ein: »Die Großen Polens warten seit dem 4. Oktober in Warschau auf den König und die Eröffnung des Reichstages«, erklärte er. »Sollte Preußen den König an der Ausreise hindern«, müsse »Polen dies als eine Verletzung der Ehre des Landes verstehen; es werde sich in diesem Fall veranlaßt sehen, ein Reiteraufgebot zu entsenden, das den König nach Warschau begleitet.«[14]

Daß Friedrich II. unentschlossen zögerte, war Schauspielerei. Ihm kam der polnische Kanzler samt seinen unverhohlenen Drohungen wie gerufen. Mochte doch Sachsens Kurfürst nach Polen ziehen und – dort bleiben! Scheinbar widerstrebend versicherte er schließlich: »Der König von Polen kann gehen, wohin es ihn beliebt und als Begleiter wählen, wen immer er will, Militärs ausgenommen.« Am 20. Oktober verließen der Kurfürst, die Prinzen Xaver und Karl sowie Brühl den Königstein via Warschau.

Maria Josepha blieb in Dresden!

Das überraschte Friedrich den Großen. Er hatte seinen Geleitbrief für Friedrich August II. so abgefaßt, daß dieser all seine Angehörigen und Minister nach Polen mitzunehmen vermochte. Der als familienbewußt eingeschätzte Kurfürst würde Sachsen doch nicht ohne seine Frau verlassen! Eben das geschah, wenn es auch nicht seine Entscheidung war, sondern die Maria Josephas! Da er unter preußischem Geleit reiste, hätte sie sich ihm anschließen oder ihm folgen müssen. Doch sie war nicht ausgewiesen, also blieb sie, willens, die Stellung des Herrscherhauses im besetzten Sachsen zu behaupten. Daß der Krieg sieben Jahre dauern sollte, konnte sie nicht voraussehen.

Ihre ersten Erfahrungen mit Preußen lagen längst hinter Maria Josepha, als die Ihren Sachsen verließen. Bereits am 9. September besetzten preußische Soldaten das Schloß. Maria Josepha berichtete, der Kommandant habe ihr versichert, »daß die Besatzung, die man hier eingeleget, zu meiner Sicherheit und selbst zu meinen Befehlen da wäre«.[15] Sie sollte umgehend Gelegenheit finden, die Probe aufs Exempel zu machen, ob sich jemand an ihre Weisungen halten würde oder nicht .

Friedrich II. hatte 1752 in seinem Testament die Kriegsziele umrissen: »Sachsen, Polnisch-Preußen und Schwedisch-Pommern runden den Staat ab. Sachsen wäre am nützlichsten; sein Besitz würde die Grenzen am meisten erweitern.« Vor den Mächten Europas wollte er nun seinen Überfall auf Sachsen rechtfertigen. Sachsen würde doch in Kenntnis der Gefahren Partner gesucht und einen Briefwechsel geführt haben, und wenn es Papiere gab, aus denen Preußen eine Offensivverteidigung zu konstruieren vermochte, dann mußten sie im Dresdner Archiv lagern. Dessen Öffnung gehörte zu den ersten Forderungen der Preußen. Hauptmann Johann Wilhelm von Archenholtz, der den Feldzug mitgemacht hat, hinterließ eine detaillierte Schilderung dessen, was geschah: »Dieses Staatsheiligtum wurde in drei Gemächern des königlichen Schlosses aufbewahrt, die mit einem Privatzimmer der Königin von Polen zusammenhingen. Sie selbst hatte dazu allein den Schlüssel und bewachte das Archiv wie einen kostbaren Schatz. Das Ansuchen Friedrichs, es auszuliefern, schlug daher diese Fürstin, seine erklärte Feindin, rund ab. Der preußische General Wylich, Kommandant von Dresden, hatte jedoch gemessene Befehle es in Besitz zu nehmen und schickte den Major Wangenheim mit diesem Auftrage ab. Wangenheim ließ sich die Schlüssel ausbitten, worauf die Königin selbst erschien und nachdrücklich erklärte, daß sie keine Öffnung erlauben würde. Der Major entfernte sich, und nun begab sich der Kommandant selbst zur Königin. Alle seine Vorstellungen waren vergebens, sie beharrte fest bei ihrem Entschlusse, wobei sie drohte, die Eingangstür durch ihren Körper zu decken. Wylich... gab zu verstehen, daß er im äußersten Falle Gewalt brauchen müßte. Hierauf wurden die Schlüssel gebracht.«[16]

Die Akten übernahm Graf Herzberg. Maria Josepha wunderte sich, wie gut er sich in dem für ihn fremden Archiv auskannte. Sie konnte nicht wissen, daß der Kanzlist Friedrich Wilhelm Menzel die Preußen seit Jahren mit Informationen versorgt hatte.

Zwar hatte Maria Josepha die erste Kraftprobe mit Friedrich II. verloren, aber die Sympathien der Sachsen und der europäischen Mächte waren auf ihrer Seite. Nur wenige Stunden nach der erzwungenen Öffnung des Archivs wurden alle Konferenzminister Sachsens auf direkte Weisung Friedrichs II. entlassen. Womit er nicht gerechnet hatte: Maria Josepha bat noch am selben Tage die in Dresden akkreditierten Gesandten zu sich. Da es keine sächsische Regierung mehr gab, hatten die Diplomaten keine Aufgabe mehr; sie stellten sich auf die Rückkehr in ihre Heimat ein. Maria Josepha informierte sie in einer Abschiedsrede über alles, was Sachsen vom Einfall Preußens bis hin zur Öffnung des Archivs erlebt hatte, und schloß mit einem Appell: »Wir hoffen, Sie werden davon bey Ihren respektiven Höfen einen getreulichen Bericht abstatten, indem Wir versichert sind, daß selbige den Tort, welcher Uns widerfähret, nicht billigen, sondern vielmehr einsehen werden, daß es ihr allerseitiges Interesse erfordert, das Unsrige zu ergreifen.«[17]

Friedrich II. begann, Maria Josepha ernst zu nehmen. Noch gab er sich aber der Hoffnung hin, sie werde dem Dasein einer Kurfürstin von Sachsen ohne jede reale Macht das Leben einer Königin von Polen vorziehen und übersiedeln. So verstrichen entscheidende Wochen.

Maria Josepha hatte sich nie einer sonderlichen Popularität erfreut, schon ihres katholische Glaubens wegen, doch rechnete man es ihr hoch an, daß sie nicht nach Warschau gegangen war und sich auch nicht »anpaßte«. Zweifel am Sinn ihres Verbleibens kamen ihr des öfteren, doch es bestärkte sie stets das Gefühl, »daß Ihre Anwesenheit der Stadt und dem Lande noch zu einigem Troste und Schutze dienen konnte«.[18]

Für Friedrich II. wurde sie zunehmend unbequemer, ein Störfaktor. Er mochte es derweil bedauern, sie nicht einfach zwangsweise in die Kutsche des Kurfürsten gesetzt und abgeschoben zu haben. Jetzt war es für eine Ausweisung zu spät; sie wäre zur Märtyrerin geworden. Es schien ihm auch nicht vonnöten, ein solches Risiko einzugehen. Nur Schloß und Hofstaat waren ihr geblieben, beides konnte er ihr verleiden. Eines Tages würde sie von allein gehen, das Blatt sich wenden; es würde ausschauen, als ließe die Landesherrin ihre Sachsen im Stich. Dessen aber war sich auch Maria Josepha bewußt: Sie konnte gar nicht mehr anders, sie mußte bleiben. »Glaube nicht«, schrieb sie in einem Brief an ihre Tochter, »daß ich aus einer Eigensinnigkeit mich entschlossen habe, in Dreßden zu verbleiben«.[19]

Den mannigfachen Schikanen der Preußen sah sie sich wehrlos ausgesetzt.

Den Winter 1756/57 verbrachte Friedrich II. in Dresden, bezog aber nicht das Schloß, sondern das Brühlsche Palais; Maria Josepha ließ er ein »Compliment machen«, ansonsten ignorierte er sie, die nicht eben unglücklich darüber war, daß er sie mit seiner Anwesenheit verschonte, aber sehr wohl begriff, daß er sie demütigen wollte. Noch meinte sie, das Gespräch mit ihm suchen zu müssen, und sich selbst überwindend, ließ sie ihm ebenfalls ihr »Compliment machen«, verbunden mit einer Einladung zu einem Essen; er lehnte mit herausfordernd offenkundigen Ausflüchten ab, ließ sie fühlen, sie sei »Luft« für ihn. Dem widersprach eigentlich der Aufwand, mit dem er ihre Isolierung betrieb.

Die Schweizer Garde, die das Schloß sonst bewachte, gab es nicht mehr; die Schloßwache stellte der preußische Stadtkommandant, und de facto saß Maria Josepha damit im Schloß fest. Für den wachhabenden Offizier gab es stets einen Grund, sie an einem

Ausgang zu hindern. Meist zeigte er sich um ihre Sicherheit besorgt, und wenn sie diesen Einwand negierte, wurde sie auch mal verdächtigt, unerlaubte Kontakte zu Dritten herstellen zu wollen. Die Preußen sprachen direkt keinen Hausarrest aus, aber sie schufen Verhältnisse, die dem gleichkamen.

Ins Hofleben vermochte Preußen wirksam über die Finanzen einzugreifen. Maria Josepha bekam nach der Besetzung Dresdens 7800 Taler – aus der beschlagnahmten sächsischen Kasse. Als sie mehr forderte, ließ Friedrich II. sie wissen, sie möge sich doch an ihren Herrn Gemahl halten, doch der saß in Warschau fest, und das sächsische Steueraufkommen floß der preußischen Feldkriegskasse in Torgau zu. Zwar ließ Zarin Elisabeth von Rußland Maria Josepha 100000 Rubel zukommen, doch die Rechnung der Preußen ging auf. Viele der zum Hof gehörenden Personen reisten ab. Selbst der einst gefeierte Operndirektor Johann Adolph Hasse verließ Dresden. Er hatte früher 15000 Taler bezogen, aber nur 2000 Taler konnte ihm Maria Josepha jetzt zahlen, nach Lage der Dinge noch immer ein attraktiver Sold, doch der berühmte Hasse nahm demonstrativ seinen Abschied. Mit ihm verließen seine Frau, die Sängerin Faustina, die Schauspieler, Tänzer und Maler Dresden – via Italien. Das kulturelle Leben brach damit zusammen. Auch Bedienstete sahen sich nach einer anderen Arbeit um, als sie ihre Besoldung gefährdet sahen. Es verblieb ein nur kleiner Kreis Getreuer. Friedrich II. war er noch immer zu groß.

Völlig überraschend wurde Gräfin Ogilvi verhaftet. Zehn preußische Soldaten – sechs Soldaten, zwei Unteroffiziere und zwei Offiziere – bewachten sie Tag und Nacht, eigentlich ein unangemessener Aufwand für eine Hofdame. Versteckt in einer Wurst sollte ihr aus Böhmen ein verdächtiger Brief zugeschickt worden sein. Für das, was sie per Post erhielt, war sie eigentlich nicht verantwortlich, aber es hat auch niemand diesen verräterischen Brief zu Gesicht bekommen. Die Gräfin wurde verbannt. Friedrich II. kam es wohl mit dieser völlig undurchsichtigen Aktion darauf an, die Hofdamen der Maria Josepha einzuschüchtern: Wer bei ihr aushielt, lebte gefährlich. Mit dem Fall Ogilvi sollte noch etwas anderes verbunden sein: Maria Josepha erhielt im März 1757 Weisung, sich in ihrem Verkehr nach außen auf den streng kontrollierten Postweg zu beschränken.

Von den in preußische Uniformen gesteckten Soldaten desertierten die meisten. Etwa 10000 schlugen sich auf die Seite der Franzosen und stellten sich unter das Kommando des von Frankreich zum General ernannten sächsischen Prinzen Xaver, den Sohn Maria Josephas! Daß die Sachsen nicht in der preußischen Armee dienen wollten, legte Friedrich II. vor allem ihr zur Last, wohl wissend, daß sie keinen Einfluß nehmen konnte und die Soldaten keineswegs ihr zuliebe nach Frankreich flüchteten. So spitzten sich die Verhältnisse zu. Würde Preußen vielleicht am Ende doch die unbequeme Kurfürstin von Sachsen ausweisen? Falls es solche Überlegungen gab, erübrigten sie sich.

Die letzte Reise fällt aus. Am 17. November 1757 starb Maria Josepha 58jährig völlig überraschend in Dresden. Sie hatte am Abend zuvor noch einen Brief an die Kaiserin geschrieben, ohne ihn zu beenden. Gegen Mitternacht ging sie zu Bett, heiter gestimmt, wie ihre Bediensteten erzählten. Zwei Stunden später verlangte sie nach Priester und Arzt. Ihr Beichtvater Anton Hermann, der als erster eintraf, fand sie bereits in Agonie, als der Arzt kam, der in einem entlegenen Flügel des Schlosses wohnte und einige Minuten mehr benötigte, war sie tot. Ihre Letzte Stunde dauerte keine 30 Minuten. Das Gesicht schaute ganz friedlich aus, war nicht verzerrt, nicht sonstwie entstellt.

Den Hofbeamten war nie etwas aufgefallen, was auf eine Erkrankung Maria Josephas schließen ließ. Es kam allerdings vor, daß sie mitunter plötzlich in Gesellschaft einschlief, doch das hatte man allenfalls mit leichtem Spott bedacht. Fragen nach dem Befinden konnte sie ohnehin nicht ausstehen, und nie hätte sie dann, wie gerade in höfischen Kreisen üblich, ein Klagelied über »grausames Kopfweh« oder »entsetzliche Magenschmerzen« angestimmt. Sie sonnte sich gern in dem Ruf, eine robuste Frau zu sein. Ihre Gesundheit schrieb sie wesentlich dem Jägerleben zugute, dem sie leidenschaftlich frönte. Ihre Krankheitsgeschichte ist tatsächlich knapp ausgefallen, beschränkte sich auf eine allerdings schwere Vereiterung des Zahnkiefers, an der sie monatelang laboriert hatte, aber das lag derweil Jahre zurück.

Die Ärzte gaben als Todesursache Schlagfluß an – Hirnschlag. Sie wollten die Leiche sezieren, um die genaue Todesursache festzustellen, doch das wurde ihnen verwehrt: Das habe die Verstorbene testamentarisch ausdrücklich untersagt. Diesen Passus ihres Letzten Willens konnte man respektieren, auch einen anderen, den nach einer nur schlichten Trauerfeier.

Die Leiche wurde in der Hauskapelle aufgebahrt. Hofbeamte hielten die Ehrenwache, und sie trugen auch den Sarg am Abend des 19. November 1757 hinüber in die Hofkirche, wo er seinen Platz in der Gruft der katholischen Wettiner fand, provisorisch, wie es hieß. Nach dem Krieg sollte er nach Krakau überführt werden, wie Maria Josepha es sich ausbedungen hatte. Als Königin von Polen wollte sie in Polen beerdigt werden, in der Krakauer Königsgruft. Dazu sollte es nie kommen. Erst sechs Jahre nach ihrem Tode kehrte Friedrich August II. nach Dresden zurück; kurz darauf starb er, und beigesetzt wurde er an der Seite Maria Josephas in der Dresdner Hofkirche. Mit ihm sollte die Krone Polens für Sachsen verloren sein.

Amalie, die Lustspieldichterin

Pseudonym Amalie Heiter
Musisches Elternhaus
Schülerin Carl Maria von Webers
Liebling der Sprechbühne
Dramatischer Sturz
Leiser Abgang

PSEUDONYM AMALIE HEITER. Einem Kometen gleich erschien Amalie 1834 überraschend am Theaterhimmel, und noch jahrelang zählte sie zu den erfolgreichsten deutschen Bühnenschriftstellern. 21 Stücke von ihr kamen zur Aufführung – das Dresdner Hoftheater inszenierte 19, die Berliner Bühnen 20, die Münchner 14, die Wiener elf usw.; selbst das kleinste Theater hatte in jeder Spielzeit zumindest eines ihrer Werke im Repertoire. Einige ihrer Stücke wurden auch in England, Frankreich, Italien, Ungarn und Polen gezeigt.

In den 20er und 30er Jahren des vorigen Jahrhunderts befand sich das deutsche Theater in einer Krise. Ludwig Tieck klagte, »daß wir mit der dramatischen Kunst ... im Keller angelangt sind«, und Heinrich Heine drückte sich ähnlich, nur eine Spur optimistischer aus: Jetzt könne es »nur noch aufwärts gehen«. Die Theater suchten neue, unterhaltsame Stücke; sie konnten schließlich nicht jeden Abend Goethe oder Shakespeare spielen. Die Zeit Kotzebues, dieses zwiespältig schillernden Bühnenschriftstellers, war passé, ebenso die Ifflands. In Ermangelung guter Texte griffen die Regisseure auf spanische, englische und französische Lustspiele zurück; letztere erfreuten sich vor allem nach der Julirevolution der Gunst des

Maria Amalia, Prinzessin von Sachsen (1794-1870)

Publikums und brachten die Kassen zum Klingen. Doch der Geschmack der Zuschauer änderte sich. Durch die Überfremdung ermüdet, fragten sie, wo das deutsche Lustspiel bleibe. Ein Rezensent schrieb, er vermisse im Theater »das deutsche Gemüt«. Es wirkte gleich einem Stichwort, das aber jeder auf persönliche Art interpretierte.

In Berlin gelangte 1834 »Lüge und Wahrheit« von Amalie Heiter zur Uraufführung, ein Stück, das eigentlich biedere Hausmannskost bot, ein Familienlustspiel, einfach im Aufbau und schlicht in der Sprache, das Publikum nicht mit tiefschürfenden philosophischen Weisheiten, sondern in gewinnend freundlicher Form mit unkompliziertem Alltagsgeschehen konfrontierend, jedoch ein Zipfelchen jenes vermißten deutschen Gemütes zeigend. Der Kritiker der einflußreichen »Spenerschen Zeitung« berichtete sichtlich erfreut über das mit viel Beifall bedachte Stück, daß er ihm »das Originale nicht bestreiten« könne, »denn in seinem Gedächtnis ist eine Komödie ganz ähnlichen Inhalts nicht anzufinden«.[1] Nach Heinrich Laube, der damals in Leipzig die »Zeitung für die elegante Welt« redigierte, schickte sich da jemand an, »das Theater noch einmal von Iffland aus zu erobern«. Amalie Heiter folgte zwar eigenen Motiven, aber der moralisierende Iffland mit seinem Hang zu theatralischen Effekten stand ihr stets näher als der auf poetische Lösungen bedachte Kotzebue.

Autorin von »Lüge und Wahrheit« war Amalie Prinzessin von Sachsen.

Da sie eine heitere Darstellungsweise suchte, wählte sie als Pseudonym Amalie Heiter. Wie ihr berühmterer Bruder, der Dichter-König Johann, veröffentlichte sie unter einem Decknamen. Am 8. Januar 1826 wurde sie Zeugin eines Dresdner Theaterskandals. Ludwig Tieck hatte Calderóns »Dame Kobold« nach mißglückter Premiere zum zweiten Mal auf die Bühne gebracht; es gab tosenden Beifall – für den Abbruch der ausgepfiffenen Vorstellung, was Amalie, die von ihrer Loge aus das Fiasko verfolgte, nachdenklich stimmte. Mit Rücksicht aufs Haus Wettin würde sie unter ihrem Namen kein Stück auf die Bühne bringen können, und sie wollte es auch nicht, um den Eindruck zu vermeiden, sie verdanke einen Erfolg Geburtsprivilegien. Als »Lüge und Wahrheit« in Berlin zur Uraufführung gelangte, wußte das Publikum nur von einem Erstlingswerk, sonst nichts.

Die Einnahmen aus ihrer literarischen Tätigkeit stellte Amalie karitativen Zwecken zur Verfügung: Unterstützt von dem Dresdner Schriftsteller Theodor Hell (Pseudonym des Hofrats Theodor Winkler) brachte sie ihre aufgeführten Stücke in einer siebenbändigen Ausgabe der »Originalbeiträge zur deutschen Schaubühne« (1836–44) heraus – »Zum Besten des Frauenvereins zu Dresden«, lautete die Unterzeile. Die Veröffentlichung erfolgte anonym. Erst Band 6 verriet auf dem Umschlag in Klammern den Namen der Autorin, offenbar ein werbetechnischer Trick des Verlages. Von nun an stand Amalie in dem Ruf einer mildtätigen Spenderin. Auf den konkreten Einsatz der Gelder blieb sie ohne Einfluß. Da sie sich anfangs dem Frauenverein nicht als Sponsorin zu erkennen gegeben hatte, mußte sie auch dessen Entscheidungen akzeptieren, und dabei beließ sie es. 1866 spendete sie zwar fürs Dresdner Bürgerhospital mit Eintragung im Stadtbuch 1000 Taler[2], aber sie brachte ihren Namen nicht mit einer Stiftung in Verbindung.

Kurz nach ihrem Tode erschienen 1873/74 ihre »Dramatischen Werke« sechsbändig mit einer Lebensskizze.[3] Ernst Wichert hatte, wie mancher andere wohl auch, seine Schwierigkeiten, den Sinn dieses Aufwandes zu begreifen. Eine Einzelausgabe hätte nach seiner Meinung der verstorbenen Autorin genügend Reverenz erwiesen. Für ihn war eine Werkausgabe nur gerechtfertigt, wenn der Inhalt »des Aufbewahrens wert sei«.[4] Schon damals war keines der Stücke Amaliens mehr aufführbar, auch nicht ins historische Kostüm gezwängt. Die bereits in den »Originalbeiträgen« veröffentlichten 21 Stücke wurden übernommen und lediglich um drei Jugendstücke in Versen und ein Prosalustspiel ergänzt, obwohl sich im Nachlaß 34 Stücke befanden. Da dieser so gut wie unberücksichtigt blieb, war die Ausgabe tatsächlich im Grunde überflüssig. König Johann hatte auf ihr bestanden. Der Bearbeiter, Robert Waldmüller (Eduard Duboc), teilte wohl Wicherts Auffassung. In der Veröffentlichung nie gespielter Stücke einer derweil vergessenen Dichterin sah er keinen Sinn, auch nicht im Nachdruck ihrer Arbeiten. Es war eben eine Publikation »in höchstem Auftrag«.

So umfangreich auch ihr gedruckter und ungedruckter Nachlaß ist, über die Bühnenschriftstellerin legt er wenig Persönliches dar. Die Tagebücher, eine stattliche Reihe, wecken falsche Erwartungen, so es die private Sphäre angeht. Eintragungen beziehen sich auf Reiseeindrücke – Amalie hat 472 europäische Städte besucht –, besonders aber auf Theatererlebnisse, etwa den ersten Besuch einer öffentlichen Vorstellung als 15jährige oder Schreibversuche. Ein aufschlußreicher Briefwechsel dagegen fehlt, obwohl Amalie nach eigenen Angaben im Verlaufe ihres Lebens mit 400 deutschen und ausländischen Persönlichkeiten in Verbindung stand. Dem Biographen bleibt so ihr Innenleben verschlossen, was wohl auch in ihrer Absicht lag.

Musisches Elternhaus. Geboren wurde Amalie am 10. August 1794 in Dresden als ältestes Kind des Prinzen Maximilian, der sich eigentlich nur einmal ins Gespräch brachte: Als nach dem Erbfolgegesetz die Übernahme des Throns an ihm war, verzichtete er zugunsten seines Sohnes Friedrich August (II.). Sein Bruder König Friedrich August I. hatte ihn beflissentlich aus den Amtsgeschäften herausgehalten, was er zur Verwunderung seiner Freunde gelassen hinnahm. Er verstand die Zurücksetzung nie als verletzende Benachteiligung, sondern als willkommene Schaffung von Freiräumen. Seine Liebe galt der Wissenschaft und den schönen Künsten. Er beherrschte fünf Sprachen, konnte es als Historiker und Naturwissenschaftler mit manchem Fachgelehrten aufnehmen, dichtete und komponierte, scharte einen Kreis kreativ tätiger Künstler um sich, zu dem auch der Dichter Christoph August Tiedge gehörte, der vor allem das harmonische Familienleben im Hause des Prinzen bewunderte und in die »Wanderung der Freude« den »frischen Blumenring« besang, »an dem ein Kranz von schönen Kindern hing«. Es waren ihrer sieben: Amalie hatte drei Brüder und drei Schwestern.

Sie war zehn Jahre alt, als ihre Mutter drei Monate nach der Geburt der jüngsten Schwester starb. Vater Maximilian ging erst 1825 eine zweite Ehe ein, mit einer Frau, die acht Jahre jünger als Amalie war. Sein Bruder Anton und dessen Frau Marie Therese hatten ihre vier Kinder früh verloren; sie nahmen Amalie an Kindes Statt zu sich, was infolge der engen Bindung der königlichen Familie keine Trennung vom Vater bedeutete.

Im Hause Antons wuchs Amalie zu einer Verehrerin Napoleons heran, der Sachsen 1806 in den Rang eines Königreichs erhob. Vater Maximilian kommentierte zwar die Ernennung seines Bruders Friedrich August zum König durch Napoleon mit Worten, die sie befremdeten, deren Inhalt sie jedoch nie voll erfaßte und auch nicht erfassen wollte. Neugierig stand sie wie andere auch beim Einzug Napoleons am Fenster. Als Napoleon im Mai 1812 erneut nach Dresden kam, diesmal begleitet von seiner Frau Marie Luise, nahm er Quartier im Palais des Prinzen Anton, und die 18jährige Amalie war zutiefst beeindruckt vom Kaiserpaar. Wenig später hatte sie Gelegenheit, ihre Großtante Elisabeth zu bewundern, die nach Napoleons Niederlage in Rußland nicht aus Dresden wich, obwohl die ganze Familie für fast fünf Monate nach Prag floh. Eine alte Frau hielt die Fahne des Hauses Wettin in der Residenz aufrecht! Die andere Version, die Familie hätte eine 77jährige im Stich gelassen, wollte Amalie nie akzeptieren; eine solche Handlung wäre für sie mit der Ehre des Hauses unvereinbar gewesen. Nach Napoleons neuerlichem Einzug in Dresden fand sich auch die königliche Familie wieder in der Residenz ein. Napoleon wohnte diesmal im Marcoloni-Palais, wo er am 10. August 1813 sein Wiegenfest feierte. Amalie geriet unversehens ins Blickfeld; sie hatte am selben Tag Geburtstag. Während Sachsens König Friedrich August I. dem Korsen nach Leipzig und in die Katastrophe der Völkerschlacht folgte, wich Anton mit den Seinen erneut nach Prag aus; erst am 7. Juni 1815 fand sich der Hof wieder in Dresden ein und führte das alte Leben fort. Amalie, lebenslang mit der Napoleon-Zeit verknüpft, schaute mehr noch als ihre Geschwister rückwärts, beeinflußt durch ihren Onkel Anton, der unter dem Motto lebte: »Bloß nichts verändern!« Damit war der zeitlich begrenzte Erfolg ihres schriftstellerischen Wirkens vorausschaubar.

Zur Frau herangereift, wartete sie vergeblich auf Eheglück. Sie mußte sich begnügen, die Brautschleppen ihrer Schwestern zu tragen: Karoline heiratete 1817 den Erzherzog von Toscana, Josepha 1819 den König von Spanien, Marie 1821 ebenfalls einen Toscaner. Für Amalie interessierte sich ernsthaft kein Heiratswilliger. Die Familie dachte an eine Verbindung mit dem Kronprinzen Ferdinand von Österreich, doch diese Pläne zerstoben gleich Seifenblasen. Amalie, zierlich, nicht unansehnlich, aber unauffällig, ordnete das Desinteresse der Männerwelt ihrer unangenehm rauhen Stimme zu. Wie auch immer: Sie blieb unverehelicht. Im geheimen schien sie jedoch gekränkt zu sein, auch wenn sie sich selbst zum Trost in ihrem Stück »Die Siegelringe« meinte: »Es gibt ja auch anderes Glück im Leben, als nur das der Liebe.« Ohne eigene Liebeserfahrungen sollte sie mit der Darstellung der Geschlechterbeziehungen auf der Bühne ihre Probleme haben. Der ihr selbst versagte Reiz weiblicher Schönheit schien ihr entbehrlich; bei ihr zählten geistige und moralische Vorzüge. In Weimar witzelte man 1825 Eckermann zufolge in Goethes Haus am Frauenplan, geistiger Geschlechtstrieb sei halt letztlich der Ursprung von Frauendichtung. Davon wußte Amalie nichts. Goethe stand ihr fern, war ihr wesensfremd. Frei von familiären und höfischen Verpflichtungen, konnte sie sich intensiver kreativer künstlerischer Betätigung widmen. Dabei hielt sie es mit Schiller: Gegen 3 Uhr in der Frühe begann ihr Arbeitstag. Am Schreibtisch und im Theater verlor sie das Gefühl, am Hofe vielleicht als überzählig zu gelten. Von der Natur mit überdurchschnittlicher Intelligenz bedacht, suchte sie so Erfüllung im Schreiben und – Komponieren.

SCHÜLERIN CARL MARIA VON WEBERS. Die sich nach 1813 im Lande ausbreitende Erstarrung hatte etwas Beklemmendes. Unter Anspielung auf den mächtigen Minister Graf Einsiedel – von 1813 bis 1830 im Amt – verspottete man Sachsen gern als »Einsiedelei«, nicht grundlos, der Hof selbst trug manches zu diesem Vorwurf bei.

Falls keine höfischen Verpflichtungen vorlagen, traf sich täglich Punkt 18 Uhr die große königliche Familie, um gemeinsam zu musizieren oder ein kleines Theaterstück aufzuführen, vorrangig das eines Mitgliedes des Hauses. Hin und wieder übernahmen zwar Berufsschauspieler Aufgaben, aber in der Regel verteilte man die Rollen untereinander. Texter, Komponisten, Sänger, Tänzer, Mimen, Parsen, Dramaturgen, Regisseure kamen aus den eigenen Reihen – ebenso die Zuschauer! Die private Sphäre sollte möglichst keine Beeinträchtigung durch Dritte erfahren. Musisch begabt waren alle Familienmitglieder. Vater Maximilian sang, komponierte und dichtete, seine Schwester Maria Anna spielte Klavier, Friedrich August I. sang, Anton sang und komponierte – er hinterließ 50 Bände Kompositionen –, Johann übersetzte und dichtete... Die künstlerische Veranlagung der Familie ging wohl auf Großmutter Maria Antonia (gest. 1780) zurück, eine der geistreichsten Frauen des 18. Jahrhunderts, Schöpferin der Opern »Il Trionfo« und »Talestri«, als Ermelinda Talèa Mitglied der arkadischen Akademie in Rom, aller Stolz und Vorbild.

Musikunterricht erhielt Amalie schon als Kind. Ihr Lehrer war Joseph Schuster, Kapellmeister am Dresdner Hoftheater. Er unterrichtete sie in Klavierspiel und Gesang, machte sie mit der Musikgeschichte vertraut. Während der Prager Zeit war der Komponist Woytissek ihr Lehrer. Wieder in Dresden, nahm sie Musikunterricht bei dem Kirchenkomponisten Franz Anton Schubert, dem Vater Franz Schuberts. Eine Zeitlang hat auch Ludwig Geyer, Richard Wagners Stiefvater, ihre musikalischen und dramaturgischen Übungen gelenkt; an den Hof kam er eigentlich, um sie zu porträtieren.

Mit 17 Jahren schrieb Amalie 1812 die Noten zur Oper Vater Maximilians »Una Donna«. Versuche, sie auch für eine andere Kunst, etwa die bildende, zu interessieren, scheiterten; ihr hatte es die Musik angetan. Zwar textete sie gelegentlich auch, aber vorwiegend komponierte sie, kleine, nicht für die Öffentlichkeit bestimmte Werke. Im April 1824 führte die Hofbühne im erweiterten Kreis Amaliens Komposition »Stabat mater« auf. Unter den Gästen befand sich Carl Maria von Weber, noch aus der Prager Zeit her allen bekannt und nunmehr mit dem Amt des Musikdirektors an der 1816 gegründeten Deutschen Oper in Dresden betraut, die Seele des musikalischen Lebens in der Residenz. Er kam auch zur Aufführung von zwei anderen Stücken, »Elviara« und »Elisa ed Ernesto«. Die musikbeflissene Prinzessin interessierte ihn, mit einer so reifen Leistung hatte er nicht gerechnet. Er war angetan von dem Gehörten und lobte Amalie ob ihres »schönen Talents und bewunderungswürdigen Fleißes«[5], keineswegs ein flüchtig hingeworfenes Kompliment. Er hielt sie für eine vielversprechende Komponistin, und sein Urteil galt viel. Auch nahm er aktiv Anteil an dem einer interessanten Aufführung folgenden Meinungsaustauch – und hatte am Ende eine Schülerin mehr. Im Sommer 1824 erteilte er Amalie in der Villa Hosterwitz acht Lektionen in Kompositionslehre und – nach Unterbrechung wegen eines Kuraufenthalts – im Jahr darauf noch einmal sechs Lektionen. »Er rechnete die bei der liebenswürdigen und hochbegabten Dame verbrachten Stunden unter die angenehmsten und geistig angeregtesten jener Zeit«, wie sein Sohn äußerte.[6] Nach einer Auslandsreise wollte Weber den Unterricht eigentlich fortsetzen, doch dazu kam es nicht mehr; 1826 starb der Komponist 40jährig in London.

Amalie gewann durch Webers Anleitung technisch an Sicherheit und sah sich durch seinen Zuspruch ermutigt. Für die Romantik hatte sie der verehrte Meister jedoch nicht zu begeistern vermocht; sie hielt an der im Haus Wettin vertretenen italienischen Musikauffassung fest. Sie komponierte erstaunlich viel. Einige Arbeiten entstanden gemeinsam mit dem dichtenden Bruder Johann, der sich dem musikalischen Leben ansonsten gern entzog. 1827 schrieb sie die Musik zu seinem Melodrama »Vier Stufen des weiblichen Lebens«, dann wiederum in Gemeinschaft mit ihm aus Anlaß der Geburt ihres Neffen Albert die Lokalposse »Der Kanonenschuß«.

Das Œuvre der inzwischen 40jährigen Komponistin konnte sich sehen lassen: Kleine Gesangstücke nicht berücksichtigt, hatte sie zehn Opern geschaffen, aufgeführt nur in Pillnitz oder auf der Bühne des Prinzenpalais. König Anton duldete keine öffentliche Vorstellung, um Amalie und den Hof »nicht ins Gerede« zu bringen. Die eine oder andere Oper wäre möglicherweise recht freundlich aufgenommen worden. Das Herz der Musikliebhaber aber gehörte längst der romantischen Oper eines Carl Maria von Weber, der Maßstäbe setzte, denen die zwar talentierte, aber keineswegs geniale Amalie nicht gewachsen war, zumal sie eine Musikauffassung vertrat, deren Resonanz verklang. Gelegentlich zugelassene Gäste oder mitwirkende Theaterleute vermochten als einzige unbeschwert von verwandtschaftlicher Liierung mit der Komponistin Eindrükke gewinnen. Julius Rietz vom Hoftheater erlebte zwei ihrer Stükke, »Die Siegesfahne« und »Il Marchesino«; er urteilte äußerst positiv. Dies seien Opern, »in denen sich überall ein entschiedenes dramatisch-musikalisches Talent ausspricht. Beide komische Opern sind voll humoristischer Züge, überall zeigt sich die heiterste Laune und übermütige Munterkeit, welche sich bisweilen zur Ausgelassenheit steigert«.[7] Ähnliches sollte später ihre Lustspiele auszeichnen. Die Texte zu den Opern schrieb Amalie meist selbst – italienisch. Sie textete auch fremde Opern, so die Miltitz-Oper »Der Condottiere«. Gleich ihrer Großmutter Maria Antonia durfte sie sich der Doppelbegabung als Dichterkomponistin erfreuen. 1835 erschien ihre letzte Oper.

Liebling der Sprechbühne. Bereits 1817 hatte Amalie anonym »Die Abenteuer der Thorenburg« auf die Bühne gebracht, aber das Stück wurde frostig aufgenommen und erlebte keine zweite Vorstellung. Dies mußte nicht allzuviel bedeuten, hatten doch schon bedeutendere Autoren den Publikumsgeschmack nicht auf Anhieb zu treffen vermocht, doch Amalie war erschüttert. Da sie damals ihre Zukunft ohnehin noch in der Musik sah, nahm sie wieder Abschied von der Sprechbühne, noch bevor sie recht Besitz von ihr ergriffen. Fürs erste! Als Komponistin in der Krise, kehrte sie 17 Jahre später zum Theater zurück, mit »Lüge und Wahrheit«. Das so gut aufgenomme Stück gelangte allerdings später selten zur Aufführung, ein schwer erklärbares Phänomen alltäglicher Theaterpraxis: Ein populäres Stück, ein rares Stück – oder umgekehrt? Aber man interessierte sich für Amalie. Sie begann an eine Berufung zu glauben und schrieb sich die Finger wund. Es gab Jahre, in denen sie es auf vier Uraufführungen brachte, wobei das eine oder andere Manuskript allerdings schon längere Zeit im Schreibtisch geschlummert haben mochte.

Noch 1834 erlebte ein zweites Stück von ihr seine Uraufführung, »Die Braut aus der Residenz«. Dieser heitere Zweiakter eroberte sich vor allem das kleinstädtische und das Liebhaber-Theater. Kein anderes Stück von Amaliens Werken sollte sich so lange auf dem Spielplan behaupten wie dieses. Mit ihm war der Durchbruch gelungen. Weitere Erfolgsstücke wie »Der Oheim«, »Die Fürstenbraut« und »Vetter Heinrich« brachten die Bestätigung: Amalie traf die Stimmung des Theaterpublikums, das sich freute, ein überfremdetes und verbildetes Repertoire durch ein deutsches Lustspiel bereichert zu sehen, das keine großen Ansprüche stellte, aber zu unterhalten vermochte. Ihre Stücke lebten von Irrungen und Wirrungen, wobei sie frohen Mutes in die Trickkiste griff. Sie spießte Charakterschwächen auf in einer Weise, daß Wandelung und Einkehr am Ende überzeugten, das Publikum sich mit den handelnden Personen zu identifizieren vermochte. Bei Amalie kamen weder Mörder auf die Bühne noch Totschläger, keine Schufte, allenfalls mal unverbesserliche Klatschbasen. Robert Waldmüller vermerkte im Kommentar zu Amaliens »Dramatischen Werken«, sie habe mit Erfolg den »Versuch unternommen, ohne Moralpredigt und ohne Rührungsmittel, einzig durch das Zu-Worte-kommen-lassen richtiger Empfindungen einem an sich nicht bedeutenden Stoffe Kunstwirkungen reiner und veredelnder Art abzugewinnen«. Unverkennbar war dabei ihre Neigung zur Burleske.

Amalie hatte zwar nie eine Theaterausbildung erhalten, aber Erfahrungen auf der Bühne im Prinzenpalais gesammelt. Da sie sich wegen ihrer rauhen Stimme nicht zur Schauspielerin oder Sängerin eignete, war sie es zumeist, die Regie führte, und es gereichte ihr zum Vorteil, sich beim Schreiben eines Stückes dessen Umsetzung vorstellen zu können, wie zumindest die Schauspieler meinten. Ludwig Tieck, damals Dramaturg am Hoftheater, war weniger von ihren Regie-Erfahrungen angetan, die sie im »Glashaus« gesammelt hatte, ohne Anleitung, ohne den Schliff öffentlicher Kritik. Tieck gehörte allerdings zu jenen, die sich Amaliens Bühnenerfolge nie recht zu erklären vermochten; für den großen Shakespeare-Verehrer und -Übersetzer galten andere Maßstäbe. Er hatte übrigens schon den Wechsel nach Berlin vollzogen, als er seine kritischen Anmerkungen machte. Als vom Hof bezahlter Dramaturg sah er sich in den Beziehungen zu einer Repräsentantin eben dieses Hofes in einer Konfliktsituation.

Anna Löhn-Siegel vom Dresdner Hoftheater vermittelte gelegentlich Einblicke in ihr Tagebuch.[8] Sie schilderte aus ihren Erfahrungen heraus überzeugend, die Schauspieler hätten mit Vorliebe in den Stücken Amaliens Rollen übernommen, obwohl ein Charakterdarsteller kaum Gelegenheit zur Profilierung fand. Es ging den Mimen so wie dem Publikum: Die freundliche Atmosphäre der Lustspiele strahlte ein Fluidum aus, dem sich keiner entziehen konnte. Wohltuend besonders auf die sächsischen Schauspieler wirkte Amaliens Zurückhaltung; sie blieb Amalie Heiter, auch als ihre Identität längst bekannt war. Und sie zollte den Mimen höchsten Respekt. So notierte Anna Löhn-Siegel einen Ausspruch von ihr: »Wir Lustspieldichter sind eigentlich nur die halben Schöpfer unserer Werke. Die Schöpferkraft des Darstellers muß hinzukommen, um ihnen nicht nur Leben, sondern auch Bedeutung zu verleihen. Ich bin nun noch mehr als vielleicht mancher andere Lustspieldichter der vorzüglichen Leistung Emil Devrients zu Dank verpflichtet, der die Hauptrolle meiner Stücke so herrlich verlebendigte, daß andere Bühnen zu meinen Werken ein Vertrauen gewannen, das sie ohne dieses Künstlers Mitwirkung kaum gehabt hätten.« Ihre ersten Erfolge feierte sie allerdings in Berlin, ohne Zutun Devrients, aber daß ihre Werke auszustrahlen vermochten, hatte sie in der Tat wesentlich ihm zu danken. Der beliebte Emil Devrient in einem Stück der Amalie Heiter, das ließ aufhorchen, mobilisierte die Rezensenten, und die Theaterleiter lasen die Kritiken. Das Dresdner Hoftheater war eigentlich dafür bekannt, daß es zeitgenössische Stücke nicht sehr freundlich behandelte. Emil Devrient beeinflußte als der herausragende Schauspieler seiner Zeit das Repertoire. Sein Ja oder Nein konnte schon mal den Ausschlag geben. Daß sie in ihm einen Verbündeten gefunden hatte, wußte Amalie zu schätzen. Als sie ihn gelegentlich einer Aufführung Dank sagte, entgegnete er, wie Anna Löhn-Siegel sich erinnerte: »Es ist ein edler Kern in diesem Material, kgl. Hoheit, und er schält sich leicht heraus. Darin besteht mein Verdienst.« Amalie beschwichtigte: »Aber Sie wissen, aus einem braven nutzbaren Stein Marmor zu machen.« Zu den populärsten weiblichen Darstellern zählte seinerzeit Caroline Bauer. Sie war meist Emil Devrients Partnerin, und Amalie verdankte diesem Schauspielerpaar zumindest in Dresden gewiß viel.

Dramatischer Sturz. Die Dramatikerin Amalie Heiter erlebte einen dramatischen Karrieresturz: Eben die »50« überschritten, befand sie sich in einem Alter, in dem viele Bühnenschriftsteller erst ihre reifste Schaffensperiode erreichen, als sie, die einem Kometen gleich am Theaterhimmel erschienen war, einem Kometen gleich wieder verschwand. 1845 wurde ihr »Brief aus der Schweiz« uraufgeführt. Damit war abrupt das Ende eingeläutet. Neues sollte nicht mehr hinzukommen, und von den eingeführten Stücken wurde eines nach dem anderen abgesetzt, wenn auch von manchen Bühnen zögerlich. Nach der 48er Revolution stand Amaliens Name nur ausnahmsweise noch auf einem Theaterzettel, während andere Autoren von sich reden machten wie Gustav Freytag mit »Die Journalisten«, dem erfolgreichsten deutschen Lustspiel der zweiten Hälfte des vorigen Jahrhunderts.

Da Amaliens Dramatische Werke gedruckt vorliegen, in zwei verschiedenen Ausgaben sogar, scheint es wenig problematisch, die Ursachen ihres Rückschlags zu erkennen, doch infolge eines Wandels des Geschmackes sind die Schwierigkeiten in Wirklichkeit groß. Leicht hat es jener, der nicht zu begreifen vermag, warum Amalie überhaupt erfolgreich war. Man amüsierte sich über heute unverständliche Anspielungen, erfreute sich an Wendungen, die wir vielleicht als Klamotte abtun. Der Beifall hat stets im Theater die Rolle des Schiedsrichters, oft auch die des Scharfrichters gespielt. Amaliens Stücke fanden jahrelang Anerkennung beim Publikum, überzeugender Beweis für ihren Unterhaltungswert. Man hatte sein Vergnügen an ihren unverderbten Stücken, doch der Beifall ließ nach. Überdrüssigkeit schien sich auszubreiten. Amaliens Erstlingswerke erweckten vielversprechende Hoffnungen, doch ihre ersten Arbeiten erwiesen sich als die besten. Ihr wollte keine spürbare Steigerung gelingen; an der künstlerischen Reife gemessen, hatte sie am Beginn bereits das Ende erreicht. Das Interesse an weiteren Werken ging zurück. Nach zwölf Jahren erwartete auch der getreueste Theaterbesucher keine sensationelle Schöpfung mehr von ihr.

Die »Vossische Zeitung« meinte, Amaliens Stücke seien miteinander verwandt, die Fabel nie neu.[9] Ersteres traf die Wahrheit, letzteres war viel zu pauschal gehalten, um aufkommendes Desinteresse erklären zu können. Wenn es um den Neuigkeitswert der Fabel geht, dürfte kein Autor sich mehr mit einer Dreiecksgeschichte befassen, ein Thema, das die Literatur seit Jahrtausenden vergnüglich und mit nie versiegendem Erfolg abhandelt. Amalie hat viele Anregungen erhalten, durch Schiller, Lessing, die Märchen aus »Tausendundeiner Nacht«... Dank ihrer Sprachkenntnisse vermochte sie die Weltliteratur im Original zu lesen, und sie reiste viel, erlebte in Neapel eine Goldoni-, in Madrid eine Calderón-Aufführung. Sie sprudelte über vor Phantasie, ihre Stärke, und sie wußte aus bekannten Fabeln durch eigene Interpretation Neues zu formen. In »Der Oheim« standen ein Berliner Arzt und eine immerkranke Patientin im Mittelpunkt der Handlung. Es kam zu enthusiastischen Beifallsbekundungen, gar zur Veröffentlichung einer Lobschrift durch einen Mediziner: Der Berufsstand des Arztes sei durch Molières »Der eingebildete Kranke«, einer beißenden Satire auf die Ärzte, verunglimpft, nun rücke »Der Oheim« alles wieder zurecht. Zwar war die Fabel tatsächlich nicht neu, aber ihre Interpretation eine durchaus gelungene.

Amaliens individuelles Vermögen erwies sich durch ihre Umgebung als begrenzt. Als junge Frau klagte sie einmal, sie sei als Gefangene des Hofzeremoniells aufgewachsen, habe als Kind nicht mal den Fuß auf die Augustusbrücke setzen dürfen. Daran änderte sich später wenig. Selbst auf dem Weg zur Hofkirche war die Straße tabu; der Hof benutzte eine eigens errichtete Brücke zwischen Schloß und Kirche. Von früh bis spät sah sie sich von Personal umgeben. »Wer so viel Bedienung hat und so viel Dienste annehmen muß, wie wir auf den Höhen der Gesellschaft, verliert ein gut Teil Selbständigkeit«, erkannte sie gereift. »Wir sind freilich in dem Gefühl erzogen, daß es unstatthaft sei, diese oder jene Handlung selbst auszuführen. Aber ich habe Augenblicke gehabt, wo ich mich sehnte, dies oder jenes selbst thun zu dürfen, und wo ich hätte mögen verdrießlich werden, weil die Dienerschaft gar zu beflissen war, mich daran zu hindern.«[10] Im Sommer lebte sie in der Regel einige Wochen in Pillnitz. Und sie verreiste oft, besuchte zehnmal Italien, wo zwei ihrer Schwestern mit ihren Familien lebten. Da sie unverheiratet blieb, lernte sie nicht mal den Alltag in einer anderen Residenz kennen. Ludwig Tieck hatte im Grunde recht: Sie lebte im »Glashaus«, privilegiert, ohne Kenntnis vom Leben und Treiben außerhalb des Schlosses. Neue Stücke las sie zuerst ihrer Kammerfrau vor, um die Resonanz zu erkunden. Dafür war eine abhängige Bedienstete völlig ungeeignet; die Kammerfrau fand alles wunderbar. Immerhin gewann Amalie einen Eindruck, wie das zu Papier Gebrachte gesprochen wirke. Vor »Publikum« machte ihr der Vortrag mehr Spaß.

Christian Ponader, der in seiner Dissertation über »Prinzessin Amalie von Sachsen« allen nur denkbaren Gründen für Erfolg und Mißerfolg der Autorin nachgegangen ist, meinte, sie nahm halt »überall in ihrer Dichtung Rücksicht auf ihren Stand«.[11] Politische oder soziale Konflikte brachte sie nicht auf die Bühne. Im ihr am wenigsten vertrauten bürgerlichen Milieu spielten nur vier ihrer Werke, in begüterten Kreisen, mit Fabrikbesitzern und Großkaufleuten als Hauptakteuren, bar des »Konfliktes zwischen Vorder- und Hinterhaus« wie von Louis-Sébastien Mercier in »Tableau de Paris« prononciert dargestellt. Sie kannte dessen Dramen und Romane – sie fanden sich komplett in ihrem Nachlaß – , aber das

»Hinterhaus« blieb ihr nicht nur fremd, es ängstigte sie der Gedanke, Merciers Prophezeihung vom Aufstand des »Hinterhauses« könne in Erfüllung gehen. In drei ihrer Stücke begegneten sich Bürger und Adel. Dabei traten nie gesellschaftliche Spannungen zutage: Der Bürger kritisierte nicht den Adel, der Adel kehrte keinen Standesdünkel heraus.[12] Konflikte wie Friedrich Schiller sie in »Kabale und Liebe« dargestellt, wagte sie nicht auf die Bühne zu bringen. Drei ihrer Werke spielten in Palästen der Fürsten. Sie bewunderte Lessings »Minna von Barnhelm« als hervorragendes Lustspiel, aber dessen Kritik am feudalen Absolutismus, am König gar, vermochte sie nicht zu folgen. Sie verherrlichte jedoch den Despotismus nicht; ihre »Fürsten« waren josephinisch aufgeklärt (Ponader). Reichlich die Hälfte ihrer Stücke –13 – spielten in Kreisen des niederen Adels, den sie so wenig kannte wie das Bürgertum. Eines zumindest fiel auf: Zu der seinerzeit gern propagierten Standesehre fand sie kein rechtes Verhältnis. Duelle nutzte sie als Bühneneffekt; sie wurden bei ihr zur Posse. Blut floß nur einmal und auch dann nur so, daß der Blessierte »den nächsten Ball nicht zu versäumen brauchte«. Konfessionellen Tendenzen wich sie aus; sie vertrat schließlich eine Dynastie, die nicht den Glauben der Bevölkerung teilte, und daher mied sie religiöse Themen.

Ihre dichterischen Aufgaben nahm sie gewiß ernst, nur vermochte sie nie, die »Prinzessin« zu überwinden. Je näher die 48er Revolution rückte, desto mehr verloren ihre Arbeiten an Wirkung. Sie galt jetzt nicht nur als konservativ, sondern als »Überbleibsel« längst vergangener Tage.

In den Jahren ihrer Bühnenschriftstellerei war sie Zeitzeugin der beginnenden Industrialisierung, der Revolution von 1830, von Sachsens Übergang zum Verfassungsstaat 1831, des Baus der ersten deutschen Überlandeisenbahn 1839, des Weberaufstandes in Schlesien 1844... Sie reagierte auf keine soziale Bewegung, auf keinen geistigen oder wirtschaftlichen Fortschritt. Ihre Bühnenwerke waren, obwohl scheinbar zeitlos, nach Diktion und gesellschaftlicher Anschauung in der Napoleon-Ära angesiedelt und die von ihr auf die Bühne gebrachten Personen verloren zunehmend an Glaubwürdigkeit. Ihre Helden waren aufgeklärte Fürsten; Sachsens König aber entließ 1843 den liberalen Minister von Lindenau und ersetzte ihn durch den beim Bürgertum verhaßten von Könneritz. – Der Bürger sparte sich das Geld für einen Theaterbesuch! Vergleichbar wirkte sich der technische Fortschritt aus. Amalie sah nur die Postkutsche und Stadt und Land infolge schwieriger Verkehrsbedingungen getrennt. Inzwischen gab es aber die Eisenbahn! Sie lebte in Furcht, Neuerungen könnten ihrem Stand abträglich sein. Jedes Eingehen auf Veränderungen war in ihren Augen eine Art Verrat; sie konnte nicht über ihren Schatten springen. Das Theaterpublikum hatte im Vorfeld einer großen Revolution dafür ein besonders feines Gespür.

Mochte Amalie auch ins Abseits der Theatergeschichte geraten sein: Ihre Stücke erreichten das Publikum zwölf Jahre lang und erfüllten damit den Hauptzweck dramatischer Dichtung. Zwölf Jahre erfolgreich! Welcher deutsche Lustspieldichter konnte (und kann) sich dessen rühmen? Aus der Kritik am Theater der 30er und 40er Jahre des vorigen Jahrhunderts wurde Amalie herausgehalten – von Heine, Laube, Hebbel. Man schätzte sie als eine der geistvollsten dramatischen Schriftstellerinnen, respektierte achtungsvoll, daß sie sich gegen die männliche Konkurrenz behauptete und unter den deutschen Lustspieldichtern jahrelang eine (oder gar die) führende Stellung einzunehmen vermochte.

Leiser Abgang. »Und sollte niemand deines Namens achten, bleibe heiter!« meinte Hermann Fr. Römpler in dem Gedicht »Prinzessin Amalie« ermunternd.[13] Vom Heitersein war bei Amalie wenig zu spüren. Sie lebte zurückgezogen im Prinzenpalais am Taschenberg, komponierte gelegentlich noch ein Musikstück, arbeitete auch an einem kleinen Prosalustspiel, aufgeführt unter dem Titel »Die Täuschungen« zur Goldenen Hochzeit ihres Bruders Johann 1872, doch da lebte sie schon nicht mehr. Seit die Bühnen nichts mehr von ihr aufführten, verbrachte sie den Tag zumeist in ihrer Bibliothek, lesend oder übersetzend. Dann schienen selbst Bücher für sie an Attraktivität zu verlieren. Mitunter kamen ihre kleinen Neffen und Nichten zur »Märchenstunde«, und Amalie erzählte zur Freude der Kinder erfundene Geschichten; keine ist überliefert. Bruder Johann wunderte sich, warum eine Schriftstellerin nicht wenigstens die schönsten Erzählungen zu Papier bringe. Selbst er, der ihr von allen Verwandten immer am nächsten stand, bemerkte erst spät, daß ihr Augenlicht rapide nachließ. Von einer längeren Italien-Reise kam sie 1851 erblindet zurück. Sie war bereits ohne Hoffnung auf Genesung, als sie den Rat erhielt, sich an den Leipziger Augenarzt Professor Coccius zu wenden. Sie reiste nach Leipzig, doch Coccius zögerte, hielt die Heilung für unwahrscheinlich. Schließlich ließ er sich 1855 zu einer Operation überreden. Zwar blieb ein spektakulärer Erfolg aus, aber zumindest auf einem Auge gewann Amalie etwas Sehkraft zurück.

Zum Schutz der Augen trug sie eine blau-grüne Brille, was ihrem Äußeren wenig dienlich war. Nicht eben vorteilhaft auf ihre Erscheinung wirkte sich ihr Häubchen aus, ohne das sie kaum mehr gesehen ward. Klein war sie und hager. Ins Theater, das sie in früheren Jahren fast täglich besuchte, ging sie nur noch ab und an. Sie betrat ihre Loge spät und verließ sie früh. Ansonsten bekam kaum jemand sie in ihren letzten Lebensjahren außerhalb des Schlosses zu Gesicht. Einen Freundeskreis hatte sie anders als Vater Maximilian oder Bruder Johann nie um sich zu scharen vermocht.

74jährig erlag Amalie am 22. September 1870 in Pillnitz einem Lungenkatarrh. Ihr Leiche wurde im Dresdner Residenzschloß aufgebahrt und in der Gruft der Hofkirche beigesetzt. Obwohl sie sich seit fast zwei Jahrzehnten kaum mehr in Erinnerung gebracht hatte, war sie keineswegs vergessen. Da die Überführung auf 19 Uhr angesetzt war, begann das Theater mit Verspätung; die von der Trauerfeier kommenden Schauspieler waren beim Umkleiden in Zeitnot geraten. Eigentlich sollte die Vorstellung ausfallen; die schon ausgesprochene Absage wurde jedoch widerrufen. Man verzichtete doch nicht am Tage der Beerdigung einer Bühnenschriftstellerin auf einen Theaterabend! Das Publikum erschien übrigens auch verspätet: Es hatte nahezu geschlossen an der Trauerfeier für Amalie teilgenommen.

Carola, Sachsens letzte Königin

ZU LEBZEITEN SCHON LEGENDE. Ihre letzten Lebensjahre verbrachte Carola in Dresden-Strehlen, wo ihr eine Villa gehörte. Seit König Alberts Tod trug sie Trauerkleidung, und kein noch so bedeutsamer Anlaß konnte sie zu einer Ausnahme bewegen; sie hatte mit Albert 49 Jahre und einen Tag eine harmonische Ehe geführt und überlebte ihren Gatten um fünf Jahre. Ihre Räumlichkeiten im Residenzschloß zu Dresden hätte sie als Witwe weiter bewohnen können, dies gestand ihr der neue König, ihr Schwager Georg, zu, doch sie zog sich mit ihrem kleinen Hofstaat in ihre Villa zurück, zu ihren Äpfelbäumen, Salatköpfen und Hühnern. Ihre Strehlener Nachbarn hatten sich längst an die merkwürdige Lebensart der Königin gewöhnt.

»In omnibus caritas!« hieß der Wahlspruch, nach dem sie gelebt hatte. Ihre wohltätigen Werke wußte sie in guten Händen und finanziell abgesichert. Immer in Sorge, sie könne ein Legat vergessen oder falsch bemessen haben, benötigte sie Monate für die Abfassung ihres Testaments; im Hauptteil umfaßte es zehn, einschließlich der Anlagen 140 Seiten. Erst als der Notar es in Verwahrung genommen hatte, fand sie innerlich wieder Ruhe.

Carola, Königin von Sachsen (1833-1907)

Zwei Monate vor ihrem Tod fuhr sie für einige Tage nach Sibyllenort nahe Breslau und anschließend nach Karlsruhe, doch sie fand keine rechte Freude mehr am Reisen. Früher hatte sie die ihr vom Ministerium des königlichen Hauses zugewiesene Begleitung pflichtbewußt ertragen, jedoch als entbehrlich betrachtet. Jetzt wollte es ohne Weggefährten nicht mehr gehen. Das Augenlicht hatte ihr zeitlebens Sorgen bereitet, und mit zunehmendem Alter verschlechterte sich das Sehvermögen so, daß sie mit einer Erblindung rechnen mußte, ein Gedanke, der sie mehr schreckte als der Tod.

Sie hatte mit dem Leben abgeschlossen.

Am 15. Dezember 1907 früh 3.37 Uhr starb Carola 74jährig in Strehlen.[1] Zwei Tage darauf wurde die Leiche überführt. Der Trauerzug, der sich gegen 21 Uhr formierte, brauchte eine Stunde bis zur Hofkirche. Die Glocken läuteten, und am Straßenrand stand trotz der winterlichen Temperaturen eine dichtgedrängte Menschenmenge. Der besten eine aus dem Haus Wettin war nicht mehr, so empfanden es Sachsens Bürger. Der offiziell verordneten Trauer hätte es nicht bedurft. Das Volk trauerte aufrichtig in tiefer Verbundenheit.

Carola ging als »Mutter der Armen« in die Geschichte Sachsens ein und war ähnlich wie Kurfürstin Anna (»Mutter Anna«) eine Ausnahmeerscheinung in der lange Reihe sächsischer Kurfürstinnen und Königinnen. Sie war der »Typus einer vergangenen Zeit, der in ihr lebend wandelte«, hieß es in einem Nachruf. Für ihren langjährigen geistlichen Beistand und Biographen Eberhard Klein erlosch mit ihr ein »Stern erster Größe am Himmel der Caritas«. Er ließ solcher Überschwenglichkeit eine sachliche Begründung folgen: »Jegliche Betätigung der christlichen Caritas interessierte sie. Armenhäuser, allgemeine Krankenhäuser, Lungenheilstätten, Krüppelheime, Volksküchen und andere Institute hat sie selbst ins Leben gerufen und bis ins kleinste an ihrer Verwaltung mitgewirkt bis zu ihrem Tode.«[2] Sie war auf Hilfe für die Schwachen bedacht inmitten einer auf die Starken und einen »Platz an der Sonne« orientierten Gesellschaft. Der Hof schätzte sie als Pflichtmenschen, ihm gefiel – was allerdings zur Vorsicht mahnt --, daß sie sich aus Regierungsgeschäften heraushielt. Sie war keine zweite Maria Theresia, und sie wollte es keinesfalls sein. In einer für die Krone kritischen Phase fehlte ihr nach eigenem Verständnis die Kompetenz zur Einführung von Neuerungen. Sie gab als Königin für Repräsentationszwecke ebensoviel Geld aus wie ihre Vorgängerinnen; es hätte dem Prestige der Krone schaden können! Sie selbst war anspruchslos, genügsam bis zur imaginären Grenze zwischen Sparsamkeit und Geiz. Da sie Geld für Wohltätigkeitszwecke brauchte, ihre Stellung aber beim Fiskus nicht ausnutzen wollte, standen ihr nur Mittel aus dem privaten Budget, aus Wohltätigkeitsveranstaltungen, Sammlungen oder Basaren zur Verfügung. Ihre Stärke lag in der Entwicklung neuer Strukturen karitativer Arbeit. Mit jenen begüterten Damen, die ihr soziales Gewissen beruhigen, indem sie einmal im Jahr einen Wohltätigkeitsball besuchen oder sich in einer Spendenliste verewigen, um tags darauf ihren Namen in der Zeitung zu entdecken, hatte sie nichts gemein.

Vor 1945 trugen viele Straßen und öffentliche Einrichtungen Sachsens ihren Namen. Ohne das sonst übliche Parteiengezänk suchten die Kommunen Carola zu ehren, und das war bei dieser anspruchslosen, zurückhaltenden Frau weder sonderlich schwierig noch kostspielig. Die Dresdner Stadtväter folgten 1858 einem Wink Alberts und tauften zum 25. Geburtstag seiner Frau die Kleine Reitbahngasse samt Verlängerung zum Böhmischen Bahnhof hin in »Carolastraße« um. Carola freute sich so kindlich-rührend über diese Ehrung – seit fünf Jahren erst in Dresden, verstand sie diese noch als Willkommensgruß –, daß alles für die Zeit, in der es um Würdigung ihrer Verdienste und nicht um die Erfüllung von Wünschen Alberts ging, vorgezeichnet war. Man wußte jetzt, wie man ihr eine Freude bereiten konnte. War sie eitel? Kaum mehr als andere Menschen. Es schien nur so, als trete ein Widerspruch zu ihrer sonstigen Anspruchslosigkeit zutage. Sie litt sehr unter der Kinderlosigkeit ihrer Ehe, war dankbar, Namensträgerin zu sein, um auf diese Weise fortleben zu können wie andere in ihren Nachkommen. Es gab bald keine größere sächsische Stadt mehr ohne eine »Carolastraße« oder ein »Carola-Gymnasium«.

Als 1881 in Dresden die Umgestaltung des Großen Gartens erfolgte, nannte man eine für den Wasser- und Eissport erschlossene Kiesgrube Carolateich, das Restaurant am Ufer Carolaschlößchen. Zumindest an diesen beiden Objekten ging zu DDR-Zeiten der Kelch der Umbenennungen vorbei. Damit schien jedoch die Bereitschaft des Staates an Zugeständnissen erschöpft. Eine der neuen Dresdner Elbbrücken war 1877 als »Albertbrücke« eingeweiht worden, eine andere 1895 als »Carolabrücke«. Der Gedanke, zwei dicht beieinander gelegene Brücken nach dem Königspaar zu benennen, gefiel auch Carola, zumal Brücken Symbolkraft ausstrahlen, Verbindendes. Beide Übergänge wurden noch in den letzten Tagen des unseligen Zweiten Weltkriegs gesprengt. Die leichter betroffene Albertbrücke ließ sich bereits 1946 wiederherstellen, hieß aber fortan »Brücke der Einheit«, und die 1967–1971 wiederaufgebaute frühere Carolabrücke bekam den Namen des ersten Dresdner Oberbürgermeisters der Nachkriegszeit Dr. Rudolf Friedrichs. Die meisten Dresdner hielten allerdings an den alten Namen fest. Seit der Wende gibt es sie beide auch offiziell wieder, die Albert- und die Carolabrücke.

Wie Carola, die letzte Königin, erfreute sich auch ihr Neffe Friedrich August III., der letzte sächsische König, großer Beliebtheit. So fand die 829 Jahre herrschende Dynastie der Wettiner nach vielen Widrigkeiten noch einen freundlichen Abschied aus der Geschichte.

LETZTER SPROSS DER WASA. Carola stammte aus dem Haus Wasa.[3] Ihr Großvater, König Gustav IV. Adolf von Schweden, entsagte 31jährig 1809 auf Schloß Gripsholm dem Thron – so elegant umschrieb er seinen Sturz noch gegen Ende seines Erdendaseins. Über seine Gerichts- und Steuerpraxis berichtete man schlimme Dinge, und schließlich hatten die Bürger seine Willkürherrschaft nicht länger zu ertragen vermocht und ihn nach blutigen Auseinandersetzungen vertrieben. Auf der (vergeblichen) Suche nach Freunden zog er als Graf von Gottorp oder Oberst Gustavsohn durch halb Europa und starb 1837 mit der Familie und der Welt zerstritten im Schweizer Exil. Seine aus Baden stammende Frau Friederike, Carolas Großmutter, hatte sich scheiden lassen. Zeitgenossen äußerten sich immer wieder verwundert über Carolas Ähnlichkeit mit ihr; beider Bilder als etwa 40jährige glichen sich zum Verwechseln. Friederike starb lange vor der Geburt ihrer Enkelin, der Tochter ihres einzigen Sohnes.

Carolas Vater, zur Zeit des Umsturzes zehn Jahre alt, nannte sich in der Verbannung Prinz Gustav von Wasa. Auf Umwegen gelangte er nach Österreich, trat der Armee bei, erklomm Sprosse um Sprosse auf der militärischen Karriereleiter und brachte es bis zum Feldmarschall-Leutnant und Brigadier der berühmten Wiener Garnison. Im Haus der mütterlichen Familie in Baden lernte er seine Frau kennen, die damals 19jährige Prinzessin Louise, eine Tochter der badischen Großherzogin Stephanie.

Geboren wurde Carola am 5. August 1833 im »Kaiserstöckl« zu Schönbrunn bei Wien, eigentlich Sommerresidenz der österreichischen Außenminister, aber Prinz Gustav war ein einflußreicher Mann und durfte das »Kaiserstöckl« nach der Eheschließung auf Weisung des Kaisers vorerst als Wohnsitz nutzen. Getauft wurde Carola, eine Wasa, (natürlich) evangelisch, was den katholischen Kaiser Franz I. nicht abhielt, die Patenschaft zu übernehmen. Carola hatte einen Bruder, der früh starb, und so wuchs sie ohne Geschwister als einzige Erbin auf. Da ihre Ehe kinderlos blieb, sollte sie sogar der letzte Sproß der Wasa sein, doch das konnte keiner ahnen.

SCHLOSSFRÄULEIN IN MORAWETZ. Carolas Eltern bewohnten im Winter ein gemietetes Palais in der Wiener Herrengasse nahe der Hofburg. Den Sommer verbrachten sie auf Schloß Eichhorn bei Brünn (Brno), einer romantisch gelegenen, baulich immer wieder veränderten alten Burg im Tal der Schwarzava (Svratka). In Eichhorn fühlte sich Carola am wohlsten; hier verlebte sie den unbeschwertesten Teil ihrer Kindheit.

Im Sommer 1844 ließen sich die Eltern scheiden.

Für die sensibel veranlagte Carola brach eine Welt zusammen. Verständnislos erfuhr die eben Elfjährige vom Prozeß Wasa gegen Wasa, daß sie der Mutter zugesprochen sei, im Sommer den Vater in Hacking für vier Wochen besuchen dürfe, daß Schloß Eichhorn in fremde Hände gehe; nach der Gütertrennung war der Sommersitz für keinen Elternteil mehr zu halten. Carola, die sehr an ihrem Vater hing und am Schloß Eichhorn, erschütterte der radikale Bruch mit dem bisherigen Leben bis ins Mark.

Um ein neues Zuhause für sich und Carola bemüht, erwarb Mutter Louise die Herrschaft Morawetz (Moravec). Wien war ihr verleidet, denn die dort lebenden Freunde waren auch die Freunde des Ex-Gatten, und sie wollte nicht fortwährend an die gescheiterte Ehe erinnert werden. Zudem riet ihr der sie wegen Herz- und Atembeschwerden behandelnde Arzt, aufs Land ziehen, am besten ins mittelgebirgische Hochland, wo ein erfrischendes Lüftchen wehe. So kam es ihr zupasse, daß Morawetz zu haben war.

1846 zog die Minifamilie um.

Die Anreise zu dem etwa 50 km von Brünn entfernten Morawetz erfolgte durchs Tal der Schwarzava vorbei an Schloß Eichhorn, was schmerzliche Erinnerungen wachrief. Morawetz erwies sich als stiller friedlicher Ort in landschaftlich reizvoller Lage, wenn auch nicht annähernd so schön gelegen wie Eichhorn. Zu der von einem Gutsdirektor bewirtschafteten Herrschaft gehörten einschließlich der Waldungen und Teiche 2 000 Hektar sowie ein als Schloß bezeichnetes zweistöckiges, schindelgedecktes Herrenhaus. Es verriet dem sich nähernden Fremdling so leicht nicht, daß es drei große Säle und 63 Zimmer besaß. Für die beiden Wasa-Damen und ihren fünfköpfigen, von einem Obersthofmeister (!) geleiteten Hofstaat standen genügend Räumlichkeiten bereit. Mutter Louise, seit längerem leidend, seit der Scheidung noch nervlich belastet, beanspruchte einen Flügel des Schlosses für sich, den anderen bezog Carola mit ihrer Erzieherin; sie kam sich ziemlich verloren vor.

In Morawetz führte man ein stilles Leben.

Besucher verirrten sich selten hierher. Ab und an fanden sich, wie früher schon in Eichhorn, die Schloßherren von Pernstein ein, oder durchreisende Freunde nahmen mal für eine Nacht Quartier. Prinzessinnen bringen zumeist ihr ganzes Leben in Residenzen zu, erst in der väterlichen, dann in der des Gatten. Carola dagegen lebte in jenem Alter, in dem die Persönlichkeit nachhaltig geprägt wird, fernab allen höfischen Treibens in einem armseligen mährischen 300-Seelen-Dorf, wenn auch wohlbehütet und privilegiert. Unterrichtet wurde sie durch Amalie von Ungern-Sternberg, einer gebildeten und einfühlsamen Erzieherin, den Lehrplan aber stellte Mutter Louise auf, die sich große pädagogische Fähigkeiten zuschrieb. Carola meinte, ihr sei genau jener Unterricht zuteil geworden, den sich ihre Mutter als Kind gewünscht hätte. Strittig war die musische Erziehung. Carola zeigte keinerlei Interesse für Musik, aber sie zeichnete gern und gut. Der Klavierunterricht, der ihr Pein bereitete, wurde schließlich nach zähem Ringen auf ein Minimum reduziert, dafür der Mal- und Zeichenunterricht erweitert. Daß Pinsel und Zeichenstift über die ungeliebten Notenblätter siegten, freute Carola, doch weniger glücklich über die ertrotzte Streichung der Klavierstunden sollte sie dereinst als verheiratete Frau sein.

Mutter Louise war von Haus aus zur Wohltätigkeit angehalten worden. Einmal in der Woche, freitag mittags, gewährte sie Bedürftigen des Ortes, der Umgebung oder Durchreisenden freie Speisung. Auch sonst wurde im Schloß reichlich gekocht, nie ein Hungernder abgewiesen. Keiner stellte demütigende Fragen oder verlangte Einsicht ins Portemonnaie. Wer einen »Schlag« wünschte, bekam ihn zum sofortigen Verzehr in einem reservierten Speiseraum. Man unterhielt sich wohl gelegentlich im Schloß darüber, daß vereinsamte Hilflose benachteiligt seien. Louise hielt sich strikt an das Freitisch-Prinzip, wollte unkontrolliert nichts abgeben – sie würde sonst noch die Schweine der Häusler füttern. Weite Wege scheute sie schon ihrer Atemnot wegen. Es lag ihr auch nicht, die Leute in ihren Katen aufzusuchen und zu beschenken; das tat sie allenfalls zu Weihnachten. Carola übernahm es, mit einem für ein halbwüchsiges Mädchen erstaunlichen Ernst, Alten und Gebrechlichen das Essen ins Haus zu tragen. Morawetz war kein übersichtliches Haufendorf, sondern eine Siedlung mit zwar kompaktem Kern, aber vielen abseits gelegenen Katen, und eben in diesen war meist das Elend zu Hause. Die Dörfler sahen in Carolas Aktivitäten anfangs nur die Laune eines sich langweilenden Schloßfräuleins, überzeugt, der Elan werde bald versiegen. Carola aber hatte die Aufgabe ihres Lebens entdeckt. Freude zu bereiten, gereichte ihr selbst zur Freude. Um nichts in der Welt hätte sie diese Liebesdienste dem Personal überlassen, woran sie sich auch später als Königin hielt.

Die Morawetzer Zeit erwies sich überhaupt als gute Schule. Hier gewöhnte sie sich an ausgedehnte Fußmärsche. Andere Prinzessinnen konnten hervorragend reiten, sie dagegen war zwar als Reiterin eine Enttäuschung, aber bei Wanderungen, vor allem im Gebirge, nahm es so leicht keine Konkurrentin mit ihr auf. Am Dresdner Hof verstand niemand so recht ihren unbändigen Drang ins Freie, man wußte eben wenig um ihre Kinderjahre in Morawetz, wo ihr die Scheu vor schlechtem Wetter abhanden gekommen war. Sie unternahm ihre »Tour«, wie sie sich ausdrückte, mochte es regnen oder schneien, grimmig kalt oder drückend heiß sein; sie konnte doch ihre Schützlinge nicht versetzen! Ohne bewußt darauf aus zu sein, härtete sie sich ab. Auf dem mährischen Hochland wehte fast immer ein ziemlich starker Wind, und an den gewöhnte sie sich.

Vom Freitisch im Schloß sahen sich Carolas Schützlinge meist eines akuten oder chronischen Leidens wegen ausgeschlossen. Mit Kranken wußte das halbwüchsige Mädchen noch nicht umzugehen, aber Fräulein von Ungern-Sternberg, die als verantwortungsbewußte Erzieherin die »Touren« mitmachte, verfügte über bescheidene medizinische Kenntnisse; sie kannte sich gut mit Heilkräutern aus. Carola verblüffte später selbst erfahrene Ärzte ob ihrer Kenntnisse in der Heilkunde, die sie sich in Morawetz bei einer Erzieherin erworben hatte, die ihr eigentlich Sprachen beibringen und sie aufs höfische Leben vorbereiten sollte. Carola begriff erst Jahre später, daß sie in der Krankenpflege manches wußte und praktisch anwenden konnte, zu dem sie als Frau nach dem

Zeitverständnis keinen Zugang haben durfte, selbst nicht als Prinzessin.

Durch den engen Kontakt zu den Dorfbewohnern erlernte Carola etwas, was nicht im mütterlichen Unterrichtsplan stand: die Landessprache. Sie sollte einmal zu den wenigen Wettinern gehören, die tschechisch in Wort und Schrift beherrschten, was den sächsisch-böhmisch/mährischen Beziehungen wie dem Ansehen des Hauses Wettin zu Nutzen gereichte. So mancher kranke oder verwundete tschechische Soldat wunderte sich im Krieg von 1866, wenn eine sächsische Prinzessin ins Lazarett kam, mit der er sich in seiner Muttersprache unterhalten konnte. Die Deutschen standen eigentlich im Ruf, aus Bequemlichkeit oder Selbstüberschätzung der Meinung zu huldigen, die Nachbarn hätten deutsch zu beherrschen.

Carola verlebte in Morawetz drei Jahre.

Sie beschäftigte sich eingehend mit ihrer Zukunft. Ihre Vorstellungen von einem Familienleben wichen völlig von dem ab, das ihr die Eltern demonstrierten. Als sie mit »14« konfirmiert werden sollte, weigerte sie sich: Sie wollte katholisch werden. Die Mutter, die nach der Scheidung selbst zum Katholizismus übergetreten war, nahm dies ziemlich gelassen hin. Hellhörig wurde sie erst, als man munkelte, Carola denke an ein Klosterleben. So stellte sie sich die Zukunft ihres einzigen Kindes nicht vor. Der Vater hatte von vornherein jeden Gedanken an einen Glaubenswechsel seiner Tochter verworfen. Eine Wasa, die katholisch war – undenkbar! Carola wurde, darauf einigten sich die zerstrittenen Eltern auffallend rasch, für ein paar Monate zu Großmutter Stephanie nach Baden-Baden geschickt, damit sie auf »andere Gedanken« komme, nur zeigte sie sich bei ihrer Rückkehr keineswegs »bekehrt«. Im Oktober 1849 ging es auf Reisen. Carola erfuhr nur die halbe Wahrheit: Die Mutter müsse sich gesundheitlich stabilisieren und zur Kur fahren, und sie, Carola, brauche zur Vervollständigung ihrer Ausbildung bessere Erzieher als jene in Morawetz. Begleitet von ihrer Mutter, trat sie eine dreijährige Bildungsreise nach dem Süden an – Meran, Venedig, Bozen... Dabei wurden ihr nur alle denkbaren Freiheiten eingeräumt. Außerhalb der Besuchsprogramme konnte sie nach Herzenslust der Malerei frönen. Täglich stand sie vier bis fünf Stunden an der Staffelei, angeleitet durch namhafte Künstler, Neelmayer etwa, der sich begeistert ob ihres Blicks für Motive zeigte, eigentlich nur eine technische Hilfestellung beim Ölmalen für erforderlich hielt. Und sie las viel, insbesondere französische Autoren, um ihre Sprachkenntnisse zu vertiefen, sie las, was verfügbar war, Pascals »Briefe aus der Provinz«, Beaumarchais' »Figaros Hochzeit«, Rousseaus »Emile«... Im Spiegel der Erinnerung gedachte sie ihrer »Lesezeit« später mit Wehmut. Damals war sie noch frei von der Sorge um ihr Augenlicht. Am Sich-vorlesen-lassen fand sie nie rechte Freude, aber ob sie selbst noch ein Buch zu lesen vermochte, hing bald von der Größe der Lettern ab. Auf der Rückreise nach Morawetz durfte sie wieder Großmutter Stephanie in Baden-Baden einen Besuch abstatten.

Und hier lernte sie eine bemerkenswerte Persönlichkeit kennen.

GROSSMUTTER STEPHANIE. Stephanie war nach Herkunft wie Geisteshaltung eine ungewöhnliche Frau. Als Tochter des Grafen Claude de Beauharnais auf die Welt gekommen, lebte sie im Kloster, bis sich Tante Josephine ihrer annahm, die Frau Napoleons. Josephines erster Mann hatte den Kopf während der Revolution unter der Guillotine verloren, sie selbst wurde ins Gefängnis geworfen. Sie impfte Stephanie, wenn auch keinen Haß, so doch eine strikte Ablehnung der Revolution ein. Ihrer Fürsprache verdankte es Stephanie, daß Napoleon, eben zum Kaiser gekrönt, sie adoptierte, obwohl ihr leiblicher Vater noch lebte. Napoleon verheiratete sie mit Großherzog Karl von Baden, führte sie selbst zum Traualtar in der Kapelle der Tuilerien und richtete ihr eine Hochzeit aus, die zu den glanzvollsten gehörte, die Paris in der napoleonischen Ära erlebt hat.

Stephanie blieb bis zu ihrem Tode eine Bewunderin Napoleons.

In Baden erlebte sie eine böse Überraschung: Der Hof lehnte sie als Protegékind des Korsen ab. Besonders unverblümt opponierte die Schwiegermutter, und in deren Schutz fühlten sich alle stark –

Räte, Hofmeister, Sekretäre und nicht zu vergessen die Hofdamen. Der Gatte leistete sich zudem einige Eskapaden, die eine Frau schwer zu tolerieren vermag.

Lange brauchte Stephanie dieses unerträgliche Klima nicht zu ertragen. Sie war erst »29«, als sie 1818 Witwe wurde. Den höfischen Ämtern trauerte sie nicht nach, die waren ihr längst verleidet, sie zog sich nach Mannheim und Baden-Baden zurück, wohin sie früher schon des öfteren geflüchtet war, wenn sie der Residenz entgehen wollte. Sie war schön und eine der geistreichsten Frauen ihrer Zeit. Die Freiheiten einer Großherzogin-Witwe kamen ihr wohl recht gelegen. Noch heute wird sie mit Kaspar Hauser in Verbindung gebracht, dem »Kind Europas«, wenn auch mit Argumenten, die schwerlich einer seriösen Quellenkritik standzuhalten vermögen. Für etwas Extravagantes schien sie jedenfalls allemal gut zu sein. Berühmt sollte der »Badische Freundeskreis« werden, den sie um sich scharte. Ihm gehörte an, wer Rang und Namen hatte – die französische und schwedische Verwandtschaft, die politische Crème deutscher Fürstentümer, die Elite der gelehrten Welt und viele Künstler.

Carola weilte gern bei Stephanie. Unter dem Einfluß der Großmutter, der überzeugten Bonapartistin, verstand sie im Revolutionsjahr 1848/49 die Vertreibung des Frankfurter Parlaments als Akt der Gerechtigkeit. Eines nur verblüffte die Halbwüchsige: Stephanie zog auch Leute in ihren »Kreis«, deren politische Auffassung sie keineswegs teilte, etwa so linksbürgerlich eingestellte Professoren wie den Juristen Friedrich Karl von Savigny und den Historiker Friedrich Christoph Schlosser, der Carola in Geschichte unterrichtete – auf ausdrücklichen Wunsch Stephanis. Carola konnte sich für Politik nicht begeistern, was Stephanie betrübte, die ihre Enkelin gern in einer Position gesehen hätte, um die der Sturz ihres Adoptivvaters Napoleon und die Enge Badens sie selbst gebracht hatten.

Wohl nicht ganz zufällig traf Carola 1852 bei Stephanie Louis Napoleon, den Neffen des Korsen. Der damals 44jährige Präsident Frankreichs – ein paar Monate später bestieg er als Napoleon III.

den Kaiserthron – zeigte so augenscheinliches Interesse für die 19jährige Wasa-Tochter, daß die Zeitungen bereits ausführlich über eine bevorstehende Hochzeit berichteten. Für Carola sollte das peinlich werden, denn Louis Napoleon fuhr nach Paris zurück und – ließ nichts mehr von sich hören. Er heiratete im Jahr darauf Eugenie, die durch Prunksucht von sich reden machte und seine oft bedenklich abenteuerliche Politik begünstigte. Phantasievolle Franzosen durften spekulieren, ob die Geschichte des Landes mit Carola als Kaiserin wohl anders verlaufen wäre. 15 Jahre nach ihrer Begegnung in Baden-Baden sahen sich die verhinderten Brautleute wieder. Albert und Carola repräsentierten 1867 für den nicht reisefähigen König Johann das Land Sachsen auf der Weltausstellung und wurden von Napoleon und Eugenie offiziell empfangen. Alle vier waren bemüht, durch den Austausch vieler Freundlichkeiten die für alle etwas ungewöhnliche Situation zu meistern.

Zwar fand Carola über Stephanie keinen Gatten, dafür aber den Weg zur organisierten Wohltätigkeit. Stephanie war auf karitativem Gebiet für Süddeutschland das, was Kaiserin Augusta später für Preußen sein sollte. Von ihren Erfahrungen, den Rückschlägen und Erfolgen, zehrten alle deutschen Frauenvereine. Als die Befreiungskriege in die entscheidende Phase traten, hatte Stephanie 1813 einen Frauenverein zur Betreuung der Kriegsopfer gegründet, der sich 1816 wieder auflöste, weil er in Friedenszeiten keine Aufgabe zu haben schien. Stephanie setzte neu an und rief 1817 den »Allgemeinen Wohltätigkeitsverein im Großherzogtum Baden« ins Leben, der sich wesentlich länger behauptete, bis 1825. Stephanie suchte weiter nach organisatorischen Strukturen, zweckmäßigeren, um Schwachen helfen zu können. Dieses beharrliche Ringen für humane Zwecke beeindruckte Carola sehr.

Stephanie starb 1860 und fand ihre letzte Ruhestätte in der Fürstengruft zu Pforzheim. Carola war der Beerdigung ihrer Mutter ferngeblieben, um nicht ihre Kur in Bad Elster unterbrechen zu müssen (!), aber der Bestattung Stephanis wohnte sie wie selbstverständlich bei. Sie verehrte ihre Großmutter, sah in ihr ein Vorbild.

Zwei bedeutsame Ereignisse sollte Carola noch in Morawetz erleben; Firmung und Verlobung.

Am 4. November 1852 erhielt sie durch den Brünner Bischof zeitgleich Kommunion und Firmung. Es war ihr tatsächlich gelungen, ihren Willen durchzusetzen. Der enttäuschte Vater hatte sie zwar im Anschluß an ihre Italienreise noch nach Baden zu seiner Schwester Sophie geschickt, damit ihr Konfirmationsunterricht erteilt werde – ihre erste längere Trennung von der Mutter –, aber sie war fest geblieben, und entnervt gab der Vater auf. Da sie erst 19jährig eingesegnet wurde, vermochten Freunde und Bekannte leicht zu begreifen, daß sich dahinter nur ein vieljähriger familieninterner »Glaubenskrieg« verbergen könne. Allgemein sprach man von einem Konvertit, aber da sie nie zur Konfirmation gegangen war, konnte eigentlich davon keine Rede sein. Die evangelischen und katholischen Theologen interpretierten das allerdings stets verschieden.

Daß heiratswillige junge Männer sich für einen Firmling interessieren, ist nicht alltäglich. Carola aber wurde erst als zur Frau gereifte junge Schönheit eingesegnet. Über Louis Philipp deckte sie den Mantel des Schweigens. Das Selbstbewußtsein verbot es ihr, sich zu einer Enttäuschung zu bekennen. Großmutter Stephanie kam als Trösterin: Sie brauche Louis Philipp nicht nachzutrauern, er habe sich zeitgleich in verschiedenen Herrscherhäusern nach einer heiratsfähigen Prinzessin umgeschaut. Ein anderer Heiratskandidat, Prinz Friedrich Karl von Preußen, kam zur unrechten Zeit. Carola, eben von Louis Philipp versetzt, verhielt sich so reserviert, daß sich der Preußenprinz irritiert zurückzog.

Albert von Sachsen und Carola standen sich zwar verwandtschaftlich nahe, waren sich aber als Kinder nie begegnet. Am Dresdner Hof munkelte man, Stephanie habe enttäuscht von ihrem Favoriten Louis Napoleon den Wettinern einen Wink gegeben, was sie stets energisch bestritt. Wie dem auch sei: Albert ging wieder einmal in der Umgebung von Brünn seiner geliebten Jagd nach und tauchte wie zufällig, begleitet von seinem Bruder Georg, in Morawetz auf. Prinzessin Carola gefiel ihm. Sie fand ihn zwar etwas steif, aber ansonsten sympathisch. Nur Tage später trat Alberts Vater, König Johann, brieflich als Brautwerber auf. Mutter Louise bat um Aufschub. Erst sollte Carola die Firmung hinter sich bringen. Würden jetzt Heiratspläne publik, mußte der Verdacht aufkommen, Carola wolle sich nur den Weg auf den sächsischen Thron ebnen, werde aus Berechnung katholisch. Das war nun wirklich nicht der Fall, das Gegenteil jedoch schwer zu beweisen.

Anfang Dezember fand sich Albert erneut in Morawetz ein, diesmal zur Verlobungsfeier; er blieb über Weihnachten und Silvester. Am 18. Juni 1853 fand in Dresden die Vermählung statt.

Carola fiel der Abschied von Morawetz schwer. Da ihre Mutter bereits im Jahr darauf einer Lungenlähmung erlag, erbte sie als einzige Tochter den Besitz. In Geldschwierigkeiten geraten, verkaufte sie Morawetz 1858 an Gabriel Frhr. von Gudenus. Der Handel reute sie nicht sehr, aber sie spürte bald, daß sie sich von der Stätte ihrer Kindheit nicht so leicht zu lösen vermochte. 1870 fuhr sie inkognito nach Morawetz, noch ohne konkrete Vorstellungen, aber willens, etwas für die Armen des Ortes zu tun. Gudenus schenkte Carola von dem ihr abgekauften Land ein kleines Areal, auf dem sie ein Heim mit 12 Plätzen für arbeitsunfähige arme Leute bauen ließ, das sie zur Erinnerung an ihre Mutter »Louisa Domu« (Louisen-Haus) taufte. Zur Erziehung von vermögenslosen jungen Mädchen aus Morawetz finanzierte sie sechs Freistellen im Kloster zu Obrowitz bei Brünn. Später band sie diese Freistellen ans Louisen-Haus.

Fast jedes Jahr fuhr sie einmal nach Morawetz. Sie schwelgte dabei in Jugenderinnerungen, genoß für ein paar Tage eine Welt frei von höfischer Etikette. Ihre Anwesenheit wuchs stets zu einem kleinen Dorffest aus. Tische und Bänke wurden vor die Einfahrt des Schlosses gestellt, Musikanten spielten auf, und die Vergnüglichkeiten, in deren Mittelpunkt Carola stand, dauerten bis spät in die Nacht. Stets war sie von nur einer Hofdame begleitet, nie von Albert, ohne den sie sonst selten zu verreisen pflegte. Morawetz blieb bis an ihr Lebensende etwas, das nur sie selbst anging.

Dresdner Gepflogenheiten. Obwohl die Ehe mit Albert dynastischen Interessen entsprang, verlief sie, ein seltener Fall, harmonisch. Ein Wermutstropfen mischte sich freilich in den Freudenbecher: Kindersegen blieb dem Paar versagt, und darunter litt die sensible Carola mehr als Albert, dem eigentlich besonders an einer gesicherten Erbfolge gelegen sein mußte.

Mit »20« nach Dresden gekommen, hatte Carola ihr Leben noch vor sich. Weitere 20 Jahre sollte ihr Kronprinzessinnen-Dasein währen, eine ungewöhnlich lange Zeit, aber an Politik desinteressiert und frei von Machtrausch, nahm sie dies gelassen hin. Es lag ihr zu wenig an der »Königin«, um auf das Freiwerden des Throns zu spekulieren, was in ihren Augen auch unanständig und pietätlos gewesen wäre. Sie konnte das, was anderen in vergleichbarer Lage oft schwergefallen ist – warten.

Ans Hofleben mußte sie sich erst gewöhnen, denn als Generals-Tochter und Schloßfräulein vom Lande war ihr das Treiben in einer Residenz fremd. Was der Reputation der Krone nützlich sein konnte, akzeptierte sie widerspruchslos, doch das schloß für sie keinen völligen Verzicht auf ihre Individualität ein, und im Ministerium des königlichen Hauses galt sie als eigenwillig. Beispiele hielt man parat.

Zumindest bei festlichen Anlässen hatte sich in Dresden eine Prinzessin hoch zu Roß zu zeigen. Carolas Reitpferd, aus edelstem Geblüt stammend, hörte auf den Namen Cäsar und erfreute sich unter seiner neuen Herrin eines geruhsamem Daseins. Reitunterricht hatte nicht im mütterlichen Unterrichtsplan gestanden; in Morawetz wurde nicht geritten, in Morawetz lief man zu Fuß, und die ohnehin seltenen Überlandfahrten wurden in einem Landauer unternommen. Nur der Vater, der General, setzte Carola hin und wieder auf einen Pferderücken, nie sonderlich erbaut von ihren Künsten. Es verblüffte sie, daß ihr der Ruf nach Dresden vorausgeeilt war, sie sei eine fabelhafte Reiterin. Daß dies nur das Werk eines Spötters sein konnte, lag nahe (Sie hatte allerdings eine Spötterin im Verdacht – Großmutter Stephanie). Solange sie fremd in der Residenz war, bestieg sie folgsam ab und an ihren Cäsar, schon ihrem Mann zuliebe, der sich gern zu Pferd präsentierte und seine Frau neben sich wissen wollte. Da sie sich um Haltung bemühte und nichts riskierte, fand man sie ganz passabel zu Pferd. Sie bekam gute Kritiken, wenn auch eher höfliche denn ehrliche. Als Schwiegervater Johann ihr tröstend versicherte, sie reite zumindest ebenso gut wie einst der »Alte Fritz« (der als miserabler Reiter galt), gab sie auf. Eine Ausrede war ihr eingefallen: Um ihr Augenlicht stehe es nicht zum besten, so daß sie auf Cäsar zur Gefahr für alle werden könne, Fußgänger wie fremde Reiter. Fortan sah man sie allenfalls noch während eines Fototermins zu Pferd, manchmal in der Karosse, meistens jedoch zu Fuß.

Albert ernannte 1891 aus Anlaß des 100jährigen Bestehens des 19. Husarenregiments Carola zu dessen »Chef«. Nach dem Zeitverständnis hätte sie Uniform anlegen und zu Pferd vor »ihr« Regiment in Markranstädt bei Leipzig treten müssen. Sie tat nichts dergleichen. Das Pferd ließ sie im Stall, die Uniform im Magazin. Ihre einzige Konzession: Sie legte Bänder in den Farben des Regiments um. So ausstaffiert trat sie, des schlechten Wetters halber auch noch mit einem Schirm bewaffnet, vor die Soldaten – und die fanden anders als der Hof den unkonventionellen Auftritt ihres Regimentskommandeurs ehrenhalber ganz ihren Erwartungen entsprechend; in Uniform und hoch zu Roß hätten sie sich Carola gar nicht vorzustellen vermocht.

Etwas unerwartet fand sie ein reges musikalisches Leben am Dresdner Hof vor. Albert spielte gern und gut Klavier. Da konnte sie nicht mithalten. Willens, Versäumtes nachzuholen, nahm sie Klavierunterricht bei dem am Konservatorium tätigen Lehrer Krägen, einem Mann, der nicht nur von der Musik lebte, sondern auf geradezu rührende Weise auch für sie. Carola aber wurde der Unterricht bald zur Pein. Zunächst wagte sie nicht, ihm die Absicht zu gestehen, die für sie qualvollen Klavierstunden zu beenden, doch schließlich faßte sie sich ein Herz, aber die Reaktion des Meisters brachte sie aus der Fassung: Er pflichtete ihrem heroischen Entschluß erfreut bei, auch wenn ihm ein einträgliches Honorar entging. Für derart kummervoll hatte Carola ihr musikalisches Talent nun doch nicht eingeschätzt, und sie brauchte einige Zeit, um sich zumindest im Freundeskreis unbefangen über die Niederlage zu äußern.

Als Wohnsitz diente Carola und Albert das Taschenbergpalais, eines der repräsentativsten und schönsten Gebäude der Stadt. Ein Jahr nach der Krönung erfolgte der Umzug ins gegenüberliegende Schloß, in den Trakt über dem Georgentor; Albert bezog die erste Etage, Carola die zweite. Damals störte sie das Treppensteigen überhaupt nicht, später, als sie über ihre Füße zu klagen hatte, sah sie das anders, aber wie zuvor schon im Taschenbergpalais fühlte sie sich auch im Schloß eingepfercht. Nahebei gab es keinen Park wie in anderen Schlössern; das vor allem störte sie an Dresden. Ein Trost blieb: Taschenbergpalais wie Schloß dienten nur als Winterquartier.

Die erste Sommerresidenz von Carola und Albert befand sich in der Langengasse. Sie lag verkehrsmäßig ungünstig. Das Haus, zur Sekundogenitur gehörend, wurde ohnehin bald Schwager Georg zugesprochen. Carola und Albert zogen 1858 ins Max-Palais in der Ostraallee, wo es noch lauter zuging als in der Langengasse. Mit dem Verkauf von Morawetz bekam sie Mittel für den Erwerb eines Sommersitzes in die Hand, der ihren Vorstellungen entsprach. Während eines Spazierganges entdeckten Carola und Albert in Strehlen das zum Verkauf stehende Haus des Schneiders Lauterbach. Sie avisierten inkognito Interesse und bekamen den Zuschlag. Der Einzug verzögerte sich allerdings notwendiger Umbauten halber bis 1860. Die Strehlener Villa wuchs Carola ans Herz. Hier fand sie, was sie im Max-Palais vermißt hatte: Ruhe. Zur Villa gehörten ein großer Garten und ein Teich. Hier konnte Carola sich gärtnerisch betätigen und ihr geliebtes Federvieh halten. Gelassen ertrug sie den feinen Spott des Hofes ob ihrer Hühnerwirtschaft, und begeistert versicherte sie beim Einzug, sie verlasse diese Villa nur noch »mit den Beinen vorweg«. So hat es sich denn auch tatsächlich gefügt.

Offizieller Sommersitz der Wettiner war eigentlich Pillnitz, aber Carola liebte das Schloß nicht. Die bescheidenen Hügel ringsum verhinderten eine angenehme Luftzirkulation, und Carola sah sich in ein Treibhaus versetzt. Solange sie Königin war, mußte sie sich den höfischen Gepflogenheiten beugen und von Juni bis September das Bergpalais beziehen. Dazwischen lagen allerdings Urlaub, Ausflüge und Kuraufenthalte. Mit Beginn der Hirschbrunft im August zog es Albert zur Jagd ins Erzgebirge, und Carola folgte ihm nach Rehefeld. Als Albert 1884 über eine Erbschaft in den Besitz der landschaftlich reizvoll gelegenen und ausgedehnten Herrschaft Sibyllenort in Schlesien nahe Breslau gelangte, verbrachte das Königspaar dort Jahr für Jahr einige Wochen, meist im Mai.

Wer in Erfahrung bringen wollte, wo sich Carola sommers wohl aufhalte, hatte Mühe, aber auch in den Wintermonaten war dies schwierig: Carola hielt es nirgendwo lange aus, sie reiste für ihr Leben gern.

In Sachsen war sie häufig unterwegs, zumeist in Begleitung ihres Mannes, als »Tafelzierde« wie untere Chargen gern spotteten. Als ihr dies zugetragen wurde, lachte sie vergnügt: Sie sah es genauso. Außerhalb Sachsens hielt sie sich im Verlaufe eines Jahres etwa 70 bis 80 Tage auf. Zweimal fuhr sie in der Regel zur Kur, nach Marienbad, Franzensbad, Doberan, Ems, Meran, Brennerbad, Teplitz, ein – oder zweimal in Urlaub, am liebsten in südliche Gefilde, Tegernsee, Tirol, Schweiz, Oberitalien, Südfrankreich, des öfteren zu Verwandten, Sigmaringen, Baden-Baden, Klagenfurt, Blankenberghe, Karlsruhe, und schließlich einige Male in offizieller Mission, also zu Staatsbesuchen, zur Teilnahme an Feierlichkeiten fremder Höfe, Beerdigungen, Hochzeiten, Jubiläen oder förmlichen Einladungen folgend.

Eine Auslandsreise fand sie aus persönlichen Gründen besonders aufregend, die ausgedehnte Nordlandtour 1888 nach Dänemark, Norwegen und – Schweden. Zum ersten Mal in ihrem Leben weilte sie im Land ihrer Vorfahren. Inzwischen seit 15 Jahren Königin, geriet sie international wie nie zuvor in den Mittelpunkt der Politik. Die Rollen waren vertauscht: Stets begleitete sie Albert ins Ausland, diesmal begleitete er sie, denn obwohl das sächsische Königspaar eingeladen war, galt das Interesse der schwedischen

Öffentlichkeit vorrangig der Wasa-Tochter, nicht dem Wettiner. Daß sie kam, sie, die Enkelin des letzten Wasa-Königs, wurde gewertet als Anerkennung der neuen Dynastie, als Verzicht auf alle spektakulären Ansprüche auf den schwedischen Thron, und entsprechend überschwenglich fiel der Empfang aus. Weder zuvor noch danach hat Carola international für mehr Schlagzeilen gesorgt denn als Gast Schwedens. Sie besuchte auch die Grabstätten ihres Vaters, Großvaters und Bruders in der Riddarholms-Kirche, wohin die Särge 1884 überführt und unter dem Grabmal von Gustav Adolf eingelassen wurden. Es war dies auf ausdrücklichen Wunsch Carolas geschehen.

Lazaretterlebnisse im Kriegsjahr 1866. Beim Heranrücken preußischer Truppen waren die Frauen und Kinder der königlichen Familie über Prag nach Regensburg geflüchtet, wo sie in einer der bayrischen Krone gehörenden Villa das Ende des Krieges abzuwarten gedachten. Als Kronprinz Albert seine Angehörigen nach der Katastrophe bei Königgrätz (3. Juli) wissen ließ, er habe sich mit dem Rest des geschlagenen sächsischen Korps nach Hetzendorf bei Wien zurückgezogen, hielt es Carola nicht länger in Regensburg, sie eilte unverzüglich nach Wien, wo sie am 23. Juli eintraf. Albert befand sich in depressiver Stimmung. Von seinem Adjutanten erfuhr sie von seinen in Königgrätz geäußerten Worten: »Ich wollte, ich läge tot auf dem Schlachtfelde!« Carola wollte versuchen, ihm wenigstens bei der Versorgung der Kranken und Verwundeten beizustehen, und ihr erster Weg führte sie tags darauf nach Laxenburg ins Militärlazarett. Sie war eben 33 Jahre alt und kannte den Krieg nur aus Büchern. Die kursierenden rührseligen Geschichten über Prinzessinnen am Bett verwundeter Helden mochten auch nicht ganz ohne Eindruck auf sie geblieben sein. Was sie aber in den Hospitälern erblickte, machte sie zutiefst betroffen. Sie begann die schreckliche Wahrheit zu begreifen, daß nach einer Schlacht dreimal soviel Soldaten wie während der Schlacht sterben.

Drei Wochen nach »Königgrätz« eintreffend, hatte Carola das Schlimmste gar nicht erlebt. Was sich nach dem Rückzug der geschlagenen Österreicher und Sachsen auf den Fluren von Sadová (tschechisch für Königgrätz) abspielte, erfuhr sie erst später. Kriegsminister von Room berichtete: »Als ich gestern abend recht müde hierher ritt, waren unsere Verwundeten meist schon aufgelesen, aber Österreicher und Sachsen lagen noch zu Tausenden ... Waren wir auch hinlänglich auf unsere 5- bis 6000 eingerichtet, so doch nicht auf die ca. 10000, die der Feind in unseren Händen zurückgelassen hat.«[4]

Tage nach der Schlacht fand der Arzt Dr. Hulma aus Breslau mit einigen seiner Studenten auf einer Waldlichtung bei Königgrätz 378 verwundete Österreicher und Sachsen, verlassen und ohne jeglichen Beistand. Weitere 800 waren bereits gestorben, den unbehandelten Verletzungen erlegen, verdurstet oder verhungert.

Sachsen hatte auf dem böhmisch-mährischen Kriegsschauplatz bei 30000 eingesetzten Soldaten mit 620 Gefallenen und 1392 Verwundeten relativ geringe Verluste, aber 7345 Mann waren erkrankt, vor allem an der Cholera, der Geißel des Krieges von 1866. Als Carola im Hauptquartier Alberts eintraf, lagen im Raum Wien verteilt auf vier Feldhospitäler 5318 verwundete oder kranke Sachsen, weitere 800 in drei provisorisch eingerichteten Ambulanzen. Carola verbrachte bis zur Rückkehr des Hofes nach Dresden (3. November) ihre freie Zeit in den Lazaretten. Jeden Tag besuchte sie wenigstens ein Feldhospital oder eine Ambulanz. Die Soldaten verehrten sie, weil sie ungeachtet der Ansteckungsgefahr und den damit verbundenen Gefahren kam und für ihr eigenes Leben nicht fürchtete; Typhus- oder Cholerakranke wurden in der Regel gemieden. Carola jedoch war unglücklich, weil sie ihre Ohnmacht spürte, nur Trost spenden und keine echte Hilfe leisten zu können.

In den Feldhospitälern und Ambulanzen mangelte es an allem, an Ärzten, Pflegepersonal, Medikamenten, Binden, Decken, Lebensmitteln... Obwohl das sächsische Sanitätswesen eine bessere Reputation als das preußische genoß, zeigten sich überall Mängel in der Organisation. Resignierend klagten Ärzte, was helfen Operationen, wenn die Verwundeten in Verhältnisse geraten, die selbst Gesunden schaden. Da die Chirurgen wegen fehlenden Personals oft noch Pflegedienste verrichten mußten, fanden sie für Operationen häufig keine Zeit. Als dann die Cholera ausbrach, war das Chaos perfekt. Der Generalstab hatte nur Truppen und Kanonen einkalkuliert, nicht aber Epidemien.

Carolas Aufmerksamkeit galt der Krankenpflege. Zeigten sich die Ärzte auch überrascht von ihren fürsorgerischen Fähigkeiten, so erkannte sie doch angesichts der Zustände in den Feldhospitälern die Grenzen jeglicher Hilfe ohne solide medizinische Ausbildung. Ähnlich erging es den einsatzwilligen Frauen und Mädchen, die herbeieilten, um Beistand zu leisten. Daß sich ihre Dienste in den meisten Hospitälern auf Arbeiten in Küche und Nähstube beschränkten, war allerdings nicht nur auf mangelnde medizinische Qualifikation zurückzuführen, sondern auch auf die im Militärwesen herrschende Ideologie; für einen sächsischen Stabsarzt alter Schule war es unvorstellbar, daß eine Frau, möglicherweise jung und hübsch, einen Soldaten betreute. Männern Verbände anzulegen, war in einem sächsischen Militärlazarett ausschließlich Männersache. Selbst Carola, die Kronprinzessin, mußte das, recht unverhohlen in die Schranken verwiesen, schockiert respektieren.

Das Feldhospital im Theresianum zu Wien, das mit 1300 Patienten belegt war – vornehmlich Cholera-Kranken –, leitete Dr. Julius Naundorff, ein umsichtiger und aufrichtiger Mann. Er weihte Carola schonungslos in die Verhältnisse seines Lazaretts ein und ließ dabei manche kritische Bemerkung über die Mißstände im sächsischen Sanitätswesen fallen, sprach offen von notwendigen Veränderungen. Ihm lag daran, am Hof eine Verbündete bei den längst überfälligen Auseinandersetzungen mit einer verkrusteten Militärbürokratie zu finden, doch er überschätzte dabei Carola. Selbst als Königin suchte sie Eingriffe in die Politik zu vermeiden, und noch war sie Kronprinzessin. Sie beschränkte sich nach Vermögen auf Pläne, die sie selbst umzusetzen vermochte, und dazu gehörte der allerdings erst gedanklich fixierte Aufbau einer freiwilligen Krankenpflege. Den dafür unerläßlichen medizinischen Sachverständigen glaubte sie gefunden zu haben: Naundorff. Am Ende gewann weniger er sie für seine Pläne als sie ihn für die ihren.

Der Albert-Verein. Nach den für sie so bedeutsamen Erlebnissen im Krieg 1866 interessierte sich Carola für alle Personen und Institutionen, die ihr als Vorbild bei der Schaffung einer Krankenpflege dienen konnten. In ihrer nachgelassenen Bibliothek fand sich auch »Un souvenir de Solferino« von Henry Dunant. Der Autor, ein Schweizer Kaufmann und Bankier, erlebte 1859 die blutige Schlacht von Solferino, erkannte nach seinen eigenen Worten noch auf dem Schmerzensfelde seinen Auftrag und schuf unter großen Schwierigkeiten 1864 in Genf eine Hilfsorganisation für Verwundete und Kranke – das Rote Kreuz. Dresden entsandte Generalstabsarzt Dr. Günther zur Gründungsfeier nach Genf, ließ ihn jedoch ohne Vollmachten. Wie die regierenden Kreise Sachsens lehnten auch die meisten Ärzte Dunant ab – den Laien, der »nichts verstehe«. Dabei konnte ihnen mit dem Roten Kreuz eine dringend benötigte Hilfe zuwachsen, die zu schaffen sie selbst versäumt hatten. Erst nach den in der Schlacht bei Königgrätz gesammelten traurigen Erfahrungen schloß sich Sachsen der Genfer Konvention an, was Carola begrüßte, weil damit die organisierte Krankenpflege staatliche Anerkennung fand. Wie sich das Verhältnis zum Roten Kreuz konkret gestalten würde, lag aber für Sachsen noch völlig im dunkeln.

Zu Preußens Siegesparade am 11. November 1866 weilte auf Einladung der preußischen Königin Augusta auch Henry Dunant in Berlin. Beide verständigten sich im Einvernehmen mit anderen Ehrengästen über die Bildung eines Zentralkomitees des Deutschen Roten Kreuzes mit Sitz in Berlin. Die Ortswahl entsprach dem Einfluß Königin Augustas und Preußens Erstarken nach dem Sieg über Österreich/Sachsen. Daß während Preußens Siegesfeier – auf der ein Repräsentant Sachsens, des Verliererstaates, nichts verloren hatte – so weitreichende Vereinbarungen getroffen wurden, ergab sich aus Möglichkeiten zu »Gesprächen am Rande« und zielte durchaus glaubhaft auf keinen bewußten Ausschluß Sachsens ab. Im allgemeinen verhielt man sich dem Roten Kreuz gegenüber allerorts ziemlich gleichgültig, und das Zentralkomitee vegetierte jahrelang dahin, bis es schließlich 1869 neu formiert wurde – mit Hilfe des anfangs so wenig gefragten Königreiches Sachsen, das sich durch Regierungsrat Friedrich von Criegern-Thunitz vertreten ließ.

Im März 1868 ergab sich für Carola eine Gelegenheit, Augusta in Berlin zu besuchen, und das Jahr darauf kam diese für einige Tage nach Dresden. Die Gespräche mit der damals noch einflußreichen preußischen Königin erfolgten auf der Basis sich allmählich normalisierender sächsisch-preußischer Beziehungen. Aus der Politik durch Bismarck verdrängt, lebte Augusta später nur noch für die Wohlfahrt. Carola zollte auch der Barmherzigen Schwester Florence Nightingale großen Respekt, die im Krimkrieg 1853/56 viereinhalbtausend englische Soldaten wegen unzulänglicher Betreuung sterben sah, ihren Protest laut in die Welt hinausrief und in Darmstadt unter schwierigen Bedingungen Alice-Schwestern ausbildete, und Clara Barton, dem »alten Schlachtroß« der Krankenpflege im amerikanischen Bürgerkrieg (1861/65), die 1870/71 als oberste Rotkreuzhelferin Kriegseinsatz leisten sollte. Näher aber lag für sie das Vorbild ihrer badischen Verwandtschaft; nach dieser orientierte sie sich. Noch zu Lebzeiten von Großmutter Stephanie war 1859 von Großherzogin Luise ein neuer Frauenverein Badens gegründet worden. Baden rückte neben Preußen, Bayern und Sachsen-Weimar ins Zentrum einer organisierten freiwilligen Krankenpflege, was Carola mit familiärem Stolz erfüllte. Sie konnte derweil auch selbstbewußter auftreten, da sie sich auf die Kraft eines die Kriterien des Roten Kreuzes erfüllenden Vereins zu stützen vermochte, des Albert-Vereins, und sie führte ihn 1871 in den von Augusta geleiteten, dem Roten Kreuz angeschlossenen Gesamtverband der deutschen Frauen-Hilfs- und Pflegevereine – bei strikter Wahrung der Selbständigkeit.

Für den 14. September 1867 hatte Carola zur Gründung eines Vaterländischen Frauenvereins ins Taschenbergpalais geladen, und wenn der Zuspruch auch nicht überwältigend ausfiel, so konnte sie doch ihr Vorhaben realisieren und den nach ihrem Mann benannten »Albert-Verein« aus der Taufe heben. An dessen Spitze sollte sie vier Jahrzehnte lang stehen; erst der Tod nahm ihr die Präsidentschaft aus den Händen.

Vielen erschien der Albert-Verein zu militant. In der Satzung hieß es, er wolle »in Kriegszeiten die Militärverwaltung in der Pflege verwundeter und kranker Soldaten durch eine geordnete Privathilfe ... unterstützen« und »schon in Friedenszeiten die nöthigen Vorbereitungen für die freiwillige Hilfstätigkeit in einem künftigen Kriegsfall ... treffen«.[5] Bei Gründung wurde noch ein Aufruf verabschiedet, demzufolge der Verein seine Aufgabe darin sah, eine »wohlgeordnete Schar geschulter Krankenpflegerinnen zu bilden, welche die in das Feld rückende vaterländische Armee begleiten und in der Nähe des Schlachtfelds sich bereit halten, von dem ersten Augenblick des Bedarfs an hilfreiche und gewiß willkommen geheißene Dienste zu leisten«.[6]

Carola stand noch unter dem Eindruck des 1866 in den Feldhospitälern Erlebten. Sie wollte solche Hilflosigkeit angesichts von Schreckensbildern kein zweites Mal erfahren und die Betreuung der Kriegsopfer verbessern. Sich auf neue militärische Konflikte einzustellen, verdiente angesichts der noch ausstehenden deutschen Einheit und Preußens einseitigem Vertrauen ins Schwert keinen Vorwurf, mochte man Kriege billigen oder nicht. Mit der öffentlichen Kritik an der Zielstellung des Vereins hatte Carola nicht gerechnet. Ihr wurde aber bald bewußt, daß über Sinn und Zweck des Vereins neu nachgedacht werden müsse, und sie besann sich auf die Armen- und Krankenpflege, die doch am Beginn ihres karitativen Wirkens stand, nicht die Kriegsopferfürsorge, auf ihre Verwandten in Baden, die bereits öffentliche Wohlfahrt praktizierten. Die soeben gedruckten Statuten bedurften einer Modifizierung, dem Bekenntnis zu einer zweiten Aufgabe, der Armen-, Kranken und Waisenfürsorge. Formal dauerte das zwar vier Jahre, aber in der Praxis setzten sich die besseren Einsichten früher durch, der Verein profilierte sich und gewann an Resonanz.

Der Albert-Verein verfügte ein Jahr nach seiner Gründung immerhin über 1 243 Mitglieder in 19 Zweigvereinen. Er war in allen Großstädten vertreten, dazu in Abhängigkeit vom Einsatzwillen einzelner Persönlichkeiten auch in kleineren Städten und Gemeinden, so in Ebersbach, Schirgiswalde, Mittweida, Frankenberg,

Pomßen; später kam Mügeln hinzu, um die Jahrhundertwende sogar eine Hochburg des Vereins. In Leipzig existierten zwei Vereine – in Leipzig selbst und im damals noch nicht eingemeindeten Vorort Möckern. Der Leipziger Albert-Zweigverein wurde am 25. Oktober 1868 durch die Gattin des Amtmanns von Leipzig-Land gegründet, Frau von Burgsdorff. Mit Beamten-Frauen konnte Carola am ehesten rechnen. Wenn die Kronprinzessin um Mitarbeit bat, lehnte keine ab, schon mit Rücksicht auf den Gatten. Wie sich zeigte, gab es in Möckern mehr Interessenten als in Leipzig, etwa 80, und diese bildeten am 1. Dezember 1868 recht selbstbewußt einen eigenen Albert-Zweigverein.

Die Bürger scherten sich wenig um Statuten und Absichtserklärungen, es interessierten hilfreiche Hände. Zwar traten einige ausgebildete Schwestern über, aber es ließ sich absehen, daß der Verein seine Pflegerinnen selbst heranziehen müsse. Betreut von drei Ärzten, nahmen in Dresden am 1. Januar 1869 die ersten Kursanten im ehemaligen Wachhaus am Leipziger Tor, vom Verein als Poliklinik eingerichtet, ihre Ausbildung auf, zeitgleich in Leipzig. Ein Jahr später brach der Deutsch-Französische Krieg aus.

DER KRIEG 1870/71. Inmitten der Aufbauarbeit wurde der Albert-Verein vom Ausbruch des Deutsch-Französischen Krieges 1870/71 überrascht. Während der nur einige Monate währenden Kämpfe (4.8.1870–28.1.1871) gab es auf französischem Boden 287 deutsche Feldlazarette mit 18853 Betten, die 90000 verwundete oder erkrankte deutsche Militärangehörige versorgten. Da es an Sanitätern mangelte, erlaubte das sächsische Kriegsministerium erstmals in der Geschichte des Landes den Einsatz »einzelner weiblicher Pfleger« in Lazaretten der Armee, so es sich nicht um Verbandsplätze direkt hinter der Front handelte. Dies entsprach dem Anliegen des Roten Kreuzes und der Frauenvereine, nur war niemand gründlich vorbereitet. Aus Sachsen kamen 160 Pflegerinnen in Frankreich zum Einsatz, darunter 67 katholische Schwestern – erstaunlich viel für das lutherische Land – und 35 Albertinerinnen, auch eine beachtliche Zahl, denn bei Kriegsausbruch verfügte der

Verein nur über 36 examinierte Pflegerinnen – 21 in Dresden, je zwei in Zwickau und Chemnitz und elf in Leipzig.[7] Die Albertinerinnen leisteten unter Leitung der legendär gewordenen Marie Simon aus Dresden in Frankreich 4625 Pflegetage, je Schwester also im Schnitt 132.

In Sachsen lag die Leitung der gesamten weiblichen Krankenpflege in den Händen von Carola, die ihre Aufgabe mit Umsicht und Hingabe wahrnahm, und aus dieser Zeit vor allem rührte ihre ungewöhnliche Popularität her. Ihr Hauptquartier schlug sie im Max-Palais auf, weil ihre Strehlener Villa zu abgeschieden lag.

Bei Kriegsausbruch wurden Reservelazarette in fast jeder größeren Stadt des Landes eingerichtet. Carola sah sich überall um, fuhr nach Leipzig, Chemnitz, Wurzen, Großenhain, Zittau, Bautzen, wies persönlich die Leiterinnen des weiblichen Hilfsdienstes ein. In Dresden trug sie die Verantwortung vor Ort selbst. Die Ankunft der Sanitätszüge versäumte sie selten, denn sie wollte wissen, was auf sie und ihre Helferinnen zukommen würde und den Verwundeten moralischen Beistand leisten. Die Soldaten rechneten es ihr hoch an, daß sie am Bahnsteig stand, selbst zu später oder sehr früher Stunde und bei Wind und Wetter. Einem naßkalten Herbst war ein ungewöhnlich strenger Winter gefolgt, und die Frontzüge erreichten selten pünktlich den Bestimmungsort. Leipzig avisierte zwar die Ankunft, aber oft stockte der Verkehr aus unerfindlichen Gründen noch kurz vor Dresden. Carola fror nur einmal recht jämmerlich in ihrer der Etikette gerechten Kleidung, dann zog sie sich nicht mehr höfisch, sondern praktisch an. Gesprächsstoff lieferten ihre Filzbabuschen. Geheimrat Walther, ihr Leibarzt, spöttelte, sie kreiere eine neue Mode in der Fußbekleidung. Dies störte sie so wenig wie die ihr schon sattsam bekannten Witzeleien über ihr Federvieh in Strehlen. Die Soldaten dachten ohnehin anders als der Hof. Ihnen mißfiel es keineswegs, daß sich Carola zum Schutze vor Wind und Wetter wie alle anderen vermummte und keinen Wert darauf legte, durch elegante Kleidung gleich als Kronprinzessin aufzufallen.

In Dresden gab es drei Reservelazarette, zwei große in Kasernen, ein kleineres in einem Pantonschuppen. Der Albert-Verein zählte inzwischen 2 809 Mitglieder, und die meisten wohnten in Dresden. Viele von ihnen boten bereitwillig ihre Dienste an, aber zu Carolas Überraschung hielten sich die Chefs der Reservelazarette bedeckt. Sie wollten wie eh und je nur männliches Pflegepersonal. Frauen im Feldlazarett: ja, im Reservelazarett: nein? Anzukämpfen war gegen diese Inkonsequenz schwer. Die konservativ denkenden Militärärzte versicherten geschickt, geschulte Pflegerinnen wollten sie gern akzeptieren, wohl wissend, daß der noch junge Verein keine haben konnte. Die wenigen examinierten Schwestern hatten sich ins Kriegsgebiet gemeldet. Absolventen der rasch eingerichteten Schnellkurse lehnten die Reservelazarette selbst als Hilfspflegerinnen ab, um männliche Hilfskräfte dagegen wurde zeitgleich öffentlich geworben. Von den Damen des Albert-Vereins, die mit einem Blumenstrauß kamen und nur »im Wege standen«, wollten die Stabsärzte ohnehin nichts wissen. Wenn sie ihnen nicht auszuweichen vermochten, weil Carola sich vielleicht in ihrer Begleitung befand, begegneten sie ihnen mit süßsaurer Miene in schicksalhafter Ergebenheit. Es handelte sich jedoch meist um Vereinsmitglieder, auf die Carola angewiesen war, weil sie Einfluß besaßen und den Verein sponserten. Für einen praktischen Einsatz kamen sie auch nach Carolas Einsicht nicht in Betracht. Notgedrungen mußte sie alle zu beschwichtigen suchen, Stabsärzte und reiche Damen, und dies rechnete sie zu den unerfreulichsten ihrer selbst gewählten Aufgaben.

Die hochgesteckten Ziele des Albert-Vereins erwiesen sich als wenig realistisch. Die propagierte Hilfe am Krankenbett verwundeter Krieger verflüchtigte sich. Stattdessen wurden Arbeitsstätten geschaffen, stellte sich der Verein auf Zuarbeiten ein, gewichtige zwar, doch recht unscheinbare. Die sich im Max-Palais einfindenden Helferinnen schickten Päckchen ins Feld, nähten Wäsche, fertigten Verbandsmaterial oder wuschen Lazarett-Kittel. Carola teilte die Arbeit morgens selbst ein. Mit etwa 150 Freiwilligen konnte sie täglich rechnen. Noch nie in ihrem Leben hatte sie so viele

Menschen dirigiert, und das in einer ihr fremden Arbeitswelt. Wer seinem Broterwerb nachgehen mußte, konnte sich nicht beteiligen; es kamen die Frauen der Beamten, Künstler, Professoren und Höflinge, die in den eigenen vier Wänden das Nähen und Waschen ihrem Personal überließen. Diese Einsatzbereitschaft entschädigte Carola für manches Ärgernis. In den anderen Landesteilen, wo sie persönlich nicht werben konnte, war die Hilfsbereitschaft keineswegs geringer. In Leipzig mit seinen zwei Zweigvereinen gab es ebenfalls zwei Arbeitsstätten der Albertiner, die es zusammen wie Dresden auf täglich etwa 150 Helferinnen brachten.

Die französischen Kriegsgefangenen kamen vorwiegend in den Dresdner Raum. Im Februar 1871, nach Eintritt der Waffenruhe, befanden sich in Übigau 18000 Gefangene, und Carola suchte sie nach Vermögen in ihre Samaritertätigkeit einzubeziehen. Im Lager selbst wurden auch nach der Kapitulation Frankreichs keine Zivilisten geduldet, aber verschiedentlich konnte Carola erkrankte Gefangene zu sich nach Strehlen holen, eine vom Kriegsministerium wie vom Hof nicht eben gern gesehene Aktion. Es wußten übrigens nur wenige, um wen es sich bei den Fremden in der privaten Villa der Kronprinzessin handelte. Wieder in der Heimat, schilderte einer der Pfleglinge in der französischen Presse seine Strehlener Erlebnisse, und dieser Bericht gelangte auch der Öffentlichkeit Sachsens zur Kenntnis. Weitere ehemalige Gefangene meldeten sich mit Leserbriefen zu Wort. Einer lud Carola zu sich nach Lyon ein, und gelegentlich einer Urlaubsreise nahm sie die Einladung wahr, kletterte sie vier Treppen hinauf in eine Arbeiterwohnung, um in fröhlicher Runde eine Stunde zu erleben, die ihr in der Erinnerung mehr wert gewesen ist als manche Audienz in einem Palais. Ebenfalls durch die Presse erfuhr sie später, es gebe in Frankreich eine neue Rose, genannt »Reine de Saxe« (Königin von Sachsen); einer ihrer früheren Schützlinge, ein Gärtner, hatte ihr eine nach viel Mühen und beträchtlichem Zeitaufwand besonders gut gelungene neue Züchtung gewidmet. Carola wunderte sich auf Reisen immer wieder über ihre Popularität in Frankreich; man nannte sie dort »die Ritterliche« oder »der Engel aus dem Sachsenlande«. Dieses Wohlwollen strahlte Wärme aus inmitten der durch Krieg und Annexion von Elsaß-Lothringen unterkühlten Beziehungen.

Bei Gründung orientierte sich der Albert-Verein auf Krieg, und durch den Krieg fand er jetzt zu neuen Aufgaben. Im Siegestaumel wollten »Kaiser und Reich« die Leiden der Zivilisten nicht wahrhaben. In der Armee war nach den Erfahrungen von 1866 die Impfung gegen Pocken, Cholera und andere Krankheiten eingeführt worden. Das bannte einige Gefahren – für Soldaten. Die nicht geimpften Zivilisten aber sahen sich schutzlos eingeschleppten Krankheiten ausgeliefert, was sich gegen Ende des Krieges und danach zeigte, vorwiegend 1873. In Sachsen starben 9000 Zivilisten an Pocken und Cholera; erkrankt waren etwa fünfhunderttausend, und das Pflegepersonal kam nicht zur Ruhe. Der Verein sah sich durch die Epidemien in einem bislang wenig beachteten Gebiet herausgefordert. Ohnehin kursierte die Meinung, der Krieg 1870/71 sei doch wohl der letzte gewesen; die kommenden Geschlechter würden klüger sein, jedenfalls weniger militant. Das wurde allerdings seit Menschengedenken erhofft. Je weiter sich der Verein zivilen Aufgaben öffnete, desto mehr Betätigungsfelder entdeckte er, nicht nur die Fürsorge für Kranke und Gebrechliche. Als 1881 beim Brand des Wiener Hoftheaters 400 Menschen umkamen, der Rettungsdienst bei der Schadensbegrenzung versagte, bereitete sich der Albert-Verein auch auf Katastropheneinsätze vor. Daß er sich bald mit Überschwemmungen im Erzgebirge konfrontiert sehen sollte, ahnte noch niemand.

Den 2. Verbandstag der deutschen Frauen-Hilfs- und Pflegevereine durfte 1878 Dresden ausrichten, was der Albert-Verein als Würdigung seiner Arbeit verstand. Er hatte sich unter Carola auf seinem Territorium einen führenden Platz im neuen deutschen Reich zu sichern vermocht. Augusta, inzwischen Kaiserin geworden, dankte Carola ausdrücklich »für das schöne Vorbild der Wohltätigkeit«.[8] Voller Bewunderung waren die Kongreßteilnehmer für das neu errichtete Carolahaus.

Das Carolahaus. Als ein 5,25 Hektar großes Areal in der Dresdner Gerokstraße 65 zum Verkauf ausgeschrieben wurde, meldete der Albert-Verein, der seit langem Bauland für ein Mutterhaus suchte, Interesse an. Die Lage des Grundstücks war ideal, doch die geforderten 180000 Mark überstiegen die Möglichkeiten des Vereins. Da aber fürs erste ohnehin nur das halbe Gelände verfügbar war, genügten 90000 Mark als Anzahlung, und die ließen sich aufbringen. Gebaut wurde in Etappen nach einem von Stadtbaudirektor Friedrich erarbeiteten Projekt. 1878 weihte Carola den Haupttrakt der nach ihr benannten Anlage ein. Das Carolahaus gehörte bald zu den stadtbekannten Adressen. Es vereinte Krankenhaus, Poliklinik, Unfallstation und Mutterhaus der Albertinerinnen.

Schwester konnte werden, wer das 20. Lebensjahr vollendet und das 35. noch nicht überschritten hatte.[9] Die Ausbildung dauerte zwar drei Jahre, aber für Dozenten, Lehrmittel, Bücher, Wohnung, Kleidung und Verpflegung kam der Verein auf, und er gewährte einer Lehrschwester auch ein Taschengeld von monatlich 12 Mark. Die Albertinerinnen wohnten im Schwesternheim, zu dem männliche Besucher keinen Zutritt hatten. Obwohl eine Verlobung den Ausschluß nach sich zog, heirateten immer wieder Schwestern, 1893 gleich drei. Eine Lösung des Vertrages war auch aus anderen Gründen möglich, so bei Antritt einer Erbschaft, Auswanderung oder Überdrüssigkeit des Berufs. Die Albertinerin genoß mehr Freiheit als eine Nonne. Die Schwestern waren zwar praktizierende evangelisch-lutherische Christen, der Verein aber war interkonfessionell. Carola bekannte sich zum Katholizismus und wollte Katholiken keinesfalls ausschließen, doch die Sachsen gehörten vorwiegend der evangelisch-lutherischen Kirche an. Interkonfessionell arbeitete auch das Rote Kreuz, dem der Albert-Verein angeschlossen war.

Berufsschwestern ließen sich schwer gewinnen. Lag es nur an der geforderten Ehelosigkeit und den strengen Gepflogenheiten des Schwesternhauses? Sicher spielte auch die elitäre Denkweise des Vereins eine Rolle. So mußte jedes Mädchen, das Albertinerin werden wollte, als Sicherheit hundert Mark hinterlegen, und das kam dem Ausschluß mittelloser Interessenten gleich, was der Verein allerdings nie wahrhaben wollte. Er müsse auf der Kaution bestehen, weil die Ausbildung viel Geld koste, das bei einem vorzeitigen Abbruch der Lehre vertan sei. Die Entbehrungen, die eine Pflegerin auf sich nehmen mußte, dämpften ohnehin das Interesse am Schwesternberuf.

Das Taschengeld einer Berufsschwester betrug monatlich 24 Mark und erhöhte sich alle drei Jahre um weitere drei Mark; ab dem 15. Berufsjahr bestand Anspruch auf eine jährliche Zulage von 20 Mark, ab 20. Berufsjahr von 40 Mark. Um den Schwesternberuf attraktiver zu machen, bot der Albert-Verein seit 1876 eine soziale Absicherung bis ans Lebensende. Damit war er den Bismarckschen Sozialgesetzen (1889) dreizehn Jahre voraus. Er kam für den Unterhalt der alters- oder gesundheitsbedingt aus dem aktiven Dienst ausgeschiedenen Schwestern auf, gewährte ihnen Wohnung in einem eigens für sie gebauten Pensionshaus, zahlte Arzt-, Heil- und Beerdigungskosten.

Nach der Schwesternordnung mußte die Albertinerin ihre Arbeit nicht unbedingt berufsmäßig ausüben – obwohl das der Vorstand propagierte –, sie konnte auch jährlich einen achtwöchigen Einsatz absolvieren, und von dieser Möglichkeit machte etwa jede zehnte Schwester Gebrauch. 1906 gab es in Dresden 213 ständig und 23 zeitweilig einsetzbare Albertinerinnen.

Das Krankenhaus besaß 250 Betten in meist zweistöckigen Pavillons innerhalb der parkähnlichen Anlage. Für 1906 sind 1676 Patienten mit 61446 Verpflegungstagen ausgewiesen.[10] Im Schnitt lagen die Kranken also rund einen Monat hier, ungewöhnlich lange. Dies läßt eine Konzentration schwerer Fälle vermuten, erklärte sich aber eher aus Pflegeleistungen für Patienten ohne Anhang. Zwar gab es einige Albertinerinnen, die sich der Hausbesuche annahmen, doch im Krankenhaus war die Betreuung effektiver und praktischer. Bei freier Kapazität wurde die Entlassung schon mal verzögert. Für sozial Schwache standen 27 Freibetten zur Verfügung, finanziert durch Sponsoren. Im Krankenhaus wirkten 50 examinierte Albertinerinnen sowie einige Hilfs- und Lehrschwestern. Nach dem Zeitverständnis stellte sich das als beispielhaft dar; es gab kaum ein anderes Krankenhaus, in dem auf fünf Patienten eine Schwester kam. Für den Einsatz der Ärzte zeichnete Dr. Julius Naundorff verantwortlich, den Carola 1866 in Wien kennengelernt hatte. Bei der Einstellung von Ärzten unterlag der Verein jedoch gewissen Beschränkungen: Er hatte zumindest eine Assistentenstelle für einen Militär-Oberarzt zu reservieren. In Friedenszeiten diente das Carolahaus als öffentliches Krankenhaus, in Kriegszeiten als Militärlazarett. Ein Vorteil war mit dieser Regelung verbunden: Einige der Lehrschwestern konnten ihr Praktikum im Garnisonslazarett absolvieren.

Zum Krankenhaus gesellte sich 1879 eine Poliklinik, die zwar anfangs nur über eine Frauenabteilung verfügte, aber systematisch erweitert wurde und es schließlich auf fünf Abteilungen und eine Station brachte. Der Zuspruch überstieg alle Erwartungen. Vor allem in der Augenabteilung, die 1906 mit 4245 Beratungen in der Patientenstatistik vornan lag, dicht gefolgt von der Abteilung Allgemeine Medizin. Verhältnismäßig schwach besucht blieb mit 1 170 Konsultationen die Frauenabteilung. Das mochte viele Gründe haben, aber es drückte letztlich die nachgeordnete Stellung der Frau in der Gesellschaft aus. Die vierte Abteilung, die Chirurgie, kämpfte lange Zeit gegen räumliche Beengung an, ein Problem, das mit Einzug in ein neues Operationsgebäude 1903 gelöst wurde. Kurz vor ihrem Tod setzte Carola noch die Gründung einer fünften Station durch, einer Abteilung für Lungenkrankheiten, Fürsorgestätte genannt. Gemeinsam mit der Stadt unterhielt das Carolahaus auch eine Unfallstation, 1906 von 788 Patienten in Anspruch genommen. Wer die Poliklinik des Carolahauses aufsuchte, brauchte aufs Portemonnaie nicht zu achten; alle Konsultationen waren kostenlos.

Als der Albert-Verein 1892 sein 25jähriges Bestehen feierte, repräsentierte das Carolahaus einen Wert von 1, 5 Mill. Mark. Vereine rechneten damals selten mit sechsstelligen Beträgen, mit siebenstelligen schon gar nicht. Wichtiger war etwas anderes: Das Carolahaus, dem das Krankenhaus in Grünau/Lausitz angeschlossen war, zählte zu den modernsten medizinischen Einrichtungen Sachsens. Waren Land und Kommunen davon beeindruckt? Eigentlich hätten sie beschämt sein müssen, denn was zu ihren Aufgaben zählte, erfüllte ein sich auf Beiträge und Spenden stützender Verein.

Zwar war das Carolahaus die bedeutendste Wirkungsstätte der Dresdner Albertinerinnen, aber keineswegs die einzige. So arbeiteten 1893 im Stadtkrankenhaus 27 Albertinerinnen, zwei in der Heilstätte Loschwitz, drei in den Kinderheilstätten Neu- und Antonstadt, eine im Josephinenstift; zwölf Schwestern übernahmen Privatpflege, Nachtwachen eingeschlossen.[11]

Ein zweites Mutterhaus der Albertinerinnen mit staatlich anerkannter Krankenpflegerschule gab es in Leipzig, nur hieß es hier nicht Carolahaus, sondern Alberthaus.

Der erste Kurs der 1869 in Leipzig eröffneten Schwesternschule dauerte nur ein Jahr. Emilie Winter, die Vorsteherin, nahm die Albertinerinnen zu sich in ihre Wohnung Salomonstraße 4b. Die Teilnehmer des zweiten bis vierten Kurses wohnten in der Braustraße 7. Dann fand sich 1875 für 18 Jahre eine gemietete Bleibe in der Eberhardstraße 9, bis endlich am 11.7.1893 ein eigenes Schwesternhaus bezogen werden konnte. Die Witwe des Bürgermeisters Cichorius hatte ihr Grundstück Marienstraße 17 verkauft. Da die Rücklagen des Vereins nicht reichten, mußte gesammelt werden, und als trotzdem noch ein paar Tausender an der Kaufsumme fehlten, spendeten einige stadtbekannte Familien – Volkmar 3 000 Mark, Frege 5 000 Mark, Samson ebenfalls 5 000 Mark. Frau Cichorius wartete geduldig, bis der Albert-Verein, der finanziell nie annähernd so stark wie der Dresdner gewesen ist, die Zahlung zu leisten vermochte. Durch einen Um- und Anbau konnte 1904 die Kapazität des Schwesternhauses von 32 auf 60 Betten erhöht werden, und auch auf einen Namen hatte man sich inzwischen geeinigt: »Alberthaus«.

Zuwendungen dankbarer Patienten wurden in Leipzig gleichmäßig unter die Schwestern verteilt: Eingeführt hatte diese Schwesternkasse 1875 Emilie Winter. Wurden Schwestern mit einem Geschenk bedacht, übergaben sie es der Vorsteherin zur Verwahrung, und zu Carolas Geburtstag erfolgte die feierliche Verteilung.

Der Albert-Verein erfreute sich in Leipzig einer ungewöhnlichen Förderung durch die ortsansässigen Medizinprofessoren. In der alten Handelsstadt ging es bürgerlicher, weniger militant zu als in Dresden; niemand wollte hier Militärärzte privilegiert, Planstellen für sie reserviert wissen. Der einflußreiche Professor Thiersch war die Seele des Vereins. Er leitete die Schwesternausbildung, betreute Patienten, gewann Ärzte für die Sprechstunden.

Die wohl bekannteste Poliklinik des Albert-Vereins befand sich in Leipzig-Möckern in der Lange Str. 25. Sie überdauerte die Vereinigung beider Zweigvereine (1895), wurde erst 1913 geschlossen, als der Augenarzt Prof. Schroeter in den Ruhestand trat. Er hatte seit 1871 etwa 36000 Konsultationen durchgeführt, mehr als jeder andere Arzt. Insgesamt erhielten in den 41 Jahren des Bestehens der Poliklinik 93 000 Kranke medizinischen Beistand.[12] Die Aufgaben übernahm die Poliklinik Alberthaus.

Da die Leipziger Albertinerinnen anders als die Dresdner kein eigenes Krankenhaus besaßen, kamen die nicht in den Polikliniken und in der Hauspflege eingesetzten Schwestern im Stadtkrankenhaus Leipzig-Reudnitz zum Einsatz, ab 1891 auch im Kinderkrankenhaus. Zur bedeutendsten Wirkungsstätte der Leipziger Albertinerinnen aber sollte das erst nach Carolas Tod 1913 eingeweihte (neue) Krankenhaus St. Georg werden, wo 151 Albertinerinnen tätig wurden, mehr als sonst in einem sächsischen Krankenhaus.

Welcher Wertschätzung sich die Albertinerinnen in Leipzig erfreuten, verdeutlichten auch Verfügungen bedeutender Stifter. So bestimmte Stadtrat Schwabe, daß Albertinerinnen die von ihm finanzierten Genesungsstätten Gleesberg bei Schneeberg und Förstel bei Schwarzenberg leiteten. Ein anderer »Schwabe«, der Heilmittelfabrikant Dr. Wilmar Schwabe, zog für die 1898 von ihm gestifteten Anstalten in Augustusbad ebenfalls Albertinerinnen heran. Sie betreuten auch die 1890 geschaffene Kinderheilanstalt in Frankenhausen am Kyffhäuser.

Carola war auf die Leipziger besonders stolz. Bedingt durch die räumliche Entfernung hatte sie sich nie so intensiv ums Alberthaus zu kümmern vermocht wie ums Carolahaus in Dresden. Daß es Furore machte, obwohl wesentlich auf sich selbst gestellt, erschien ihr stets wie ein fruchtbarer Acker, auf dem gute Saat gedeiht, als Garant für das Überdauern ihres Lebenswerkes.

DER JOHANNES-VEREIN. Der Johannes-Verein wurde 1876 von Carola gegründet, wie ein Eintrag im Dresdner Genossenschaftsregister belegt. Eigentlich faßte sie aber nur vier von ihr seit Jahren geleitete Vereine zusammen: »Nähmaschinenerwerbsverein«, »Verein zur Vermittlung für weibliche Arbeit«, »Daheim für Arbeiterinnen« und »Frauenverein für die zunächst der Stadt Dresden gelegenen Ortschaften«. Das Ziel des Johannes-Vereins war es, Frauen zu Brot und Arbeit zu verhelfen.

Carola zeigte sich hier von einer Seite, die bis dato wenige an ihr kannten, und so mancher betrachtete ihr Tun etwas verwundert. Zwar suchte sich Carola aus der Politik herauszuhalten, aber mit den Bittgesuchen der Armen, die sich vertrauensvoll an sie wandten, wurde sie unweigerlich mit ihr konfrontiert. Besorgt verfolgte sie die sozialen Auswirkungen der Industrialisierung in den stürmischen Gründerjahren. So verringerte sich mit dem Aufkommen neuer Verkehrsmittel und der serienmäßigen Herstellung billiger Massenprodukte drastisch der Bedarf an Hauspersonal. Es deuteten sich jedoch auch neue Arbeitsmöglichkeiten an, etwa im Bekleidungssektor. In den USA kamen die ersten Kleiderfabriken auf, in denen die von Singer verbesserte Nähmaschine eingesetzt wurde. In Deutschland vollzog sich alles vergleichsweise langsam und auf andere Weise. Man fertigte zwar auch »Konfektion«, aber in Heimarbeit; so sparte der Unternehmer Ausgaben für den Bau eigener Fabriken.

Die Nähmaschine, eine technischen Neuerung, deren volkstümliche Bedeutung wohl nur aus der Zeit heraus zu verstehen ist, regte die Gedankengänge vieler mittelloser Frauen stark an, konnte man sich doch, im Besitz einer solchen Nähmaschine, einen Nebenverdienst sichern und Kleidung und Wäsche für den Eigenbedarf fertigen. Aber wie in den Besitz einer teuren Nähmaschine gelangen? Wie sie bedienen? Woher sich Aufträge beschaffen?

Rat wußte der Johannes-Verein.

Er beriet Frauen bei der Wahl einer Nähmaschine, holte preisgünstige Angebote ein, half beim Abschluß des Kaufvertrages und bei der Finanzierung in Form eines Vor- oder Zuschusses. Er machte die Käuferin mit der Maschine vertraut und richtete Nähkurse ein, die übrigens regen Zuspruch fanden. Den Erwerb einer Nähmaschine aber wagten weniger Frauen als erwartet, trotz der vom Verein gebotenen günstigen Bedingungen. Meist fehlte das nötige Eigenkapital, oft auch Vertrauen in die Nachfrage. Ohne Aufträge ließen sich die Raten nicht bezahlen, keine Erträge erwirtschaften.

Um den Verkauf der Fertigprodukte bemühte sich die Abteilung für Vermittlung weiblicher Arbeit. Sie unterhielt in Dresden Läden, die Näh- und Handarbeiten verkauften. Absatz wurde auch auf Jahrmärkten gesucht oder bei Veranstaltungen. Die Vereinsmitglieder brauchten sich also nicht mit dem Verkauf belasten, sie konnten sich auf die Herstellung konzentrieren und liefen nicht Gefahr, von einem Großhändler übervorteilt zu werden; die Verkaufsstellen des Johannes-Vereins waren nicht gewinnorientiert, sondern nur auf Kostendeckung bedacht.

Das »Daheim für Arbeiterinnen« in der Dresdner Feldstraße nahmen Näherinnen selten in Anspruch, und es war auch nicht direkt für sie gedacht. In der Zeit von Dresdens Übergang zur Großstadt drängten viele junge Mädchen vom Lande in die Stadt, und der Verein bot ihnen billige Schlafstellen sowie Essen für wenig Geld. Das »Daheim« nannte sich urspünglich Mädchenasyl, erst 1896 kam der neue Name auf. Die Unterkunft gereichte dem Johannes-Verein nicht zur eitlen Freude, sie drohte ein »Mädchenasyl« zu bleiben, erfüllte aber eine wichtige soziale Funktion.

Der »Frauenverein« verdiente schon deshalb Beachtung, weil er sich auf die von den meisten wohltätigen Einrichtungen vernachlässigten Vororte konzentrierte. Er nahm sich erkrankter Personen an und betreute Kinder, um den Müttern die Aufnahme einer Arbeit zu ermöglichen. Im Laufe der Zeit errichtete er fünf Kinderbewahranstalten und drei Krippen.

Der Gesamtverein, der Johannes-Verein, wagte sich sogar an ein solch kostspieliges Unterfangen wie den Wohnungsbau heran, um ein Signal zur Beschaffung billigen Wohnraums für sozial Schwache zu setzen, und errichtete in Etappen sechs Häuser mit 144 kleinen, aber bezahlbaren Wohnungen. Damit waren die Möglichkeiten des Vereins allerdings erschöpft.

In Leipzig, Sachsens größter Stadt, widmete sich der Frauenverein, der 1893 den Namen Carola-Verein annahm, anfangs vor allem den Armen und Gebrechlichen. Landesweit bekannt wurde er durch die 1875 mit Sitz in der Beethovenstraße 15 errichtete Carola-Schule (so erst seit 1893). Das Anliegen glich dem des Dresdner Johannes-Vereins, nur stand nicht die Arbeitsbeschaffung vornan, sondern die Ausbildung, um die Chancen der Frauen auf dem Arbeitsmarkt zu verbessern. Otto Georgi, damals Vizebürgermeister von Leipzig, hatte dafür ein offenes Ohr und setzte städtische Fördermittel durch, für den Verein ein Glücksumstand. So konnte die Lehranstalt großzügig aufgebaut und das Schulgeld niedrig gehalten werden. Die Carola-Schule gliederte sich in Höhere Fachschule, Lehrerinnenseminar, Gewerbeschule und Abendschule. Für 18 bis 36 Mark konnte ein drei- bis sechsmonatiger Näherinnenkurs absolviert werden. Ähnliche Lehrgänge gab es für Handarbeiten und Hauswirtschaft. Mit staatlich anerkanntem Abschluß erfolgte für 375 Mark in anderthalbjährigen Kursen bei 36 Wochenstunden eine Ausbildung zur Handarbeits- oder Haushaltungslehrerin. Für erschwingliche 80 Pfennige wöchentlich vermochten berufstätige Frauen die Abendnäh- oder Abendhaushaltungsschule zu besuchen. Die Carola-Schule brachte es rasch auf 600 Schülerinnen, und das sprach für sich; in Sachsen zumindest gab es keine vergleichbare Lehrstätte mit größerer Resonanz.

Nach dem Leipziger Beispiel wurde in Schwarzenberg/Erzgebirge eine Frauenschule ins Leben gerufen, 1884 von Carola eröffnet. Am Anfang stand die Ausbildung in Nadelarbeiten bis zur Erwerbsfähigkeit, bis 1891 der Lehrplan um Haushaltungskunde erweitert werden konnte. Durch Vermittlung Carolas gab es 21 Freistellen, bezahlt aus der königlichen Privatkasse. Da es sich bei den Schülerinnen meist um Bürgertöchter handelte, sollten Freistellen auch Arbeiterinnen eine Chance geben. Die Schwarzenberger Frauenschule brachte es in den ersten zehn Jahren ihres Bestehens auf 717 Absolventinnen, für eine so dünn besiedelte Region wie die erzgebirgische ein erstaunlich gutes Ergebnis.

MUTTER DER ARMEN. Weder durch den Albert- noch Johannes-Verein wurde Carola so populär wie durch das, was sie selbst als kleine Liebesdienste bezeichnete. Sie stand mit etwa 200 Hilfsvereinen in Verbindung, setzte aber zudem sehr viele Wohltätigkeiten eigenständig in Szene.

Weithin bekannt wurde ihr Weihnachtstisch für Kinder. Wochen vor dem schönsten aller Feste begann sie mit den Vorbereitungen. Sie besorgte fast alles selbst, gönnte keiner ihrer Hofdamen eine Mitwirkung. Da ihr eigene Kinder versagt waren, erfreute sie anderer Leute Kinder. Zu einem feierlichen Ritual ließ sie auch das Ostereiersuchen in ihrer Strehlener Villa werden und die jährlichen Kinderfeste. Aus Anlaß von Jubiläen gingen ihr mitunter viele Präsente zu, auch eßbare. Das freute die Kinder. Zu ihrer Silberhochzeit 1878 bewirtete Carola in Pillnitz 1700 Kinder. All die vielen Brezeln und Waffeln, die die Bäcker eigentlich ihr zugedacht hatten, fanden dankbare Abnehmer. Kaffee und Eis waren die Draufgabe Carolas.

Nahe Pillnitz schuf sie das nach ihrem Vater benannte »Gustav-Heim für Gebrechliche beiderlei Geschlechts«, das ihr Eigentum war und von ihr unterhalten wurde. Sie besaß, direkt oder über Stiftungen, auch die für Arbeitsunfähige offenen Louisen-Häuser zu Morawetz und Mannheim.

Eigentum Carolas war auch »Das sächsische Krüppelheim«[13], Weinbergstraße 54 in Dresden-Trachenberge. Lange hatte sie sich vergeblich nach einem geeigneten Areal umgesehen, bis ihr schließlich die Forstverwaltung 35 000 m² Wald verkaufte. Der Königin schlug ein Beamter so leicht nichts ab, darin lagen ihre Vorteile im

Umgang mit Behörden. Das 1896 eröffnete Heim wurde drei Jahre später erweitert und konnte 34 schwerbehinderte Kinder aufnehmen. Es schloß Internat, Elementarschule, Gewerbeschule und orthopädische Turnanstalt ein. Die Elementarschule war einklassig. Die Gewerbeschule machte die Jungen mit Buchbinderarbeiten und Obstbau vertraut, die Mädchen mit Nadelarbeiten, Kunststicken und Herstellung künstlicher Blumen. Die orthopädische Abteilung, betreut von einer Maria-Annen-Schwester, mußte sehr variabel sein, sich ganz auf den Patienten einstellen. Für sächsische Verhältnisse war diese Einrichtung einmalig. Carola, die ihre Oberhofmeisterin als Direktorin einsetzte, bezahlte die Hälfte der Jahresausgaben aus ihrer Privatschatulle. Entspechend anteilig mußten die Kosten für technisches Personal und vier pädagogische Kräfte getragen werden sowie der Lebensunterhalt der Kinder: 1906 kamen 10693 Verpflegungstage zusammen.

Carola bestritt ganz oder teilweise die Unterhaltung von Kinderbewahranstalten, außer in Dresden auch in Stanislau und im schlesischen Langewiesen. Sie unterstützte die Bruderanstalt mit Rettungshaus zu Moritzburg, die 108 Bedürftige aufnehmen konnte, das Mädchenrettungshaus zu Hainewalde und die Trinkerheilanstalt »Seefried« bei Moritzburg.

Einen hohen Stellenwert maß Carola den Tagesaufgaben bei der Linderung akuter Not bei. Sie war Protektorin der Zentral-Hilfsvereine für die 207 obererzgebirgischen und vogtländischen Frauenvereine. Die sozialen Belange verlangten in kaum einer anderen Region dringender einer Fürsorge wie in dieser, und der Verein half, wann immer er konnte. So gab er 1906 für 19704 Hilfsbedürftige 133636,75 Mark aus.[14] Auf Lebensmittelzuteilungen entfiel mit 66483,95 Mark rund die Hälfte. Es wurde auch Kleidung gespendet oder ein Zuschuß zu Miete und Heizung gewährt. In Dresden sah Carola eine weitere soziale Aufgabe: die Massenspeisung. Sie folgte damit dem Beispiel der »Suppenlina« (Lina Morgenstern), die 1866 in Berlin mit dem Aufbau von Volksküchen begonnen hatte, leerstehende Magazine nutzend, und täglich acht- bis zehntausend billige Mittagessen abgab. Carola unterhielt drei

Volksküchen – im Amalienhaus, in Löbtau und Friedrichstadt. Letztere, 1885 eröffnet, gab täglich 300 Portionen ab; 10 bis 15 Pfennige zahlten die hungrigen Gäste, den Rest beglich Carola.

Zu kaum einem anderen Verein stand Carola so lange in Beziehung wie zum Sächsischen Pestalozzi-Verein, der ihr 1854 aus Anlaß seines zehnjährigen Bestehens das Protektorat antrug, nur ein Jahr nach ihrem Einzug in Dresden. Sie freute sich über das Ersuchen, akzeptierte es und sollte das Protektorat über einen der mitgliederstärksten Vereine Sachsens am Ende ein halbes Jahrhundert innehaben. Direkt eingebunden war sie in acht soziale Einrichtungen des Vereins, doch besonders ans Herz wachsen sollte ihr das 1892 eröffnete und nach ihr benannte »Lehrertöchterheim Carola-Stift« in Dresden-Klotzsche. Das Heim, zu dem zwei Häuser und ein großer Garten gehörten, betreute 30 weibliche Lehrerwaisen, eine etwas irritierende Umschreibung: Für die Aufnahme war ein Mindestalter von 50 Jahren vorgeschrieben. Verarmte Lehrertöchter sollten einen sorgenfreien Lebensabend genießen. Wohnung, Heizung und medizinische Versorgung waren kostenlos, und zum Lebensunterhalt gewährte das Heim einen Zuschuß von monatlich 50 bis 200 Mark. Die Stiftungsmittel betrugen anfangs nur bescheidene 5 000 Mark, doch aus Anlaß des 25jährigen Regierungsjubiläums Alberts wurde 1898 die »König Albert-Königin Carola-Stiftung« mit einem Gründungskapital von 50 000 Mark geschaffen. Die Zinsen sollten der »Unterstützung alleinstehender sächsischer Lehrer« unter Einschluß des Lehrertöchterheims zugute kommen, dessen Zukunft damit gesichert schien.

Carolas Wirken im Pestalozzi-Verein erklärt auch, warum es in fast jeder größeren Stadt ein nach ihr benanntes Carola-Gymnasium gab.

Auch wenn Carola ihre keineswegs geringen privaten Mittel für Wohltätigkeitszwecke einsetzte, überstieg der Bedarf ihre Möglichkeiten. Auf der Suche nach finanzieller Unterstützung beschritt sie unterschiedliche Wege, die jedoch weitgehend auf ihre Person zugeschnitten waren. Sie malte gern. Ihre Gemälde brachte sie auf Auktionen ein, und der Erlös konnte sich durchaus sehen lassen.

Um in den Besitz eines solchen Bildes zu kommen, griff der eine oder andere schon mal tief in die Tasche. Da ihre Gemälde so in Privathand gelangten, gingen sie musealen Zwecken leider verloren. Zu einer wichtigen Einnahmequelle sollten auch die Wohltätigkeitsveranstaltungen werden. So brachte das Albertfest 1905 im Großen Garten einen Reingewinn von 24 008,90 Mark. Zwar konnte nicht immer mit solch einem guten Ergebnis abgeschlossen werden, aber diese Festivitäten wurden bald unverzichtbar, wobei die Resonanz weitgehend von der Anwesenheit Carolas abhing. So entstand für sie eine Belastung besonderer Art: Der Besuch derartiger Wohltätigkeitsveranstaltungen in und außerhalb Dresdens.

Der sächsische Landtag beschloß nach ihrem Ableben nicht etwa die Errichtung eines Carola-Denkmals, er hatte eine bessere Idee: Um ihr Lebenswerk fortzuführen, rief er die »Königin-Carola-Gedächtnisstiftung« ins Leben. Das dürfte gewiß in ihrem Sinne gewesen sein. Im Laufe der Zeit war sie zur Sponsorin von mehr als 70 Hilfsvereinen und sozialen Einrichtungen geworden, und mit zunehmendem Alter sorgte sie sich, was wohl aus den wohltätigen Einrichtungen nach ihrem Tode werden solle.

DAS TESTAMENT. Zum Alleinerben setzte Carola ihren Neffen König Friedrich August III. ein, fixiert im ersten Artikel des Testaments.[15] Wer hat, dem wird gegeben! Friedrich August war mit einem Vermögen im Wert von 25 Millionen Mark der reichste Mann Sachsens, reicher als die Eigentümer der Dresdner Bank. Mehr als 20 Millionen entfielen auf die schlesischen Besitzungen, geerbt von seinem Onkel Albert, Carolas Mann. Hätten Albert und Carola leibliche Kinder gehabt, wäre er weder auf den Thron noch zu seinem großen Reichtum gelangt. Auf die Thronfolge, die sich gemäß dem Hausgesetz vollzog, blieb Albert ohne Einfluß, doch über seine Besitzungen konnte er nach eigenem Ermessen entscheiden, und es war sein ausdrücklicher Wunsch, daß Friedrich August zur Krone auch die großen schlesischen Güter erhalte, ohne Beschneidung zugunsten Dritter; machtpolitische Überlegungen diktierten Albert die Feder, als er seinen Letzten Willen zu Papier brachte. Zwar benachteiligte er damit seine übrigen Geschwisterkinder, doch diese standen auf der Zivilliste, verfügten über ein sicheres Einkommen, eine Apanage, die das Gehalt des Dresdner Oberbürgermeisters um das Doppelte überstieg. Das bewog die lange zögernde Carola, Alberts Entscheidung zu billigen und mit ihm zu vereinbaren, daß auch ihr Privatvermögen einst Friedrich August zufallen solle. Wie so oft in ihrem Leben hatte sie sich dynastischen Interessen gebeugt.

Manch einer suchte im Sommer 1905 interessiert in Erfahrung zu bringen, was sie so lange in ihrem Arbeitszimmer treibe. »Sie schreibt ihr Testament«, lautete die lakonische Antwort. Warum aber dieser Zeitaufwand, wo doch der Alleinerbe feststand? Da müßte sich doch der Letzte Wille mit ein paar Federstrichen zu Papier bringen lassen! Am 2. März 1906 setzte sie den entscheidenden letzten Punkt hinter eine letztwillige Verfügung, die an Länge ihresgleichen sucht.

Um eine Schwierigkeit wußten wenige: Sie wollte vererben und war mit dem noch nicht im reinen, was sie selbst vor Jahrzehnten von ihren Vorfahren geerbt. Die Mitgift Großmutter Friederikes, der gestürzten schwedischen Königin, von Carolas Großvater Gustav IV. geschieden, stammte aus Baden, Carolas Vater war mit einer badischen Prinzessin verheiratet, hatte sich aber von ihr scheiden lassen, und eine seiner Schwestern war Großherzogin von Baden. Aus diesen schwierigen Familienverhältnissen ergaben sich verwikkelte Erbschaftsangelegenheiten. Stephanie, die Großmutter mütterlicherseits, hinterließ 137 142 Mark und 85 Pfennige, aber Carola wartete noch immer auf ihren Anteil, zumindest einen Rest, weil die badische Verwandtschaft inzwischen Ansprüche auf das Erbe ihres ohne Testament verstorbenen Vaters, des Prinzen von Wasa, angemeldet hatte und aufrechnen wollte. Carolas Mutter Louise hinterließ zwar ein Testament, setzte aber nicht ihre einzige Tochter als Alleinerbin ein, sondern bedachte mit einem Drittel ihrer Hinterlassenschaft (127 640 Mark 25 Pfennige) ihre badischen Verwandten. Bedingt durch Rechnung und Gegenrechnung, zog sich die Auszahlung jedoch hin, wohl auch ein wenig aus Saumseligkeit.

Jedem erschien der Schwebezustand letztlich genehmer als ein möglicher Zwist. Als ihre Lebensuhr abzulaufen drohte, wollte Carola endlich zu einem Schluß kommen. Sie erlegte Friedrich August auf, was sie zu Lebzeiten gut und gern selbst zu besorgen vermocht hätte: Die restlose Abfindung aller von ihrer Mutter vor 53 Jahren eingesetzten Erben aus dem Nachlaß.[16] Ihrer Nichte Mathilde sicherte Carola bis zu deren Tode verschiedene Einkünfte, und außerdem vermachte sie ihr Schmuck, darunter zwei Brillantbroschen im Wert von 1500 bzw. 3000 Mark. Schmuck gedachte sie zwar auch anderen Nichten und Großnichten zu, doch nur Mathilde erhielt zusätzliche Einkünfte, obwohl sie auf Zuwendungen nicht angewiesen war. Eigentlich hatte Carola die herrschsüchtige Mathilde nie sonderlich gemocht, sich allenfalls für deren Malerei interessiert. Möglicherweise bedauerte sie, familienbewußt, die unfreiwillig ledig gebliebene Mathilde, deren zunehmende Vereinsamung sich deutlich abzeichnete, obwohl sie unter dem verwitweten König Georg und dem von Luise verlassenen Friedrich August III. zur First Lady aufrückte, also zumindest formal Carolas Nachfolge angetreten hatte.

Daß Carola Bediensteten, Mitgliedern ihres Hofstaates und Wohltätigkeitsvereinen Legate zusprechen würde, überraschte keinen, dies wurde erwartet, und trotz Einsetzung eines Alleinerben sprach juristisch nichts gegen Zuwendungen an Dritte.

Nach der Gehaltsliste von 1892 hatte Carola als Königin 22 Personen in ihren persönlichen Diensten[17], nicht mitgezählt die eben eingeführten Hoffräulein, die nur zweimal im Jahr für sechs Wochen Dienst im Schloß verrichteten. Die Legate lagen zwischen 1000 und 18000 Mark und entsprachen im Schnitt zwei Jahresgehältern. Ein Kammerdiener verdiente jährlich etwa 3000 Mark, nach dem Zeitverständnis keineswegs schlecht, und wenn er testamentarisch noch mit 5000 Mark bedacht wurde, fühlte er sich reich beschenkt. Für so geringfügige Legate unter fünf Mille sollte nach Carolas Willen die Erbschaftssteuer aus dem Nachlaß bezahlt werden.

Sehr sorgte sich Carola um das Fortbestehen der von ihr geschaffenen oder protegierten wohltätigen Einrichtungen. Auf elf Seiten hatte sie ihr gesamtes Privatvermögen erfaßt[18]. Zu diesem gehörten die schuldenfreien Grundstücke Lößnitzstraße 2 und 14, Amalienhaus genannt, mit Bennostift, Dienstmädchenheim, Kinderbewahranstalt und Volksküche, Wernerstraße 2, genannt Albertstift mit Kinderbewahranstalt und Volksküche sowie Friedrichstraße 48, auch Heimstatt einer Volksküche. Testamentarisch verfügte Carola: »Ich wünsche, daß diese wohltätigen Anstalten sämtlich in dem Sinn und Geiste wie seither fortbetrieben werden und womöglich in dem Umfange ihres bisherigen Betriebes bestehen bleiben. Zu diesem Zwecke sollten sie eine Stiftung bilden, die ich hiermit für die Zeit nach Meinem Tode errichte. Dieser Stiftung vermache Ich die bezeichneten Grundstücke zum Eigentum und eine von Meinem Erben aus Meinem Nachlaß zu zahlende Jahresrente von 4.800 Mark. Die Verwaltung und Vertretung der Stiftung soll der jeweilige Apostolische Vikar ... führen.« Friedrich August stand es frei, statt der Rente eine einmalige Abfindung von 120000 Mark an die Stiftung zu zahlen.[19]

Ähnlich differenziert wie die Legate für die Bediensteten waren auch jene für die wohltätigen Einrichtungen (in Mark):

Osterzgebirgischer Frauenverein	30000
Carola-Stift Dresden-Klotzsche	5500
Carolahaus in Dresden	20000
Pensionsfonds des Carolahauses	10000
Krankenhaus Grünau des Carolahauses	40000
Dienstbotenheim Dresden	10000
Kinderheilstätten für Neu- und Antonstadt	6000
Gustav-Heim Niederpayritz	50000
Luisen-Stephanien-Haus Mannheim	15000
Josephinenstift Dresden, Pensionsfonds	50000
Kath. Armenhaus Dresden-Friedrichstadt	25000
Kgl. Krankenstift Dresden-Friedrichstadt	8000
Wilhelmstift in Langewiesen	60000
Apostolisches Vicariat Dresden	10000

Vincentinsverein Dresden	5000
Elisabethenverein Dresden	20000
Vincentinsasyl Dresden	10000
Apostolisches Vicariat: Messen für Carola	6500
für Seelsorger oder Kirchenneubau	80000

Hinzu kamen zwölf Legate zwischen 1000 und 4000 Mark in einer Gesamthöhe von 25500 Mark.

Insgesamt übergab Carola 783000 Mark an Einzelpersonen und Wohltätigkeitsvereine. Friedrich August III. zahlte kommentarlos die Legate aus, und falls er verwundert war, daß seine Tante Carola ihn als ihren Alleinerben bezeichnete, wußte er dies geschickt zu verbergen.

Durch ihr Vermächtnis wirkte Carola noch über ihren Tod hinaus wohltätig.

Luise von Toscana, eine Dresdner Chronique scandaleuse

Eine Kronprinzessin steigt aus
Kuckuck im Sperlingsnest
Reise ohne Rückfahrkarte
Verbannung aus dem Königshaus
Scheidung auf sächsisch
Geburt des gestohlenen Kindes
Luise wird Gräfin Montignoso
Bürokraten beruhigen eine besorgte Mutter
»Luisen-Bilder« sorgen für Aufregung
Luise vor dem Schloßtor
Pressefreiheit Anno 1905
Debakel eines königlichen Anwalts
Ehe mit Toselli

EINE KRONPRINZESSIN STEIGT AUS. Luise von Toscana war allgemein beliebt. Ihr erster Mann, Friedrich August III., regierte von 1904–1918 als letzter König aus dem Hause Wettin in Sachsen – ohne seine Gattin! Ausgang des Jahres 1902 verließ sie nach elfjähriger Ehe ihn und ihre fünf Kinder. Sie bekümmerte sich weder um ihr in Sachsen festgelegtes Vermögen – knapp viermal hunderttausend Mark –, noch um die Aussicht, Königin zu werden.

Ihre Flucht löste einen Skandal aus.

Vom Hof verlautete, sie sei geistig verwirrt. Wenn den Mächtigen dieser Welt die Argumente ausgehen, werden Aussteiger mit Vorliebe zu einem Fall für den Psychiater deklariert. Die Sachsen aber, namentlich die Dresdner, akzeptierten das nicht, besannen sich auf ritterliche Tugenden und nahmen die Flüchtige in Schutz, voller Verständnis für eine lebenslustige junge Frau, die das verstaubte Klima der im spanischen Hofzeremoniell erstarrten Residenz nicht vertrug. Provoziert noch durch die verlogene Politik des königlichen Hauses, wurde in einer emotionsgeladenen Atmosphäre die Schuld dort gesucht, wo Luise nicht mehr leben wollte, beim

Luise von Toscana (1870–1947) mit ihrem Gatten,
dem späteren König Friedrich August III.

vergreisten Hof und dem despotisch herrschenden König Georg, ihrem Schwiegervater.

Fast drei Jahre sollten nach ihrer Flucht vergehen, bevor die Diskussionen um Luises Schicksal versiegten. Welcher gestürzte oder zurückgetretene Politiker erregt über einen so langen Zeitraum hinweg noch öffentliches Interesse?

Am wenigsten hat wohl Luise mit einem solchen Echo auf ihre Flucht gerechnet. Sie fühlte sich geschmeichelt, konnte jedoch ihren Platz in diesem Geschehen nicht ausmachen, überschätzte sich, meinte am Ende gar, sie habe die Fäden einer Revolution in den Händen gehalten, was viel zu einer Entfremdung beigetragen hat. Unterstützt von der englischen Schriftstellerin Chaster Ffoulkes schrieb sie 1911 in nur zwei Wochen ihre Memoiren (»Mein Lebensweg«). Rasch wie die Nachfrage stieg, ebbte sie wieder ab, und der Verlag, der Luise ein Phantasiehonorar zahlte, mußte die Enttäuschung mit seiner Autorin teilen. Ein Nachdruck erschien 1991 in Dresden.

Kuckuck im Sperlingsnest. Friedrich August, den sie im Sommer 1887 in Moritzburg kennenlernte, erschien Luise als ein »hübscher, großer, wohlgebauter Mann...., liebenswürdig und natürlich«.[1] Ihr Vater, Ferdinand IV., Großherzog von Toscana, war in erster Ehe mit König Alberts Schwester Anna verheiratet und folgte einer Einladung zum Besuch Sachsens. In seiner Begleitung befanden sich seine zweite Frau Maria Alix, zwei Söhne und Tochter Luise. Daß er kam, um Maria Alix die Heimat seiner ersten Frau Anna zu zeigen, ist schwer vorstellbar, näher liegt schon der Gedanke, daß er und sein früherer Schwager Albert an eine Erneuerung familiärer Beziehungen zwischen beiden Häusern dachten – an eine Ehe zwischen Luise und Friedrich August. Die Erwartungen erfüllten sich, ohne Hast, aber auch ohne erkennbaren Druck.

Luise, deren Familie seit der Einigung Italiens als Gast des österreichischen Kaisers im Schloß zu Salzburg lebte, wies mehrere Bewerber ab, so den bulgarischen Thronfolger Ferdinand. Sie war zur Zeit ihrer Sachsenreise gerade »17«, hatte es nicht eilig mit der

Ehe oder fühlte sich ihrer Sache sicher. Friedrich August, ohnehin kein Mann rascher Entschlüsse, bereitete sich auf eine große Orientreise vor (1889/90). Durchs Hausgesetz zu einer ebenbürtigen Heirat gezwungen, standen ihm bei der Partnerwahl wenig Möglichkeiten offen, doch konnte er sich die attraktive und quirlige Luise gut als Gefährtin fürs Leben vorstellen, war sie doch so ganz anders als er, lebhaft, kontaktfreudig und energisch. Amtlich hieß sie Louise Antonietta Maria, Erzherzogin von Österreich, Prinzessin von Lothringen, Habsburg und Toscana. Die meisten Sachsen kannten sie nur als Luise.

Am 21. November 1891 wurden Luise und Friedrich August in der Kapelle der Wiener Hofburg durch Kardinal Dr. Gruscha kirchlich getraut. Luise, die den gleichen Vorfahren wie der Kaiser hatte, entsagte eidlich allen Ansprüchen auf den österreichischen Thron, ein Ritual, dem sich jede Erzherzogin bei Verheiratung mit einem Ausländer unterziehen mußte. Dafür besaß sie Anspruch auf ein Heiratsgut in Höhe von 100 000 Gulden. Kaiser Franz Joseph, als dessen Liebling sie im Kreise der Habsburger galt, schenkte ihr außerdem ein mit Diamanten, Perlen und Saphiren besetztes Diadem. Für die »Tafel« im Redoutensaal der Wiener Hofburg wurden 760 Gedecke aufgelegt, und zur Gratulationscour fanden sich alle in Wien akkreditierten Diplomaten ein, womit die Hochzeit als europäisches Ereignis Anerkennung fand. Nach altem habsburgischen Brauch bannte ein Maler (W. Gause) das große Ereignis für die Ahnengalerie auf Leinwand. In den Zeitungen erschienen ausführliche Berichte über die Feier sowie einige Hochzeitsbilder, und die Betrachter waren sich landauf, landab einig: ein ideales Paar, mehr noch – ein Traumpaar!

Auf der Reise nach Sachsen machten Luise und Friedrich August für zwei Tage Rast auf der Kaiserburg Hradschin zu Prag. Eine Verschnaufpause zwischen zwei Festlichkeiten. Dresden wollte Wien offenbar noch übertrumpfen: Eine Familientafel war vorbereitet, eine Marschalltafel, eine Huldigungsfeier mit Fackelzug und als Krönung ein Hofball, zu dem sich jeder Gratulant als eingeladen betrachten durfte, auch wenn er »am königlichen Hofe nicht vorgestellt« worden war. Luise sah sich gut aufgenommen und fühlte sich nach ihren eigenen Worten »wie eine Prinzessin aus ›Tausendundeiner Nacht‹«.

Über Friedrich Augusts scheues Wesen sah sie hinweg. Es bewies ihr, vermerkte sie später in ihren Memoiren, daß er »seine Frauenerfahrungen erst mit mir begonnen hatte«. Das junge Paar nahm Wohnung im Taschenbergpalais, 1707 von Matthäus Daniel Pöppelmann für die Gräfin Cosel errichtet und 1889 auf Staatskosten aus Anlaß der 800-Jahrfeier des Hauses Wettin restauriert. Friedrich August bezog außer dem Offizierssold eine Apanage in Höhe von jährlich 20000 Talern (61666,67 Mark), ab 1902 als Kronprinz sogar von 30000 Talern (92500 Mark). Ihm standen 30 Bedienstete zur Verfügung, darunter sieben Kutscher, Luise elf Bedienstete, angeleitet durch Oberhofmeisterin Henriette Florentine Baronin von Fritsch. Zu diesen 41 Bediensteten des prinzlichen Paares gesellten sich bald fünf weitere – für die Prinzenschule.

Seit fast zweihundert Jahren hoffte das Haus Wettin vergeblich auf einen direkten männlichen Erben. Das junge Paar entsprach allen Erwartungen: Luise brachte am 15. Januar 1893 Sohn Georg zur Welt, noch im gleichen Jahr, am 31. Dezember, Friedrich Christian und am 9. Dezember 1896 Ernst Heinrich. Nach nur fünfjähriger Ehe war die Erbfolge damit dreifach gesichert. Außer den Söhnen stellten sich noch zwei Töchter ein, am 24. Januar 1900 Margarethe, am 27. September 1901 Maria Alix. Von einer dritten Tochter wird noch die Rede sein. König Albert und Königin Carola, die selbst keine Kinder hatten, schwammen auf einer Woge der Glückseligkeit und überhäuften Luise mit Geschenken.

Was für andere junge Frauen mitunter die Schwiegermutter sein kann, der Schrecken der Familie, war für Luise Schwiegervater Georg. Sie klagte in ihren Memoiren, er sei »intolerant wie bigott, geistig beschränkt und engherzig«,[2] ein religiöser Fanatiker obendrein. Die Hofchronisten machten gern Luise für Georgs schlechte Presse verantwortlich, brachten aber damit die Chronologie durcheinander: Georg war in Sachsen allgemein unbeliebt; man gab ihm schon den Beinamen »der Grämliche«, als Luise noch keinen Gedanken auf ihre Memoiren verschwendete. Nach ihren eigenen Worten hatte sie eine Erziehung zum geistvollen Automaten, nicht zu einer individuellen Persönlichkeit hinter sich und vernahm nun als verheiratete Frau wieder das zum Überdruß bekannte: »Eine Prinzessin macht das nicht! Eine Prinzessin darf das nicht!« Sie bekam das zu hören, als sie ihr erstes Baby selbst stillen wollte, wenn sie sich mit ihren Kindern auf dem Teppich balgte, einen Tango und nicht den höfischen Walzer tanzte, ihre Besorgungen selbst erledigte, mit dem Fahrrad durch Dresden fuhr, Schlittschuh lief und dabei auch mal auf dem Allerwertesten landete... » Ich war mit Etikette von allen Seiten umgeben...«, klagte sie in ihren Memoiren. »Wenn ich versuchte, natürlich zu sein, wurde ich sofort von der Familie meines Gemahls unterdrückt... Ich war der Kukkuck im Sperlingsnest.«[3]

Zum Personal faßte sie kein Vertrauen, da selbst Lappalien Georg rasch zur Kenntnis gelangten. Auf die Einstellung von Bediensteten aber hatte sie keinen Einfluß; Georg behielt sich das letzte Wort vor, ihre Bitte, Oberhofmeisterin von Fritsch abzulösen, wies er brüsk ab. Das Gefühl, von Zuträgern umgeben zu sein, mehrte ihr Unbehagen beträchtlich.

Luise stand fern der Parteien und Reformbewegungen, aber nach ihrer Ansicht hatte »die sächsische Aristokratie... die verdorbene ungesunde Idee, daß ihr Beruf im Leben darin bestehe, den Schein aufrechtzuerhalten«.[4] Sie spürte die Überlebtheit der Monarchie und betrachtete »die höhere Mittelklasse und die kaufmännische Gruppe« als »das Rückgrat der sächsischen Nation«.[5] So war es denn freilich kein Wunder, wenn Sachsens Bürger sich Luise eher als Königin vorstellen konnten denn der Hof und von ihm abhängige Personen wie der einflußreiche Innenminister Georg von Metzsch, mit dem sie auf Kriegsfuß stand.

Ihre Schwiegermutter lernte Luise nie kennen; sie war 1884 schon gestorben. Deren Platz im Haus nahm Mathilde ein, Luises Schwägerin. Mathilde liebte Malerei und Bienen (und Wein), sie verachtete die Männer – nachdem Kronprinz Rudolf von Habsburg sie versetzt hatte –, und wenn man dem 1889 geborenen Schriftsteller

Ludwig Renn glauben darf, der eigentlich Arnold Vieth von Golßenau hieß und der Sohn eines Prinzenerziehers war, fürchteten selbst hartgesottene Soldaten ihr »Regiment«. Eine andere Schwägerin, Maria Josepha, lebte im fernen Wien, und Luise begegnete ihr selten, eigentlich nur zu bedeutenden Familienfeiern. Von den Brüdern Friedrich Augusts verunglückte Albert 1900 tödlich, Max wählte den geistlichen Stand und Johann Georg, der früh seine lange kränkelnde erste Frau verlor und eigene Sorgen hatte, hielt sich aus Konflikten heraus. Friedrich August war Luise zugetan, was sie stets anerkannte, vermochte ihr aber keinen Halt zu bieten, beugte sich letztlich stets diszipliniert dem Wort seines Vaters. Der Querelen leid, fand er sich im Taschenbergpalais zunehmend seltener ein. Er war nun derweil Generalleutnant und Divisionskommandeur geworden, und hielten ihn Militärlager und Manöver nicht von Dresden fern, ging er seiner geliebten Jagd nach, irgendwo im Sächsischen, im fernen Schlesien oder gar im noch ferneren österreichischen Tavis, wo er ein ausgedehntes Revier in Pacht besaß. Schlugen die Wellen im Familienrat mal gar zu hoch, wandte König Albert das Schlimmste von Luise ab. Georg mochte das als Einmischung in seine Familienangelegenheiten ansehen, doch akzeptierte er seinen Bruder Albert als Oberhaupt des Hauses Wettin.

Das Jahr 1902 wurde für Luise zum Schicksalsjahr. König Albert verstarb im schlesischen Sibyllenort, und mit ihm verlor sie ihren einzigen Beschützer. Daß der inzwischen »70« gewordene Georg den Thron nicht seinem Sohn Friedrich August überließ, sondern selbst beanspruchte, kam nicht nur für Luise völlig unerwartet. Albert lag noch aufgebahrt in der Halle, als es in Sibyllenort zu einem erregten Disput im engsten Familienkreis kam. »Ich hätte dich, Friedrich August, statt meiner regieren lassen«, ließ sich Georg vernehmen, »aber du scheinst mir dafür nicht allzu geeignet, und was dich, Luise, betrifft, so wirst du wohl verstehen, daß du noch lange brauchen wirst, ehe du eine Königin werden kannst«.[6] Frappierend für Luise war auch der mit Zustimmung ihres Mannes gefaßte Beschluß des Familienrates, Prinzessin Mathilde den »Vortritt« am Hofe zu überlassen, was doch eigentlich Luise als Kronprinzessin zustand. Alberts Fürsorge beraubt und Georg auf dem Thron sehend, rechnete sich Luise keine gute Zeit aus. Eine Alternative sah sie: die Flucht nach Ägypten! – mit Gatten und Kindern. Aus Liebe zu einer Frau hatte schon mancher Fürst auf Rang und Titel verzichtet – Prinz Heinrich von Holstein, der sich nun Fürst von Noer nannte, Prinz Viktor zu Hohenlohe-Langenburg, nun Graf von Gleichen, oder Prinz Bernhard von Sachsen-Weimar, der sich hinter dem Titel Graf von Crayenburg verbarg. Entrüstet lehnte Friedrich August ab. Er sah sich von der Vorsehung zum König von Sachsen berufen und empfand das Ansinnen seiner Frau als Aufforderung zu einer unakzeptablen Fahnenflucht.

Reise ohne Rückfahrkarte. Man schrieb den 9. Dezember 1902: Luise verließ Dresden, um ihre Verwandten in Salzburg zu besuchen. Jedermann erschien dies als die natürlichste Sache der Welt. Sie war wieder schwanger, und wenn ihr an einem Familientreff noch vor der Niederkunft lag, mußte sie sich beeilen; in einigen Wochen würden ihr die Strapazen einer so langen Bahnfahrt vermutlich das Reisen verleiden.

Wie das Hausgesetz es vorschrieb, meldete sich Luise beim König ab; Georg, der eben zu einem Jagdausflug rüstete und in Eile war, trug ihr Grüße an die Eltern auf und wünschte ihr eine angenehme Reise. Für ihn stellte sich die Audienz als rasch zu erledigende Routineangelegenheit dar, und es blieb den Hofchronisten vorbehalten, die Abschiedszeremonie als Ausdruck völliger Harmonie zwischen Schwiegervater und Schwiegertochter zu deuten.

Friedrich August, der noch an einem Unterschenkelbruch laborierte, hatte vor vier Tagen mit Luise eine Ausfahrt durch Dresden unternommen, eine unverkennbar absichtsvolle. Er gedachte dem Gerücht entgegenzuwirken, das Kronprinzenpaar sei uneins. Baronin von Fritsch wollte beobachtet haben, daß Luise dem belgischen Sprachlehrer André Giron »schöne Augen mache«, was Friedrich August zwar wenig glaubhaft erschien, denn Giron war zehn Jahre jünger als Luise und ein »Laffe« und die Baronin von Fritsch eine

Klatschbase, aber trotzdem hatte er Giron wissen lassen, daß zwei Wochen doch wohl eine angemessene Zeit zum Kofferpacken seien, und so war André Giron am 2. Dezember wegen »dringender Familienangelegenheiten« nach Brüssel abgereist. Friedrich August fühlte sich erleichtert, und seine Laune besserte sich während der Ausfahrt zunehmend. Er ahnte nicht, daß es sein letzter öffentlicher Auftritt mit Luise sein sollte.

Luise reiste in der Absicht ab, nicht wiederzukommen. Sie hatte im Bunde mit Giron und ihrem Bruder Leopold Ferdinand ihre Flucht vorbereitet. Sie unternahm noch einen Versuch, ihre Ehe zu retten, indem sie Friedrich August bat, doch zusammen mit ihr und den Kindern ins Ausland zu gehen. Wie früher schon empfand er dies als absurd. Obwohl von Natur aus couragiert, wagte sie nicht, ihm die Wahrheit zu offenbaren. Daß sie ausgerechnet am Geburtstag ihres Sohnes Ernst Heinrich abreiste, sollte selbst bei ihren Freunden auf Unverständnis stoßen, aber sie wollte sich wohl selbst daran hindern, den Gatten in ihre Pläne einzuweihen – »doch nicht am Geburtstag des Kindes«! Sie fürchtete, Friedrich August werde sofort den Familienrat verständigen und dieser aus Gründen der Staatsräson ihre Flucht durch Einweisung in eine Nervenklinik verhindern, wie Prinzessin Luise von Koburg aus Anlaß eines vergleichbaren Konfliktes in eine Irrenanstalt gekommen war und kein Staatsanwalt sich dafür interessierte. Angehörige fürstlicher Familien genossen zwar viele Privilegien, verstießen sie aber gegen das Hausgesetz, waren sie vogelfrei.

Von Salzburg aus depeschierte Luise ihrem Mann, sie kehre nicht mehr nach Dresden zurück.

Am Dresdner Hof machten sich Zorn und Enttäuschung breit, vermischt mit der Angst vor Peinlichkeiten und Prestigeverlust. Allgemein herrschte die Meinung, das letzte Wort sei noch nicht gesprochen. Zumindest eine Woche lang hoffte man, Luise möge sich eines anderen besinnen. Selbst König Georg hätte viel darum gegeben, sie wieder in Dresden zu wissen. Für Friedrich August aber ging es um mehr. Zum ersten Mal seit Jahren spürte er, was ihm Luise bedeutete, und er war bereit, ihr alles nachzusehen, so sie nur den Weg zurück nach Dresden fände. Daß Wien bereits um Luises Flucht wußte, irritierte ihn. Über die diplomatische Vertretung suchte er in Erfahrung zu bringen, aus welchen Quellen die Habsburger ihr Wissen schöpften, ob er bei Rückführung Luises mit des Kaisers Hilfe rechnen könne. Der Wiener Hof hatte die Neuigkeiten nur deshalb so früh erfahren, weil Luises Bruder Erzherzog Leopold Ferdinand wegen unerlaubter Abwesenheit von seinem Regiment gesucht wurde. Da lag es nahe, sich bei der großherzoglichen Familie in Salzburg zu erkundigen, und so erfuhr man, daß der Gesuchte einer Liebschaft wegen zusammen mit seiner Schwester Luise bei Nacht und Nebel geflüchtet sei – angeblich nach Amerika. Diese Version hatte Luise verbreitet. Sie richtete ein Verwirrspiel an, um Nachforschungen des Dresdner Hofes zu erschweren.

Friedrich August setzte Hofmarschall Wolf Ferdinand von Tümpling auf ihre Fährte, ihren langjährigen Kammerherren, einen umgänglichen, aber Luise nicht gewachsenen Mann. Zwar hatte er bald Kontakt mit ihr, aber er ließ sich nach München dirigieren, wo er auf sie warten solle. Vergeblich! Schließlich schickte er eine Depesche: »Ich erhielt soeben von der Frau Kronprinzessin folgendes Telegramm: ›Ich reise nach Brüssel und habe mich nach reiflicher Überlegung dazu entschlossen, nicht mehr nach Dresden zurückzukehren.‹ Ich bitte die Oberhofmeisterin Baronin von Fritsch, der Kronprinzessin baldmöglichst nach Brüssel nachzureisen.«[7] Jeder am Dresdner Hof wußte, daß Luise und die Baronin nicht auf allerbestem Fuß standen, aber man sah in der Weisung des Hofmarschalls einen taktisch klugen Schachzug, und die Baronin begab sich unverzüglich nach Brüssel. Getragen von dem Gedanken, Luise sei zu ihrem Liebhaber nach Belgien geeilt, war am 15. Dezember auch Kriminalkommissar Arthur Schwarz nach Brüssel entsandt worden, von Friedrich August über den Polizeipräsidenten Le Maistre angewiesen, Luise unbedingt heimzuholen. Derweil traf auch Tümpling in Brüssel ein. Luise aber hatte alle genarrt. Am 18. Dezember telegraphierte Schwarz nach Dresden, sie sei vermutlich in Genf. Am selben Tag noch wurde er dorthin dirigiert, der Generaldirektor der Schweizer Centralpolizei sei bereits informiert.

Wie der österreichische Gesandte in Dresden nach Wien berichtete, sei »der hiesige königliche Hof nach diesfälliger Beratung dazu entschlossen, die plötzliche Abreise der Kronprinzessin, welche bisher im Publikum noch nicht bekannt geworden ist, vorderhand noch geheimzuhalten«.[8] Das »Dresdner Journal« brachte am 17. Dezember 1902 eine knapp gehaltene Mitteilung: »Ihre K. und K. Hoheit die Frau Kronprinzessin ist, laut von Salzburg hier eingegangener Nachrichten, erkrankt und wird in Folge dessen voraussichtlich erst nach einiger Zeit nach Dresden zurückkehren.« Für den 18. Dezember war die Eröffnung eines Wohltätigkeitsbasars durch Luise angekündigt, und so sah man sich genötigt, ihre Abwesenheit zu erklären. Allerdings geschah dies auf äußerst dilettantische Weise.

Am 22. Dezember mußte der Dresdner Hof schließlich die Wahrheit bekennen und eine Erklärung im »Dresdner Journal« veröffentlichen: »Die Kronprinzessin hat in einem Zustand von krankhafter seelischer Erregung vor einigen Tagen Salzburg verlassen und sich unter Abbruch ihrer Beziehungen zu Höchstihren Verwandten nach dem Auslande begeben. Am königlichen Hofe sind für diesen Winter alle großen Festlichkeiten abgesagt. Auch der Neujahrsempfang wird nicht stattfinden.« Dieses offizielle Bulletin lag bereits vor, als um 12.58 Uhr aus Genf Kriminalkommissar Arthur Schwarz telegraphierte: »Giron und Frau Luise sind bestimmt hier«[9], das heißt im Hotel d'Angleterre am Mont-Blanc-Quai. Sein Versuch, sie zu kidnappen, war an der Aufmerksamkeit der lokalen Gendarmerie gescheitert. Die Schweiz protestierte auf diplomatischem Wege beim Deutschen Reich gegen solche Übergriffe. Der sächsische Kriminalist hätte keine Entführung beabsichtigt, die Kronprinzessin nur zur freiwilligen Heimkehr bewegen wollen, versicherte Dresden. Als Überredungskünstler würde sich eigentlich jede Hofdame besser geeignet haben denn ausgerechnet ein Kommissar. Erschrocken telegraphierte Dresdens Polizeipräsident am 25. Dezember 1902 an Schwarz: »Um Gottes

Willen mischen Sie sich ja nicht in Sachen, die uns nichts angehen!«[10] Damit hatte die Schweiz erreicht, was sie erreichen wollte, und Schwarz konnte seinem Chef antworten, er stehe sich eigentlich ganz gut mit den Behörden.

Überraschend beantragte Sachsen einen internationalen Haftbefehl gegen Luise: Sie habe Kronjuwelen gestohlen und entziehe dem Gatten ein (noch ungeborenes) Kind. In der konservativen Presse verlautete, Luise sei mit Juwelen im Wert von 800 000 Mark auf und davon. Tatsächlich hatte sie 800 Franken und Geschmeide im Wert von 35 000 Franken bei sich. Den Schmuck hatten ihr fast ausnahmslos Kaiser Franz Joseph, König Albert, Königin Carola oder Friedrich August geschenkt. Ihre Freunde wiederum verbreiteten, sie habe 14 Millionen Mark in Sachsen zurückgelassen, was sich als ebenso unsinnig erwies wie der Raub der Kronjuwelen. Der Buchwert ihres auf 20 Posten verteilten und in Wertpapieren angelegten Vermögens belief sich auf 370 477,05 Mark.[11] Zum Problemstück wurde ein Ring, den ihr Friedrich August zwar geschenkt hatte, der aber als Familienbesitz ausgewiesen war und nach dem Hausgesetz nur mit Zustimmung des Königs im Ausland getragen werden durfte. Luise mochte in der Aufregung diese Klausel vergessen haben. Die Reichsjustiz jedoch mußte der ausgeschriebenen Fahndung stattgeben, wenn auch sehr zögerlich und letztlich ohne erkennbare Konsequenz. Offenbar blieb es bei einer Registratur des Ersuchens. In Deutschland erschien Luises Juwelenraub so wenig glaubhaft wie ihre angebliche Geisteskrankheit. Man erregte sich nicht weiter, amüsierte sich eher über die Sachsen, die ihre ausgerissene Kronprinzessin suchten. Die Berliner Presse spottete, die ungewöhnliche »seelische Erregung«, welche Luise nach Dresdner Lesart zur Abreise veranlaßte, trage einen Schnurrbart und schwarze Locken.

Überraschend vollzog der Kronrat eine Schwenkung: Er gab Luise auf! Friedrich August stimmte dem zu, tat sich allerdings schwer dabei. Luises Rückkehr, eben noch mit allen Mitteln erstrebt, erschien jetzt nicht mehr wünschenswert. Das Ersuchen um juristischen Beistand des Reiches wurde zurückgezogen. Warum eigentlich? Angeblich ging es doch um die Kronjuwelen! Das Reichsjustizministerium, froh, sich aus einer windigen Affäre heraushalten zu können, stellte keine peinlichen Fragen.

Wie der österreichische Gesandte nach Wien depeschierte, hinterließ Luises Flucht »in allen Bevölkerungskreisen einen geradezu niederschmetternden Eindruck«[12]. Vor dem Dresdner Schloß versammelten sich zahlreiche Demonstranten. Nach der als Intrigantin betrachteten Baronin von Fritsch wurden Steine geworfen, und auch Minister von Metzsch, der Kriminalisten auf Luise angesetzt hatte, sah sich durch Tätlichkeiten behelligt. Zu Schaden kamen sie jedoch beide nicht. Da die Polizei der Lage nicht mehr Herr war, griff das Militär ein. Selbst die ältesten Dresdner konnten sich nicht daran erinnern, seit 1849 eine derart aufgebrachte Bürgerschaft und den Einsatz der Armee zur Unterdrückung von so ernsten Unruhen erlebt zu haben. Der Markt reagierte mit Kreierung der »Luisen-Torte« und der »Luisen-Krawatte«. Es hinterließ dies letztlich einen bitteren Beigeschmack.

Die Parteien stritten sich Girons halber. Ein Freimaurer sollte er sein, jedenfalls kein blinder Zufall. Die Liberalen meinten, die Jesuiten hätten ihn eingeschleust, um die freisinnige Tugend zu Fall zu bringen, und die Jesuiten konterten: Um eine Teufelsverschwörung handele es sich, der Teufel spreche ohnehin am liebsten französisch.

Luise und ihr Bruder hatten in Genf sofort um den Schutz der Schweizer Gesetze nachgesucht. Die Schweizer nahmen die Affäre gelassen auf. »Der Bund«, eine in Bern erscheinende Zeitung mit hoher Auflage, schrieb am 24. Dezember 1902: »Daß diese beiden Geschwisterfälle in monarchistischen Kreisen peinliches Aufsehen erregt haben, ist ohne weiteres begreiflich. Bei uns in der Schweiz aber ist man gewohnt, dergleichen etwas weniger tragisch zu nehmen. Wir gestehen auch einer Kronprinzessin und einem Erzherzog das Recht zu, ihr Privatleben einzurichten wie es ihren Neigungen am besten entspricht. Wir Republikaner sind gewiß am wenigsten geneigt, uns gesittet zu entrüsten, wenn wir sehen, daß irgendwo die Mächte des Temperamentes und des Blutes über das starre monarchistische Prinzip den Sieg davon getragen haben. Und besonders sind wir zur Nachsicht gestimmt, wenn eine Frau wie die Kronprinzessin, mit ihrem Recht an das Leben, in ihrem Freiheitsdrang sich gegen den Zwang veralteter Etikette auflehnt. Diese Stimmung steht durchaus im Einklang mit unseren Gesetzen, die der Kronprinzessin und ihrem Bruder den Schutz des Landes gewährt, wie allen politischen Flüchtlingen ohne Rücksicht auf Geburt und Herkunft.« In seiner Ausgabe vom 29./30. 12. 1902 versicherte »Der Bund« ergänzend: Wenn Luise »sich ruhig verhält, kann sie hier alt werden«.

Nur der inzwischen aus Brüssel angereiste Giron war den Schweizern unheimlich; sie mochten ihn nicht. Und noch ein Gast des Hotels d'Angleterre erfreute sich keiner sonderlichen Zuneigung: Kriminalkommissar Arthur Schwarz aus Dresden. Seit ihn die Schweizer Gendarmerie belehrt hatte, was einem sächsischen Polizisten in Genf erlaubt sei, saß er gelangweilt in der Hotelhalle. Abends schrieb er lange Briefe, Spitzelbriefe, wie die Kellner verächtlich den Presseleuten zuraunten. Er berichtete täglich nach Dresden, telegraphisch oder brieflich; seine Pamphlete füllen heute eine ansehnliche Akte des Staatsarchivs. Entweder zeichnete er als »Arthur« oder als »Niger«. Über jeden Schritt der Kronpinzessin und jeden ihrer Besucher informierte er. Er verfertigte eine Skizze ihres Appartements und wußte zu berichten, daß sie nicht ihr Bett in Zimmer 8 benutzte, sondern das bei Giron in Zimmer 7. Das entsprach nun ohnehin den Vorstellungen des Hofes. Aufregender war für ihn, daß am 28. Dezember die Freiburger Kammerfrau Hanny Grissmann bei Luise weilte, um ihr Geld und Hilfe anzubieten, daß am 31. Dezember eine Frau Müller, in Wirklichkeit wohl die Doktorin Bamberger aus Mainz, Solidarität bekundete. Über Geld zur Bestechung der Telefonistinnen und Zimmermädchen muß Schwarz reichlich verfügt haben, denn er kannte, was er gar nicht kennen durfte: den Inhalt der Luise zugehenden Post. In dieser drückte sich nun, um mit Schillers »Wallenstein« zu sprechen, der Parteien Haß und Gunst aus. »Das Sachsenvolk, es grollte Dir nicht«, hieß es in einer Zuschrift aus Dresden. Anders klang eine in Berlin aufgegebene und mit »le Catamiq« gezeichnete Zustellungsurkunde:

»Die internationale Justicia hat nunmehr folgenden Beschluß gefaßt, unter geleistetem Eide, zur Sühne eines National-Verbrechens: Prinzessin Luise Antoinette von Toscana wird wegen Ehebruch und Entwürdigung der sächsischen Krone, ohne einen triftigen Grund hierführ zu haben, sondern nur aus purer Sinnlichkeit, aus Lust ihr Verbrechen begangen hat, zum Tode verurteilt. Die Ausführung dieses Urtheils, welches seit 24. Dezember in Kraft getreten ist, ist durch internationalen Wunsch meuchlings zu geschehen.« Auch Giron wurde zum Tode verurteilt.[13] Schwarz überwachte Luise, die Genfer Polizei überwachte ihn. Schaden richtete er keinen an. Eher war das Gegenteil der Fall: Man bedauerte Luise, die auf Schritt und Tritt in der freien Schweiz verfolgte Emigrantin, sah nur keine rechtliche Handhabe, den »Touristen« Schwarz des Landes zu verweisen. Viele hätten das ganz gern gesehen, wohl letztlich auch die Berichterstatter, die nach vergeblichen Bestechungsversuchen rachsüchtig wurden; am Weihnachtsabend telegraphierte Schwarz nach Dresden: »›Figaro‹ und ›Daily Mail‹ boten mir Tausende an für originale Details.«[14] Da galt er bei der Presse noch als Mann des Dresdner Hofes, nicht der Polizei.

Luise lebte zurückgezogen in ihrem Neun-Franken-Apartment. »Sie sieht auffallend blaß und eingefallen aus«, telegraphierte Schwarz, »glaubte ich eher eine ältere kranke Frau, als unsere Kronprinzessin zu sehen.«[15] Das Medienspektakel belastete sie. Selten nur gewährte sie Journalisten ein Interview, allenfalls dem »Wiener Tageblatt« und dem Pariser »Matin«, und resolut warf sie den einen oder anderen Journalisten einfach hinaus. Die Schweiz brauchte sich ihrethalben um die innere und äußere Sicherheit nicht zu sorgen. Sie verhielt sich ganz so, als wolle sie tatsächlich in Genf »alt werden« – und vielleicht beabsichtigte sie dies sogar.

»Der Bund« meldete am 26.12.1902: »Die Kronprinzessin von Sachsen hat ihren Anwalt, Bundesrat Lachenal, zu folgender Erklärung ermächtigt: Sie sei entschlossen, die eheliche Gemeinschaft nicht wieder aufzunehmen. Sie werde vor der Lösung der jetzigen Schwierigkeiten betreffend die Auflösung ihrer Ehe weder nach Deutschland noch nach Österreich zurückkehren, da sie überzeugt sei, daß, wenn sie zurückkehren würde, man sie für geistig gestört ausgeben und in einem Irrenhaus internieren würde.« Damit waren alle Beteiligten im Bilde.

Verbannung aus dem Königshaus. Am 31. Dezember 1902 erschien im »Dresdner Journal« die amtliche Mitteilung, der Kronprinz lasse sich scheiden; König Georg habe bereits ein Sondergericht unter Vorsitz von Oberlandgerichtspräsident Loßnitzer einberufen. Ein Paragraphenwust regelte Details des Verfahrens: »§1: Die Öffentlichkeit ist für alle Verhandlungen von Amts wegen auszuschließen. §2: Eine Mitwirkung der Staatsanwaltschaft findet nicht statt.- Vorschriften über Anberaumung eines Sühneversuchs finden keine Anwendung. §8: Rechtsmittel jeder Art (Berufung, Revision, Beschwerde) sind ausgeschlossen. §9: Das von dem Gerichte beschlossene Endurteil ist Uns (dem König, W. F.) vor der Verkündung durch Unseren Staatsminister der Justiz zur Bestätigung vorzulegen.« In dieser Verfügung steckte der Geist des überalterten Hausgesetzes der Wettiner, nicht jener der Verfassung oder des Bürgerlichen Gesetzbuches.

Luise, der die Klage durch Justizrat Dr. Emil Körner am 5. Januar 1903 in Genf überreicht wurde, willigte vier Tage später ohne weitere Diskussion in die verlangte »Aufhebung der ehelichen Gemeinschaft« ein und gab außerdem ein Schuldbekenntnis ab, dem eine wichtige Erklärung beilag:

»Ich verzichte hiermit auf ewige Zeiten auf alle und jede Rechte, die mir auf Grund meiner Stellung als Kronprinzessin von Sachsen bis zum gegenwärtigen Augenblicke zugestanden haben, und entsage daher hiermit dem Stand, dem Titel und dem Wappen einer Kronprinzessin von Sachsen und einer Herzogin zu Sachsen, verzichte auch weiter auf alle etwaigen Ansprüche an das Hausfideicommiss und die Sekundogenitur, auf Apanage und Witthum. Genf, 9.1.1903, 2.25 Uhr.«[16]

Als Zeugen hatten Hotelbesitzer August Reichert sowie Kriminalkommissar Arthur Schwarz unterschrieben, und beglaubigt war dieses Dokument von Generalkonsul Rothe, dem Vertreter des kaiserlichen Deutschland in der Schweiz.

Fünf Tage später hob König Georg die Zugehörigkeit Luises zum Haus Wettin auf. Dieser Beschluß unterlag zwei Wochen lang der Geheimhaltung. Wie aus diplomatischen Kreisen verlautete, sollte der Kaiser seinen Flügeladjutanten nach Genf entsandt und mit Luise in Verbindung getreten sein. Daß er besondere Sympathien für sie hegte, war bekannt, und der Dresdner Hof wollte den greisen Monarchen nicht in Verlegenheit bringen; mit Luise setzten die Wettiner schließlich ein Mitglied des kaiserlichen Hauses vor die Tür. Von der Bildung eines Sondergerichts zur Scheidung der Ehe hatte der Kaiser durch den Dresdner Gesandten auch einen Tag früher noch als die Öffentlichkeit Sachsens erfahren.

Luise bestätigte in ihren Memoiren, daß Franz Joseph auszugleichen suchte, schon aus Gründen der Staatsräson. Ihr Bruder Leopold Ferdinand war am 14. Dezember 1902 aus dem Haus Habsburg ausgetreten, ein ganz ungewöhnliches Vorkommnis, und dem Kaiser lag daran, Luise dem Einfluß des Abtrünnigen zu entziehen. Er wollte sie dem Haus Habsburg erhalten, damit sie nicht heimatlos und unberechenbar durch Europa irre und ließ sie – ihren Memoiren folgend – wissen, ihr Platz als österreichische Erzherzogin sei in Österreich; sie werde unbehelligt bleiben, weder in ein Kloster noch in eine Klinik eingewiesen werden, solange er lebe. Vielleicht hätte er gerade das nicht erwähnen sollen, denn immerhin stand er bereits im 73. Lebensjahr! Daß er noch bis 1916 regieren würde, ließ sich nicht voraussehen, auch nicht, daß Erzherzog Ferdinand 1914 in Sarajevo ermordet werden könnte und Karl, ein Neffe Friedrich Augusts, auf den Thron gelangen sollte. Luise jedenfalls ging nicht über die vom Kaiser erbaute goldene Brücke; sie wies seine gewiß gutgemeinten Angebote zurück.

Franz Joseph, erst enttäuscht, dann erbost, vergaß nach der ihm erteilten Abfuhr alles, was er früher für Luise empfunden hatte, zog seine schützenden Hände von ihr und schlug gegenüber der sich guten Ratschlägen Verschließenden einen ungewöhnlich strengen Ton an; er verfügte am 20. Januar 1903, »daß alle (ihre) Rechte, Ehren und Vorzüge... suspendiert werden... Sie hat sich demnach von nun an weder der Titel einer königlichen Prinzessin von Ungarn und Böhmen zu bedienen, wie sie auch nicht das ihr angestammte erzherzogliche Wappen mit den erzherzoglichen Emblemen weiter zu führen hat.« Außerdem veranlaßte er »die Streichung der Gemahlin Seiner Königlichen Hoheit des Kronprinzen von Sachsen aus dem genealogischen Verzeichnisse der Mitglieder Meines Hauses«.[17] Die kaiserliche Weisung ging allen Auslandsvertretungen zu. Sie mußten den Empfang quittieren, ganz so, als handele es sich um ein staatspolitisch wichtiges Papier. Noch am gleichen Tag verlangte Erzherzogin Josepha, Schutzpatronin des Sternkreuzordens, von Luise die sofortige Rückgabe des Sternkreuzordens, den jede Erzherzogin mit Erlangung der Volljährigkeit erhielt. Vom kaiserlichen Erlaß ging eine Signalwirkung aus – auch für die Wettiner, die nun wußten, woran sie mit Österreich waren.

Am 29. Januar veröffentlichte das »Dresdner Journal« die längst überfällige Mitteilung, daß Luise am 9. d. M. auf alle Rechte verzichtet habe, sowie die Erklärung König Georgs, »daß Hochdieselbe aus allen in der Zugehörigkeit zu Unserem Hause begründeten Rechten, Titeln und Würden von jetzt an ausgeschieden ist. Gegeben zu Dresden, den 14. Januar 1903, Georg«.

Luise hatte nach Verzicht auf ihre Rechte in Sachsen und Ablehnung des kaiserlichen Angebots auf Übersiedlung nach Österreich den Fortgang des Geschehens nicht abgewartet und am 18. Januar 1903 Genf verlassen. Giron war bereits am 7. Januar abgereist, Schwarz am 14. Januar. Die Reporter fanden die Hotelzimmer der sächsischen Gäste plötzlich anderweitig vergeben und rätselten, wie es ihnen glücken konnte, heimlich das Tag und Nacht von den Vertretern der schreibenden Zunft bewachte Hotel zu verlassen. Das einzige, was für sie nach der anstrengenden wochenlangen Belagerung heraussprang, war eine magere Fünf-Zeilen-Notiz, Sachsens Kronprinzessin sei abgereist, und niemand wisse wohin. In den nächsten Tagen ließ sich noch die eine oder andere Vermutung aussprechen, etwa ob Kriminalkommissar Schwarz sich an ihre Fersen geheftet oder seine Mission als erledigt betrachtet und nach Dresden zurückgekehrt sei. Luise war entnervt in eine 22 Kilometer von Genf entfernte Klinik geflüchtet. Für Giron interessierten sich nicht einmal die Boulevard-Blätter.

SCHEIDUNG AUF SÄCHSISCH. Das »Dresdner Journal« veröffentlichte am 13. Februar 1903 das zwei Tage zuvor im Scheidungsverfahren des kronprinzlichen Paars gefaßte Urteil:

»Die am 21. November 1891 geschlossene Ehe der Parteien wird wegen Ehebruchs der Frau Beklagten mit dem Sprachlehrer André Giron vom Bande geschieden. Die Frau Beklagte trägt die Schuld an der Scheidung. Die Kosten des Rechtsstreites werden der Frau Beklagten auferlegt.«

Friedrich August nahm nicht an der Verhandlung teil, denn als Mitglied der königlichen Familie durfte er vor Gericht kein Zeugnis ablegen, weder aufgefordert noch freiwillig (§12 des Nachtragsgesetzes von 1879). Bei Luise verhielt es sich formal-juristisch anders: Sie gehörte dem Königshaus nicht mehr an und war ohne Anspruch auf einen Sonderstatus. Daß sie, die geflüchtete Ehefrau, den Scheidungsprozeß wahrnehmen würde, lag eigentlich für alle Beteiligten außerhalb aller Überlegungen – aber Luise war immer gut für Überraschungen. Wäre es nach ihrem Willen gegangen, hätte sie sich während des Prozesses zumindest in Dresden aufgehalten. Sie hatte eine Aufenthaltserlaubnis erbeten, weil ihr Sohn Friedrich Christian an Typhus erkrankt war, doch Friedrich August lehnte dieses Ersuchen kategorisch ab. Ein Antrag ans Gericht wäre kaum zu ignorieren gewesen, aber Luise täuschte keinerlei Interesse an einer Prozeßbeteiligung vor. Vermutlich gelangten ihre Reisepläne den Richtern überhaupt nicht zur Kenntnis, denn Friedrich August hatte den Antrag seiner Noch-Gattin selbst dem König vorenthalten. Kam Luise, mußte wieder mit Demonstrationen gerechnet werden. Dem Gericht lag ohnehin wenig an ihr, denn wenn der Kläger nicht erschien, konnte die Anwesenheit der Verklagten nur zu einem Ungleichgewicht führen und störend wirken.

Einzige Zeugin der Anklage war Baronin von Fritsch. Sie wurde bereits zwei Wochen vor der Verhandlung eine Stunde lang verhört, und ihrem Zeugnis zufolge hatte Luise »im Sommer 1902 in Wachwitz mit Giron ein Liebesverhältnis unterhalten, das bis zur Verletzung der ehelichen Treue geführt habe«. Gewiß hätten sich weitere Zeugen finden lassen, doch das wäre mit einer Mehrung des Aufsehens verbunden gewesen ohne Bereicherung um neue Erkenntnisse. Von Luise lag ohnehin ein Schuldbekenntnis vor, sogar drei Wochen älter als die Aussage der Baronin. Deren Zeugnis brauchte das Gericht weniger, um die Verklagte zu überführen, sondern als Aushängeschild seiner Lauterkeit.

In diesem merkwürdig zwischen BGB und Kgl. Hausgesetz angesiedelten Verfahren baute ein kluger Richter vor. Niemand sollte sagen können, der Sachverhalt sei anders als im Urteil dargelegt, der beliebten Luise übel durch die Familie des Gatten mitgespielt worden. Nur so ist es zu verstehen, daß sich das Gericht immer wieder auf die nicht zum königlichen Haus gehörende Baronin von Fritsch berief. Daß Privatbriefe Luises den Akten als Belastungsmaterial beilagen, blieb wohlweislich unerwähnt. Man wollte der naheliegenden Frage ausweichen, ob die Baronin diese Briefe beschafft habe oder eine andere Bedienstete, Luise etwa gar von Spitzeln umgeben gewesen sei. Mit dem Stöbern in Privatbriefen brüstete man sich besser nicht.

Das Gericht entschied sich nach §1575 des BGB für eine »Aufhebung der ehelichen Gemeinschaft«. Die Ehe war nur kirchlich, nicht auch standesamtlich geschlossen, und das Kirchengesetz ließ keine Scheidung zu. Ein weltliches Gericht, mochte es sich auch um ein Sondergericht handeln, sah sich einer komplizierten Rechtslage gegenüber. Bevor es ein Urteil fällte, mußte aus kirchenrechtlichen Überlegungen die Einwilligung des Vatikans zur Aufhebung der Ehe eingeholt werden, auch aus moralischen Gründen, denn wegen zu enger verwandtschaftlicher Beziehungen zwischen Friedrich August und Luise hatte erst ein Dispens des Papstes die Eheschließung ermöglicht. Der Papst aber wollte sich nicht äußern, ohne Luise zu hören, sah auch keinen Grund zur Eile. Er setzte ihr eine Frist von zwei Monaten – bis Ende Februar – , signalisierte allerdings sein Einverständnis mit der Scheidung vier Wochen früher. Ihr schriftlich vorliegendes Schuldbekenntnis und ihr beharrliches Schweigen auf seine Botschaft mochten dabei den Ausschlag gegeben haben.

Juristen der Landesuniversität Leipzig rieten zu einer Entscheidung nach §77 des BGB, einer Trennung von Tisch und Bett – einer Nichtigkeitserklärung. Dann wären jedoch die Kinder aus dieser Ehe illegitim und von der Thronfolge ausgeschlossen gewesen, der Thron gegebenenfalls an einen der Brüder von Friedrich August gefallen, den kinderlosen Prinzen Johann Georg oder Prinz Max, der katholischer Priester und zum Zölibat verpflichtet war. Friedrich August scheint ernsthaft nie daran gedacht zu haben, die Ehe für nichtig zu erklären. Die eigentlichen Vorbehalte der Leipziger Juristen richteten sich gegen das Sondergericht. Es ließ sich zwar verfassungsrechtlich begründen, aber nur schwer mit einem modernen Gesellschaftsbild in Einklang bringen. Unbehagen bereitete zumindest den republikanisch gesinnten Juristen die Klausel, wonach der König, der ursprünglich sogar selbst den Vorsitz zu übernehmen gedachte, das Urteil vor Verkündung bestätigen wollte. Obwohl König Georg so leicht keinem Druck nachgab, hob er am 27. Januar 1903 diese Bestimmung auf: »Wir verzichten demgemäß gänzlich auf eine Bestätigung des Endurteils.« Die Juristen der Leipziger Fakultät fühlten sich dennoch unwohl bei dem Gedanken an das ins Haus stehende mittelalterlich anmutende Scheidungsverfahren, aber sie enthielten sich weiterer Äußerungen, offenbar froh, sich in der Rolle stiller Betrachter zu befinden.

Luise wurde vertreten durch den Leipziger Anwalt Dr. Felix Zehme, einen erfahrenen, vom Hof unabhängigen Juristen. Er strebte eine Verschiebung des Prozesses an, da er sich nach seiner Version in der unglücklichen Lage sah, auf ein »galoppierendes Pferd« springen zu müssen. Seine Mandantin hatte ohne seine Mitwirkung bereits wichtige Papiere unterschrieben – die Einwilligung in die Scheidung, ein Schuldbekenntnis, eine Verzichtserklärung. Am 7. Februar 1903 lancierte er die Notiz in die Presse, André Giron habe sich von Luise getrennt, um ihr den Verkehr mit den Kindern zu ermöglichen. Das stand in Verbindung mit der Erkrankung des Prinzen Friedrich Christian und Luises Bitte um eine Besuchserlaubnis. Dem Anwalt, der Stimmung zugunsten seiner Mandantin machen wollte, kam dies gelegen. Am 8. Februar war Luise in die Nervenklinik »La Métairie« nahe Genf eingeliefert worden. Zehme beantragte sofort eine Prozeßverschiebung »wegen Erkrankung seiner Mandantin«, doch wurde sein Ersuchen abgewiesen; er dürfte dies erwartet haben. Für das Verfahren vor dem Sondergericht war es letztlich gleichgültig, ob es Luise gesundheitlich gut oder weniger gut ging; ihre Anwesenheit galt als entbehrlich. Zehme ließ sich von taktischen Überlegungen leiten: Die Verweigerung der Einreise bedeutete für Luise zumindest formal den Ausschluß von ihrem Scheidungsprozeß, eine Verhandlung während ihrer Erkrankung galt als unfair.

Eine kleine Sensation brachte der Prozeß, dessen Ausgang von vornherein feststand, unvermutet doch: Zehme erklärte Luises Verzicht auf alle Titel und Ansprüche für ungültig! Er begründete dies unter Hinweis auf die offizielle Mitteilung des Hofes vom 22. Dezember des Vorjahres, Luise sei im »Zustande krankhafter seelischer Erregung« geflüchtet. War sie aber nicht zurechnungsfähig, dann entbehrte ihre Verzichtserklärung der Rechtsgültigkeit. Das Gericht, auffallend gut auf den Antrag der Verteidigung vorbereitet, legte sofort mehrere ärztliche Gutachten vor, denen zufolge an Luises Zurechnungsfähigkeit kein Zweifel bestehe. Damit ließ sich zwar der Antrag des Anwalts verwerfen, nur kam dies dem Eingeständnis gleich, das königliche Haus habe Sachsens Bürger im Dezember wissentlich belogen. Das Gericht entschuldigte die gezielte Irreführung der Öffentlichkeit mit dem juristisch schwachen Argument, das Haus Wettin habe sein Ansehen zu wahren gesucht.[18]

Die Presse brachte übrigens vom Prozeß nur die bereits zitierte Notiz über die ausgesprochene Scheidung. Da die Öffentlichkeit ausgeschlossen war, standen zwar Prozeßberichte ohnehin nie zur Debatte, aber die Urteilsbegründung sollte in einer späteren Ausgabe des »Dresdner Journal« erscheinen – was nie geschah. Die Anwälte des Klägers und der Verklagten einigten sich auf die Formel, ohne einschlägige Vollmachten ihrer Mandanten zu sein.

Buchstabengetreu hatte also das Sondergericht seinen Auftrag erfüllt und die Ehe geschieden. Von den damit verbundenen praktischen Konsequenzen wurde keine auch nur erwähnt. Das naheliegendste waren die finanziellen Regelungen. Sollte Luise eine Abfindung erhalten? Blieb ihr die Verfügung über ihr Vermögen? Hatte sie Anspruch auf Alimente? All dies verstand der Hof noch als interne Angelegenheit, für die sich kein Gericht zu interessieren brauche, kein Minister, keine Kammer. Zwei Jahre später dachte man anders darüber.

Daß im »Dresdner Journal« nur die Verzichtserklärung Luises veröffentlicht wurde, kam wieder einer bewußten Täuschung der Öffentlichkeit gleich. Der Leser sollte zu dem Schluß gelangen, Luise wolle den Bruch, und es sei daher zwecklos, sich für ihre Rückkehr einzusetzen oder auf eine Wiederherstellung des Status quo nach dem Tode König Georgs zu bauen. Nun war die Verzichtserklärung aber nur Teil eines Vertragspaketes! Eine lückenlose Veröffentlichung hätte im aufgebrachten Sachsen leicht der Auffassung Vorschub leisten können, Luises Verzicht sei erkauft. Abgesehen von der königlichen Familie kannten nur Staatsminister von Metzsch und Finanzminister Rüger die Details der am 9. Januar 1903 mit Luise getroffenen Vereinbarungen. Eine Anfrage aus Wien zwang dann Ende Februar dazu, auch Kaiser Franz Joseph einzuweihen. Er hatte zwar mit Luise gebrochen, fühlte sich aber für ihre materielle Sicherstellung mitverantwortlich. Staatsminister von Metzsch erläuterte daraufhin unter dem Siegel der Verschwiegenheit dem österreichischen Gesandten Details des Vertrages:[19] Friedrich August habe Luise eine jährliche Leibrente in Höhe von 30000 Mark zugestanden, zu zahlen aus der Privatkasse. Die Rente sei gebunden an die Verpflichtung Luises, keinen Wohnsitz in deutschen Landen zu nehmen und sich übelwollender Äußerungen gegen den sächsischen Hof in der Presse oder bei öffentlichen Auftritten zu enthalten. Ihr Anspruch auf das von Metzsch pauschal mit 200000 Gulden veranschlagte Heiratsgut erlosch zugunsten des Unterhalts der gemeinsamen Kinder, doch die Zinsen blieben ihr. Die persönliche Habe Luises sei nicht Gegenstand des Vertrages gewesen. Sie hatte in einer Bonbonschachtel einen Teil ihres Geschmeides bei der Flucht mitgeführt, und Metzsch sagte dazu dem Gesandten Wiens: »Der Kronprinz hat ihr aber außerdem noch ihren ganzen übrigen Schmuck, den sie im Laufe der Jahre von ihm, von den Mitgliedern des Königlichen Hauses und anderen Fürstlichkeiten erhalten hatte, wie auch Kleider, Spitzen, Nippes und andere Kostbarkeiten, welche irgendwie als ihr persönliches Eigentum betrachtet werden konnten, zugeschickt.« Er gab den Wert dieser Utensilien mit einer halben Million Mark an. Bemüht, die Großzügigkeit des Kronprinzen herauszustreichen, dürfte er übertrieben haben.

Im März wollte König Georg in Urlaub fahren, zuvor aber noch mit einem Manifest die Dresdner Chronique scandaleuse beenden; er hätte besser auf sein Pamphlet verzichtet, denn sein hartes Urteil über Luise sollte für den Hof zu einer Quelle von Verlegenheiten werden. Das Manifest wurde am 17. März 1903 unterzeichnet und tags darauf im Dresdner Journal veröffentlicht. Für Aufregung sorgte die Behauptung, »daß dem unendlich Schmerzlichen, das über uns hereingebrochen ist, lediglich die unbändige Leidenschaft einer schon lange im stillen tief gefallenen Frau zugrunde liegt«.

Geburt des gestohlenen Kindes. Fünf Monate nach ihrer Flucht brachte Luise am 4. Mai 1903 in Lindau ein Kind zur Welt, ein Mädchen, das auf den Namen Anna Monika Pia getauft wurde.

Von sechs Kindern blieb Luise nur dieses. Drei Knaben und zwei Mädchen hatte sie in Dresden zurückgelassen, und ob sie, die aus dem Hause Wettin Ausgeschlossene, ihnen noch einmal begegnen würde, erschien fraglich. Es war auch nicht sicher, ob sie wenigstens Monika behalten konnte, denn nach dem Hausgesetz der Wettiner gehörten die Kinder zum Vater. Auf vielen Seiten hat sie in ihren Memoiren die Sorgen beschrieben, die ihr das Schicksal Monikas bereitete. Aus ihrer gescheiterten sächsischen Ehe wollte sie wenigstens dieses eine Kind in ein neues Leben hinüberretten. Einen Vorteil besaß sie: Das Kind befand sich bei ihr. Forderte es der Kronprinz an, mußte er sich mit ihr in Verbindung setzen.

An der Vaterschaft von Friedrich August durfte keiner zweifeln! Weil Luise ihm ein ungeborenes Kind entführt habe, war er Ausgang des vorigen Jahres mit polizeilichen Mitteln gegen sie vorgegangen. Von einer öffentlich so energisch verteidigten Vaterschaft konnte er unmöglich abrücken. Aber war er seiner Sache wirklich sicher? Als Luise entband, mußte der Direktor der Dresdner Frauenklinik, Prof. Leopold, nach Lindau reisen. Er hatte Luise früher schon behandelt und genoß ihr Vertrauen. Sie kam ihm »auffallend abgemagert und in ihrem Äußeren verändert« vor, hieß es in einem Bericht vom 13. Mai 1903 über seine Reise; Leopold »consuluidiert nach dem an der neugeborenen Prinzessin vorgenommenen Messungen auf die thatsächliche Vaterschaft des Kronprinzen und erhärtet die Ansicht noch durch den Hinweis auf den Typus und die helle Farbe der Augen und der Haare, ...–welche ganz ausgesprochen auf Prinz Friedrich August als Vater des Kindes schließen lassen«. Eine eidliche Aussage verweigerte Leopold als »unthümlich«; nur die »Wahrscheinlichkeit« sei zu beurteilen.[20]

Aus Lindau brachte Leopold außer seinen Eindrücken das Ersuchen Luises mit, ihr das Kind zu lassen, und Dr. Seydewitz, der Minister des Kgl. Hauses, berichtete dem österreichischen Gesandten am 18. Mai 1903, der Kronrat habe beschlossen, »bis auf weitere Dispositionen« solle das Kind »in der Pflege der Mutter verbleiben«. Ausschlaggebend seien zwei Gründe gewesen: »das natürliche Interesse des Kindes« und »Rücksicht auf die immer noch erregte Stimmung der Bevölkerung, auf die Pflicht, allen künftigen Demonstrationen und Preßweiterungen den Boden nach Thunlichkeit zu entziehen«.[21] Alle Minister hatten König Georg davor gewarnt, Luise das Kind zu nehmen, um keine Unruhen zu provozieren. Das überzeugte den Kronrat; Friedrich August, der Monika in Wachwitz wissen wollte, beugte sich schließlich dem Willen der Mehrheit.

Am 10. Juni 1903 lag ein Vertrag vor, den der Flügeladjutant des

Kronprinzen Oberst Georg Frhr. von Criegern und Luises Schweizer Anwalt M. Adrien Lachenal ausgearbeitet hatten. Zehn Tage später trat dieser Vertrag in Kraft. Friedrich August überließ Luise das umstrittene Kind für ein Jahr und zahlte in dieser Zeit monatlich 200 Mark Alimente. Im Gegenzug mußte Luise, deren Position nicht die allerstärkste war, eine Serie von Zugeständnissen machen. So stellte der Kronprinz die Kinderfrau: Monika solle eine feste Bezugsperson haben, eine katholische, damit ihr im nächsten Jahr der Abschied von der Mutter und das Einleben in Wachwitz leichter falle. Diesem Argument konnte sich Luise kaum verschließen, auch wenn sich ihrer das Gefühl bemächtigte, sie werde mit dieser aus Dresden anreisenden Kinderfrau eine vom Hof bestallte Zuträgerin in ihrer Umgebung dulden müssen. Mißtrauen sollte denn auch bald die Atmosphäre hoffnungslos vergiften. Als Kindesvater wollte Friedrich August unter anderem genau über den Aufenthaltsort seiner Tochter informiert sein. Luises frühere Versicherung, keinen Wohnsitz in Deutschland zu nehmen, genügte nun nicht mehr, eine Konkretisierung war gefragt – ein ständiger Wohnsitz. Sie nahm Quartier bei einer alten französischen Freundin, der Gräfin Saint-Victor auf Schloß Ronan südlich von Lyon und verpflichtete sich, ohne Zustimmung des Hauses Wettin keinen Wohnungswechsel vorzunehmen. Und schließlich forderte der Vertrag von ihr eine Änderung des Namens.

Luise wird Gräfin Montignoso. Wie sollte sich Luise nach der Scheidung eigentlich nennen? Keinesfalls mehr Kronprinzessin von Sachsen, denn dieser Titel war passé. Dem BGB zufolge konnte sie ihren alten Namen führen, doch dem stand der Ausschluß aus dem kaiserlichen Haus im Wege. Also nannte sie sich Prinzessin Luise von Habsburg-Lothringen-Toscana. Dagegen konnte zumindest Sachsen keine Einwände erheben – oder doch? Am 4. Juli 1903 wandte sich Dresden auf diplomatischem Wege telegraphisch nach Wien mit der Bitte, Luise diesen Namen zu verweigern; Dresden fehle dazu die Handhabe. Der nicht offen ausgesprochene Grund der Demarche: Die Exgattin des Kronprinzen war als Luise von

Toscana zu bekannt und würde so überall als die frühere Kronprinzessin von Sachsen identifiziert werden, während sie doch in der Anonymität versinken sollte.

Dresden ging vorsichtig zu Werke, weil zu fürchten stand, man werde in Sachsen Luises Namensänderung als einen Gewaltakt des Königs verstehen. Wien fand die Angelegenheit banal und hielt sich heraus. Unterstützung fand Sachsen durch Luises Vater, der schließlich, ohne Mißtrauen zu wecken, ein Wort mitreden durfte, wenn seine Tochter ihrem Namen ein »Toscana« beifügte. Sie war eben im Begriff, sich mit dem Elternhaus wieder auszusöhnen und zeigte sich empfänglich für Empfehlungen der Familie. Ob diese es ungern sah, wenn die skandalumwitterte Tochter den Familiennamen führte oder an deren wirtschaftliche Abhängigkeit von Friedrich August dachte? Man riet ihr jedenfalls, sich einen neuen Namen zuzulegen. Alles übrige vollzog sich a tempo.

Luises Anwalt Dr. Zehme reichte Justizminister Otto am 13. Juli 1903 ein förmliches Gesuch seiner Mandantin auf Namensänderung ein. Es begann mit den Worten: »Obwohl die vormalige Frau Kronprinzessin den Namen einer Prinzessin von Habsburg-Lothringen-Toscana zu Recht führte...« und endete mit dem Antrag, ihr den Titel einer Gräfin Montignoso zu verleihen – Montignoso hieß eine väterliche Besitzung Luises in der Toscana. Das Haus Wettin konnte erleichtert aufatmen; Luise selbst wollte einen neuen Namen. Nun kam es auf Schaffung vollendeter Tatsachen an, bevor sie möglicherweise ihre Meinung änderte. Die Behörden erledigten das Verfahren in beispiellosem Tempo; nur zwei Tage nach Eingang des Gesuchs brachte das »Dresdner Journal« folgende Notiz: »Se. Majestät der König haben sich in Gnaden bewogen gefunden, der vormaligen Frau Kronprinzessin von Sachsen Prinzessin Luise Antoinette Marie auf Ihr Ansuchen den Namen und Adelstitel einer Gräfin von Montignoso zu verleihen.«

Damit waren sie eigentlich allesamt zufrieden – das Haus Wettin, das Haus Habsburg, die großherzogliche Familie und wohl selbst Luise.

Auf die Staatsangehörigkeit ging niemand ein. Luise blieb also eine Bürgerin Sachsens! Sie hatte die sächsische Staatsangehörigkeit nicht niedergelegt, und sie war ihr auch nicht abgesprochen worden. Als Gräfin Montignoso verdankte sie Namen und Titel sogar ausdrücklich einer öffentlich bekanntgegebenen Verfügung des sächsischen Königs.

Aus Furcht vor Unruhen traf das Haus Wettin eine halb durchdachte Entscheidung nach der anderen. Das zwang zu Korrekturen oder Ergänzungen, und im Abstand von einigen Monaten verfügte der Hof gleichsam dosiert immer wieder Neues. So wurde »die Affäre Luise« entgegen höfischer Interessen amtlich besser am Leben gehalten als dies irgendein Boulevardblatt vermocht hätte.

Bürokraten beruhigen eine besorgte Mutter. Ob Luise das Recht besäße, ihre Kinder zu sehen, hatte das Sondergericht im Scheidungsverfahren unbeachtet gelassen. Als gewöhnliche Bürgerin des Landes Sachsen wäre ihr nach damaligem Recht zwar wegen »böswilligen Verlassens der Familie« das Sorgerecht für die Kinder entzogen, aber nach angemessener Frist eine Besuchserlaubnis zugestanden worden, in der Praxis einmal im Monat. Was aber konnte eine Ex-Kronprinzessin beanspruchen?

Nach §4 des Königlichen Hausgesetzes lag die Entscheidung allein bei König Georg, der vorerst alles offen ließ. Zwar war er entschlossen, die Enkel dem verderblichen Einfluß seiner einstigen Schwiegertochter zu entziehen, sah aber keinen Handlungsbedarf, denn Luise hatte sich verpflichtet, sächsischen Boden nicht mehr zu betreten, und die Kinder befanden sich in Sachsen!

Rechtsanwalt Dr. Zehme wollte es präziser wissen: Mutter und Kinder konnten sich schließlich auch jenseits der Landesgrenzen treffen. Der Minister des Kgl. Hauses teilte ihm jedoch mit, König Georg habe am 30. Dezember 1903 »jeden direkten, sei es auch nur brieflichen Verkehr der kronprinzlichen Kinder mit der Gräfin Montignoso bis auf weiteres untersagt, jedoch Allergnädigst genehmigt, daß derselben von Neujahr 1904 ab vierteljährlich amtliche Berichte über das Befinden der jungen Prinzen und Prinzessinnen zugestellt werden«.[22]

Tatsächlich ging am 1. Januar 1904 der erste »amtliche Bericht« an Luise ab. Über ihren Sohn Georg erfuhr sie:

»Interesse, Pflichtgefühl und logisches Denken bewirken gute Leistungen. Echte Frömmigkeit und tiefes Gemüt fördern die Familien- und Nächstenliebe. Durch planmäßige körperliche Durchbildung ist des Prinzen Kraft und Ausdauer gestählt worden.

Bericht auf Allerhöchsten Befehl erstattet vom Chef der Hofhaltung Sr. Königlichen Hoheit des Kronprinzen.«[23]

Luise bedankte sich für den Bericht. Wollte sie nicht den völligen Abbruch riskieren, blieb ihr kaum eine andere Möglichkeit als Wahrung der Form. Aus dem Dank konnte schwerlich auf Zufriedenheit mit einem solch seelenlosen Bericht geschlossen werden. Der Wunsch, die Kinder wiederzusehen, blieb.

»Luisen-Bilder« sorgen für Aufregung. Trotz Scheidung der Ehe des kronprinzlichen Paares und damit vor aller Welt vollzogenen Bruchs lebte im Lande die Hoffnung (oder Furcht) fort, das letzte Wort sei noch nicht gesprochen. König Georg, der eigentliche Scheidungsgrund, war ein alter Mann und mit seinem Tode ein Wandel denkbar. Friedrich August konnte nach der Thronbesteigung zur Rehabilitierung seiner einstigen Gemahlin ein Tribunal einsetzen, das ihre »Unzurechnungsfähigkeit« mit der seinerzeitigen Schwangerschaft in Verbindung brachte. Das Kind hatte sie ausgetragen, ihre Gesundheit sich wieder stabilisiert. So wäre die Wiederherstellung der Ehe bei Wahrung des Ansehens des Hofes durchaus denkbar, wenn die beiden, die es anging, dazu den Willen hatten.

Von Friedrich August verlautete aus seiner Umgebung wiederholt, seine Hinneigung zu Luise sei nie erloschen. Er spreche nicht von ihr, reagiere aber allergisch auf jede Bemerkung, die in seiner Gegenwart über sie falle. Dem Hofball, einem Höhepunkt des höfischen Lebens, blieb er 1904 fern. Niemand konnte sich dies zunächst erklären, bis es dem Minister des Königlichen Hauses bewußt ward: Unbedacht war der Hofball für den Tag festgesetzt worden, an dem sich die Scheidung des Kronprinzen jährte, und

Friedrich August mochte das als unpassend empfinden, sich gar brüskiert sehen.

Luise war im Juni 1904 nach Schloß Wartegg am Bodensee übergesiedelt, auf ein Anwesen des Großherzogs von Toscana. Sie wurde verwarnt: Ohne Zustimmung des Dresdner Hofes dürfe sie den Wohnsitz nicht wechseln, und der hieße noch immer Ronan! War sie Sachsen zu nahe gekommen? Sie mochte an ihre Zuschüsse aus der Dresdner Kasse denken und lenkte ein: Sie werde in Ronan nicht heimisch. Dem Hof war das bekannt, und 1903 hatte er ihr deshalb bereits einen zeitweiligen Aufenthalt in Ventor auf der Insel Wight zugebilligt, fernab von Sachsen. Wider Erwarten bekam man trotzdem viel über Luise zu hören. Die Sympathien der Bürger von Ventor flogen ihr zu, und die englische Presse brachte ausführliche und wohlmeinende Beiträge über sie – bis sie sich in den Klatschspalten der Boulevardpresse wiederfand: Sie habe »mit einem jüngeren, verheirateten Diplomaten« angebandelt, von dem sie »ein Kind erwarte«. Das muß ihr Ventor verleidet haben.

Da ihr Wartegg versagt wurde, sah sie sich nach einer neuen Bleibe für sich und ihr Töchterchen um. Eine Villa in San Domenico auf den Fiesolauer Hügeln war frei; ob Florenz akzeptabel sei, ließ sie bei Hof anfragen. Dieser stimmte zu. Mit dem Umzug ließ sich Luise nun allerdings Zeit. Einige Tage nach Georgs Tod erst bezog sie ihre Villa in San Domenico. Plötzlich kamen jedoch dem Hof Bedenken: Er glaubte zu wissen, warum es Luise nach Florenz zog – der Nähe Roms wegen; sie wolle den Papst bitten, ihrer Aussöhnung mit Friedrich August den Weg zu ebnen. Zuträger berichteten, sie sei bereits in der Hl. Stadt gewesen und habe sich in die Audienzliste eingetragen. Der Vatikan wurde gebeten, Luise eine Audienz beim Papst zu verweigern. Sichtlich ungehalten über diese Einmischung teilte der Vatikan mit, sie habe sich gar nicht angemeldet, es läge wohl eine Namensverwechslung vor. – König Georg war tot, und mit dem Dresdner Hof ging die Phantasie durch.

»An höchster Stelle sei man sich vollkommen dessen bewußt, daß die Rückkehr der Gräfin nach Dresden bei einem Theile der Bevölkerung Demonstrationen der Zustimmung provocieren würde«,[24] depeschierte der Gesandte Österreichs schon einen Tag vor dem Tode Georgs nach Wien. Bei festlichen Anlässen, Geburtstagen oder Weihnachten, wollte Luise aus Sachsen bis zu 4000 Glückwunschkarten erhalten haben. Vielleicht rundete sie etwas auf, doch die postalischen Verbindungen gab es, der Hof wußte dies, denn wer Luises Adresse nicht kannte, gab für sie bestimmte Geschenkpakete und Glückwunschkarten einfach im Schloß ab. Listenmäßig erfaßte die Polizei alle sächsischen Bürger, die mit ihr im Briefwechsel standen. Luise verwandte in ihren von Hand zu Hand gehenden Schreiben als Abschiedsformel stets die gleichen Worte: »Auf Wiedersehen in Dresden«.

»Das Sachsenvolk hat sich mit einigen Ausnahmen längst für die ehemalige Kronprinzessin entschieden«, behauptete am 17. September 1904 die »Dresdner Rundschau«, in einer Bilderfolge Luise als Engel darstellend. Nach dem Thronwechsel (15. Oktober) hieß es tatsächlich allerortens: Wird Luise wiederkommen? Friedrich August gingen Bittschriften zu, so auch das von Franz Illgen verfaßte Gedicht »An Unseren König«:

Drum naht sich jetzt mit einer Bitte
Dein Sachsenvolk! Sie ist nicht klein:
Luise bring' in uns're Mitte,
Laß, was geschah, vergessen sein!

Und das »Luisa-Lied« kam auf:

»Es liegt wo ein Schloß an der Elbe Strand,
das barg einst die Perle vom Sachsenland,
und wer dieses Kleinod bringt wieder zurück,
der zaubert dem Volke entschwundenes Glück,
ihm schallet im Lande viel tausendfach Lob,
weil mutvoll den Schatz aus der Tiefe er hob...«

Friedrich August gingen aber auch Petitionen zu, angeblich 100000 Unterschriften zählend. Erstaunlicherweise zeichneten weniger

Männer als erwartet und mehr Frauen als angenommen. Die Unterzeichner wurden vom Hof sofort brüsk als »sittlich, seelisch und geistig verwirrt« beschimpft.

Straßenhändler verkauften an belebten Kreuzungen für 10 oder 15 Pfennig Photographien mit dem Namenszug der früheren Kronprinzessin. Bis Mitte November fanden 150000 Karten ihren Abnehmer. Ladenbesitzer dekorierten ihre Schaufenster mit »Luisen-Bildern«, Vereine ihre Schaukästen. In den übrigen deutschen Landen zeigte man sich ziemlich verblüfft und verständnislos ob des »Luisenkults«, um schließlich in Witzeleien über die »Volksbewegung in Sachsen zur Herbeischaffung einer fehlenden Landesmutter« zu flüchten.

Der Dresdner Hof meinte den Odem der Revolution zu spüren. Offiziell aber war nur davon die Rede, daß »hier und da« jemand die Rückkehr der ehemaligen Kronprinzessin wünsche. Im Widerspruch zu dieser Bagatellisierung stand der Einsatz staatlicher Gewalt. Einen Tag nach König Georgs Tod erklärte Staatsminister von Metzsch dem Gesandten Österreichs, die neue Regierung sei zu »scharfen Abwehrmaßregeln entschlossen« und werde einem unerwünschten Aufenthalt Luises »aus Gründen der Staatsraison sofort ein Ende machen«. Die neue Regierung aber war die alte! Die Minister und Beamten – und deren Frauen – lehnten die freisinnige Luise energisch ab. Keiner von ihnen wünschte sich an der Seite des als wenig standfest eingeschätzten Friedrich August eine intelligente, energische und unkonventionelle Luise als Königin. Dabei konnten die Minister und Beamten im Hintergrund bleiben. So erklärte von Metzsch dem österreichischen Gesandten weiter, als Kronprinz habe sich Friedrich August »dem König Georg gegenüber mit feierlichem fürstlichen Ehrenwort verpflichtet, niemals wieder seine geschiedene Gemahlin zu ehelichen, und dieses feierliche Versprechen (sei) seinerzeit vor dem Gesamtministerium zu Protokoll gebracht« worden.[25] König Georg hatte also eine Rückkehr Luises keineswegs für ausgeschlossen gehalten und auf eine Weise Vorsorge getroffen, die alle Minister zu Erfüllungsgehilfen machte.

Friedrich August war nicht willensstark genug, seinem Vater ein Versprechen zu verweigern – und zu sehr Pflichtmensch, um es zu brechen. Mit dem Machtwechsel trat der Zwiespalt, in dem er sich befand, deutlich zutage. Er hatte innerlich mit Luise noch nicht gebrochen und auch nicht wieder geheiratet, schickte sich aber letztlich ganz zufrieden in die Trennung, da ihm der Gedanke, mit einer ihm geistig überlegenen energischen Frau an der Seite regieren zu müssen, keineswegs verlockend erschien.

Während Staatsminister von Metzsch den festen Willen der Regierung verkündete, »mit allen zu Gebote stehenden Mitteln der unwürdigen und maßlosen Hetze subversiver Elemente Schranken zu setzen«, sprach sich Friedrich August III. bei Machtantritt für einen persönlichen Appell aus. Er hoffte, so die Öffentlichkeit beruhigen und der Agitation ein Ende setzen zu können. Am 26. Oktober 1904 brachte das »Dresdner Journal« eine von Sachsens neuem König autorisierte Erklärung:

»Einige Blätter haben erneut die Frage aufgeworfen, ob die Gräfin v. Montignoso an den Königlichen Hof zurückkehren und Se. Majestät der König geneigt sein werde, Sich wieder mit ihr zu vereinigen. Wie wir aus zuverlässiger Quelle wissen, besteht auch nicht die entfernteste Aussicht dafür, daß es jemals zu einer Wiedervereinigung kommen könne. Se. Majestät der König hat nicht bloß vor dem Tode des Hochseligen Königs, sondern auch nachher in der allerbestimmtesten Weise die unzweideutige Willensmeinung kundgetan, daß Er für alle Zeiten jede Annäherung von jener Seite weit von Sich weise. Dementsprechend sind schon früher bindende Abmachungen zwischen den beiden Beteiligten getroffen. Jeder Einsichtige weiß von selbst, daß Se. Majestät der König nach allem Vorangegangenen eine andere Haltung niemals einnehmen kann.«

Zwei Tage später erging ein Ersuchen an alle Amtshauptmannschaften, sofort und ausführlich über Reaktionen auf den Appell des Königs zu berichten. Selbst die Schulkinder wurden ausspioniert. Der Kgl. Bezirksschulinspektor berichtete am 11. November 1904: »In der Sitzung der Vereinigung städtischer Schuldirektoren vom 10. ds. habe ich bei verschlossenen Türen und unter Verpflichtung sämtlicher Anwesenden zu unbedingtem Stillschweigen die Frage gestellt, ob sich aus irgendwelcher Beobachtung der Schluß ziehen lasse, daß Schüler und Schülerinnen der Volksschule durch die Angelegenheit der Gräfin Montignoso auf den formellen Hintergrund der Sache aufmerksam geworden seien.«[26]

Am 4. November zog die Polizei die »Luisen-Bilder« aus dem Verkehr – die Fotos der Mutter des künftigen Königs! Die Polizei mußte sich etwas besonderes einfallen lassen, und es fiel ihr etwas ein: Die Karten wurden nicht etwa konfisziert, weil ihr Vertrieb dem staatlichen Interesse widersprach, sondern weil zwar im Impressum wie vorgeschrieben der Verlag, der »Dresdner Kunstverlag Gustav Schmidt«, nicht aber die Druckerei vermerkt sei. Die hundert geschädigten Händler und Drucker reichten Klage ein, am 30. November von der Kreishauptmannschaft mangels handfester juristischer Argumente mit lapidaren Bemerkungen verworfen, doch im Berufungsverfahren vor dem Oberverwaltungsgericht wurde die Polizeiverfügung als rechtswidrig aufgehoben – im August 1905, als sich die Spatzen verfleucht hatten!

Auch den Zeitungen wurde ein Maulkorb umgehangen. Die »Dresdner Rundschau« hatte sich in einer Serie von Artikeln zum Fürsprecher der Rückkehr Luises gemacht. Der eigentliche Scheidungsgrund, König Georg, lebe nicht mehr, also seien die Hürden gefallen. Bestrebt, Luise zu verteidigen, lagen kritische Worte des Blattes über Georg nahe. In der Ausgabe vom 22. Oktober 1904 hieß es, »das Volk brachte ihm offene Abneigung entgegen... Im schroffsten Widerspruch zu dem Empfinden des ganzen Volkes wurde gerade vom Hofe aus die Kronprinzessin mit einer Unversöhnlichkeit verfolgt und geschmäht, die schon befremden mußte... Ist es da ein Wunder, daß beim jetzigen Thronwechsel zwei schicksalhafte Fragen von Mund zu Mund gehen: Wird Louise wiederkommen? Wird die alte Verheißung, daß ein einiger Gedanke König und Volk verbindet, sich erfüllen?« Die empörte Regierung ließ diese Ausgabe der »Dresdner Rundschau« einziehen und verhängte für den Verkauf eine Strafe von 50 Mark. Gegen Chefredakteur K. Schlichting wurde ein Prozeß wegen Majestätsbeleidigung eingeleitet. Ein derart massives Vorgehen gegen Kritiker hatte es zumindest in den letzten Monaten der Regierung König Georgs nicht gegeben. Für die Urheber sollte sich der Schlichting-Prozeß noch zu einer Blamage auswachsen, denn das geltende Strafgesetz kannte den Tatbestand der Majestätsbeleidigung im Falle Verstorbener nicht, und so mußte das Gericht die Klage abweisen. Da aber Schlichting nun einmal zur Abschreckung Andersdenkender verurteilt werden mußte, wurde er auch verurteilt: Er bekam vier Monate Gefängnis wegen »Entstellung von Thatsachen in der Frage der letzten Erhöhung der Civilliste vom Jahre 1902«. Der Pressekonflikt spiegelte sich vorwiegend in der »Dresdner Rundschau« vom 15. Dezember 1904 wider. Interessanter konnte eine Zeitung kaum sein – oder doch?

Exakt eine Woche später, am 22. Dezember 1904, hielt die Dresdner und Leipziger Presse die Neuigkeiten für sensationell genug, um gegen Mittag mit einem Extrablatt zu erscheinen: »Luise in Dresden!«

LUISE VOR DEM SCHLOSSTOR. Von Luise war im Dezember am Hof das Ersuchen eingegangen, ihren Kindern Weihnachtsgeschenke schicken zu dürfen. Er muß von allen guten Geistern verlassen gewesen sein und verweigerte ihr diesen Liebesdienst. Möglicherweise kam ihr die Absage gelegen. Jedenfalls machte sie sich nach Dresden auf, um die Geschenke selbst zu überreichen! Zu Georgs Zeiten schon hatten sie die »Zustandsberichte« des Hofes über ihre Kinder entsetzt, nach dem Thronwechsel enttäuschte sie die Aufrechterhaltung des strikten Verbots, ihren Kindern auch nur ein Weihnachtspaket zu schicken. Zu spontanen Entschlüssen neigte sie ohnehin.

In ihren Memoiren bestritt sie die Wiederaufnahme ehelicher Beziehungen als Ziel ihrer Reise, nur Klarheit habe sie sich verschaffen wollen. Den Widerstand, der vom Hof ausging, beurteilte sie realistisch, aber sie sah sich durch den »Luisenkult« im Lande ermutigt. Im stillen hoffte sie, daß sich jetzt, nach dem Tode König

Georgs, alles zum Guten wenden könne, wenn sie mit Friedrich August unter vier Augen spräche.

Der Hof wollte rechtzeitig von ihren Plänen erfahren und sogar den Termin ihrer Abreise aus Florenz gekannt haben. Luise hatte den Dresden-Besuch mit ihrem Anwalt Dr. Zehme vorbereitet, und ihrer oder des Anwalts Umgebung dürften Details zur Kenntnis gelangt sein, für die sich der Hof interessierte. Dr. Zehme hatte zudem im voraus Hotelzimmer in Dresden bestellt, und möglicherweise konnte der Hotelier die Neuigkeiten nicht für sich behalten.

Friedrich August III. wich einer Begegnung mit ihr aus und begab sich auf die Jagd ins Pillnitzer Revier. Wollte er nur einem Konflikt entgehen, oder traute er seiner eigenen Standfestigkeit kein Wiedersehen mit Luise zu? Luise traf am 21. Dezember spät abends in Leipzig ein und übernachtete bei ihrem Rechtsanwalt Dr. Zehme in dessen Gautzscher Villa. Die Regierung stellte zu ihrer eigenen Überraschung fest, daß sie über keine rechtliche Handhabe zum Einschreiten verfügte: Luise besaß die Bürgerrechte. Die Minister hielten es mehrheitlich für bedenklich, einer Staatsbürgerin Sachsens das Betreten sächsischen Bodens zu verwehren. Eines aber war möglich: Man konnte ihr den Zutritt ins Schloß verwehren, und in diesem Sinne wurden die Wachen verständigt.

Luise traf, begleitet von ihrem Anwalt, gegen 8 Uhr in Dresden ein, fuhr mit einer Mietdroschke zum Hotel Bellevue und lief von da aus verschleiert hinüber zum Schloß. Da sie die Straßeneinfahrt versperrt fand, ging sie – bestens mit den Örtlichkeiten vertraut – zu einem Nebentor. Ein Polizeioffizier forderte sie auf, ins Hotel zurückzukehren; es sei Befehl ergangen, sie keinesfalls vorzulassen. Luise begriff, daß ihr Überrumpelungsversuch gescheitert sei. Sie ließ sich von dem Polizeioffizier zum Hotel Bellevue begleiten, wo Dresdens Polizeipräsident von Koettig und Kämmerer General von Criegern ein halbstündiges Gespräch mit ihr führten. Luise versicherte, es sei nicht ihre Absicht, Demonstrationen zu provozieren, sie wolle den König sprechen und ihre Kinder. Da ihr Exgatte nicht zugegen war, hinterließ sie einen Brief für ihn. Den Beauftragten des Hofes unterbreitete sie folgende Wünsche: Sie wolle Monika behalten, einen sicheren Termin für ein Wiedersehen mit ihren anderen Kindern haben und einer Einladung der Prinzessin Therese von Bayern nach München folgen dürfen. General von Criegern erklärte sich bereit, Friedrich August III. vorzuschlagen, ihr eine Begegnung mit den Kindern außerhalb Sachsens zu ermöglichen. Schwerlich ohne Instruktion bemerkte er weiter: Sie werde Monika sicher behalten können, unter der Voraussetzung, nie wieder sächsischen Boden zu betreten. Im übrigen warnte er sie: Mit ihrem Abstecher nach Dresden habe sie ihre Lage verschlechtert, und wenn sie Schlimmeres verhüten wolle, möge sie freiwillig abreisen. Entmutigt erklärte sich Luise einverstanden.

Vor dem Hotel Bellevue hatten sich derweil die ersten Neugierigen versammelt. Durch gezielte Indiskretion wurde bekannt, sie reise um 16 Uhr wieder ab, doch sie nahm den Zug 14.35 Uhr, und so waren nur etwa dreihundert Dresdner am Bahnhof, jene, die sich durch rechtzeitiges Kommen gute Plätze sichern wollten. Als sich das Gros ihrer Freunde am Bahnsteig einfand, näherte sich Luise, begleitet vom Dresdner Polizeipräsidenten, bereits Leipzig. Sie begab sich in die Praxis ihres Anwalts, wurde jedoch vom Leipziger Polizeipräsidenten noch am Abend unauffällig auf dem Thüringer Bahnhof in den Zug 23.20 Uhr nach Frankfurt/Main gesetzt. Die Abteile waren überfüllt; mit Mühe konnte ihr Zehme jun., der sie begleitende Sohn des Anwalts, einen Sitzplatz sichern. Am Heiligabend 7.20 Uhr traf Luise in Frankfurt ein; nach nur halbstündigem Aufenthalt fuhr sie über Appweiler zurück nach Florenz.

Die »Leipziger Neuesten Nachrichten« brachten am 28. Dezember 1904 einen bissigen Kommentar: Auf Sachsens Thron sei kein Platz für eine Frau, deren öffentliche Fehltritte die Weltpresse beschäftigt haben. Jeder Offizier würde für die Rehabilitierung seiner geschiedenen Frau seine Charge verlieren; was verlange man denn vom König? Am 9. Januar 1905 erschienen im »Dresdner Journal« zwei inhaltlich deckungsgleiche Erklärungen, eine von der Regierung veranlaßt, eine von Dr. Emil Körner, dem Anwalt des Königs: Luise habe keine bindende Zusage auf Rückkehr erhalten!

PRESSEFREIHEIT ANNO 1905. Mit ihrem Abstecher nach Dresden hatte Luise dem Genfer Vertrag vom 9. Januar 1903 zuwider gehandelt, und die zu erwartenden Repressalien setzten postwendend ein. Überraschend war nur, daß Kaiser Franz Joseph sich als erster meldete. Noch am 22. Dezember 1904, als ihn sein Gesandter telegraphisch über ihre Ankunft in Dresden verständigte, gab er seinem Regierungschef Weisung, ein für allemal die »Gräfin Montignoso auszuweisen, wenn sie österreichisches Gebiet betrete«. Der Dresdner Hof vermochte sich weit wirksamerer Mittel zu bedienen: Er zahlte Luise wegen Kontraktbruchs keine Leibrente mehr und bestand auf sofortiger Auslieferung des umstrittenen Königskindes.

Luise schrieb später in ihren Memoiren, sie habe sich abschieben lassen, damit im Lande nicht die Revolution ausbreche. Einige hundert Dresdner waren ohne Zweifel bereit, für sie auf die Straße zu gehen. Wäre Friedrich August auf Wiederherstellung der Ehe bedacht gewesen, hätte eine solche Manifestation helfen können, den Widerstand von Kronrat und Kabinett zu brechen, so aber lag die Vermutung nahe, daß es ähnlich wie Anfang 1903 zur Vertreibung der Demonstranten durch Polizei und Armee gekommen wäre. Friedrich August hätte sich wohl derweil von seinen Ministern wieder auf die Jagd schicken lassen.

Die Öffentlichkeit erfuhr nur, daß Luise nach ihrer Ankunft in Dresden vor einem verschlossenen Palais gestanden hat und dann in Polizeibegleitung abgeschoben wurde. Das allein vermochte schon die Gemüter zu bewegen, erst recht die Streichung ihrer Zuschüsse. In Sachsen gründete man »Luisen-Comitees«, die Geld für die mit dem Bannstrahl bedachte Gräfin Montignoso sammelten. Bis Anfang März 1905 kamen 41000 Mark zusammen, gezeichnet von 4000 Bürgern. Interessanterweise handelte es sich bei den ersten Meldungen über die Bildung solcher Komitees um eine Zeitungsente, aber der Hof triumphierte zu früh, denn von der Falschmeldung gingen unerwartet Impulse aus. Unkontrollierbaren Presseberichten zufolge erhielt Luise monatlich 2500 Mark, die sie später zurückzahlte.

Über die Stimmung im Lande gaben am 25. März 1905 im »Bornaer Tageblatt« abgedruckte Leserbriefe Aufschluß. Die Mitarbeiter der Dresdner Kunsthandlung A. Lamm sahen in »der Verfolgung einer schutzlosen Dame nichts als politische Intrige«, der Leser Alwin Thielemann ärgerte sich »als guter Sachse«, weil man »die Mutter unseres künftigen Königs ohne alle Skrupel schmäht und alles wegläßt, was die arme Frau im guten Lichte zeigen könnte«. Mit der Pressefreiheit war es ohnehin in Sachsen nicht gut bestellt. Die Redaktion des »Bornaer Tageblatts« wurde durch Verfügung der Amtshauptmannschaft zur Herausgabe der Originalschreiben der Leser gezwungen »zwecks Identifizierung der Handschriften mit anderen, hier befindlichen Briefen«.[27] Das läßt ahnen, wie die Behörden mit Kritiken eingedeckt wurden. Alle Redaktionen hatten Weisung, Leserbriefe, die Luise betrafen, sofort bei der Polizei abzuliefern. Die meisten Redakteure wagten zwar nicht die Veröffentlichung der Zuschriften, ließen sie aber lieber im Papierkorb verschwinden, statt die Behörden damit zu versorgen. Nur der »Vogtländische Anzeiger« spielte der Polizei freiwillig ihm anvertraute Leserpost zu – acht Briefe und eine Karte.

Wegen des zu Weihnachten im »Sächsischen Volksblatt« veröffentlichten Artikels »Die Königin auf dem Schub« verurteilte das Landgericht Zwickau am 11. März 1905 den Redakteur Ernst Schubert zu acht Monaten Gefängnis. Der Beitrag stelle eine »schwere Ehrverletzung des Königs« dar, behauptete der Staatsanwalt. Ebenfalls zu acht Monaten Gefängnis verurteilte sechs Wochen später die 2. Strafkammer zu Leipzig den Verlagsbuchhändler Joseph Wilhelm Bremer, bei dem die Broschüre »Luise und das Sachsenvolk« erschien. Unüblicherweise wurde der Verleger sofort festgesetzt und zur Gerichtsverhandlung aus der Untersuchungshaft vorgeführt. Die Broschüre landete im Reißwolf.

Schwierig gestaltete sich die Jagd auf nichtsächsische Journalisten. Ins Kreuzfeuer der Kritik Dresdens gerieten unabhängig voneinander zwei Redakteure des satirischen Blattes »Simplizissimus«: Ludwig Thoma und Julius Linnekogel. Thoma brachte aus eigener Feder am 25. Februar 1905 das Flugblatt »Gräfin Montignoso«

heraus, in dem er das sächsische Spießertum aufs Korn nahm. Dresden konnte den Vertrieb des Flugblattes nur in Sachsen verbieten; München reagierte nicht auf das Ersuchen, Thomas Streitschrift aus dem Verkehr zu ziehen. Gegen Linnekogel, der in Nr. 37/1904 des »Simplizissimus« ein Titelbild veröffentlicht hatte, das Luise vor dem Schloß darstellte und mit dem Begleittext versehen war: »Da naht sich tief gebeugt die verstoßene Königin«, klagte der Dresdner Hof, weil Bild und Text angeblich eine Beleidigung des Königs von Sachsen darstellten. Die Geschworenen des Stuttgarter Schwurgerichts waren anderer Meinung und sprachen »mit mehr als sieben Stimmen« Linnekogel frei.

DEBAKEL EINES KÖNIGLICHEN ANWALTS. Die Beziehungen des Hofes zu Luise verschlechterten sich zunehmend. Entgegen allen Erwartungen hatte die harte Gangart nach den Dezember-Ereignissen in eine Sackgasse geführt. Rechtsanwalt Dr. Körner fuhr daher im Februar nach Florenz, aber Luise wollte sich ohne Aufhebung der gegen sie eingeleiteten Repressalien auf nichts einlassen. Monika war ein Pfand für sie geworden, mit dem sie besaß, was Dresden haben wollte. Dr. Körner aber lehnte Zugeständnisse ab. Beim nächsten Besuch brachte er den deutschen Konsul in Italien zur Verstärkung mit, und zwischenzeitlich konspirierte er mit der Kinderfrau Alma Muth, so für ein Fiasko seiner Mission sorgend. Er mußte unverrichteterdinge nach Dresden zurückkehren, begleitet von der Kinderfrau; Luise hatte sie wegen Zuträgerei und versuchter Kindesentführung auf der Stelle entlassen. Den Antrag Sachsens auf »Sicherstellung« des Königskindes wies die italienische Regierung ab. Daß es nach dem Hausgesetz der Wettiner zum Vater gehöre, interessiere nicht, hieß es, nach italienischem Recht fehle jede Handhabe, außergerichtlich von der Kindesmutter die Herausgabe der kleinen Monika zu erzwingen. Dresden schaltete nun den einflußreichen italienischen Advokaten Leonidas Mattoroli ein, einen Schwager des Justizministers Otto, doch selbst er vermochte weder Luise noch die italienische Regierung umzustimmen.

In Sachsen zeigte man sich entsetzt über die Praktiken Körners. Er bekam Zuschriften, die schwerlich zu seiner Erbauung beigetragen haben dürften. Der Tenor war eigentlich stets der gleiche: Für Geld macht ein Anwalt wie Körner alles, versucht er sogar eine Kindesentführung. Es gab auch ausfällige Äußerungen, als »Scheusal« wurde er bezeichnet, als »Reptil«. Da selbst Anwaltskollegen sein Vorgehen in Florenz verurteilten, beantragte er am 26. Februar 1905 bei der Anwaltskammer ein ehrengerichtliches Verfahren gegen sich.

Für Friedrich August III. war sein diskreditierter Anwalt zumindest in dieser Sache nicht mehr einsetzbar. Am 10. März 1905 entzog er Körner alle Vollmachten, worüber drei Tage später in den »Dresdner Nachrichten« knapp berichtet wurde. Körner war folgender ministerieller Entscheid zugegangen: »Se. Majestät haben beschlossen, Allerhöchste Vertretung in den privaten Rechtsangelegenheiten zu der Gräfin Montignoso als Regierungssache behandeln zu lassen und einen Staatsminister damit zu betrauen. Die Ihnen erteilte Vollmacht werde deshalb zurückgenommen, und ich darf Sie bitten, die Vollmachtsurkunden an mich zurückgelangen zu lassen.«[28] Damit war zwar die Verantwortung für alle unfairen Vorgehensweisen in Florenz dem Anwalt angelastet, aber wenn aus der privaten Angelegenheit des Königs eine Regierungssache wurde, hatte die Öffentlichkeit auch Anspruch auf ausführliche Informationen, und an diese Konsequenz hatte offensichtlich keiner gedacht.

Letztlich ging Luise jedoch der Atem aus: Sie signalisierte in einem an Friedrich August direkt adressierten Telegramm Verhandlungsbereitschaft. Ihm kam dies gelegen, und gemäß seiner neuen Taktik schickte er Justizminister Dr. Victor Alexander von Otto nach Florenz, einen Mann, der Luise noch gut aus ihrer Dresdner Zeit kannte, umgänglich war und als erfahrener Jurist wußte, daß der Kompromiß die Seele eines jeden Vertrages ist.

Luise wollte vor Herausgabe der kleinen Monika eine finanzielle Sicherstellung und ein verbrieftes Recht auf regelmäßige Treffs mit ihren Kindern; dem Dresdner Hof lag an der Ausbürgerung Luises,

»damit Ruhe im Lande wird«, doch der Antrag sollte von Luise ausgehen, weil der Hof sonst in Sachsen Proteste gegen »die Vertreibung der Mutter des künftigen Königs« riskierte. Gar so ungleich, wie es scheinen mochte, waren die Verhandlungen also keineswegs.

Der am 5. Mai 1905 fixierte Vertrag wurde am 16. Mai 1905 von Friedrich August III. gebilligt und tags darauf im »Dresdner Journal« veröffentlicht. Luise hatte die sächsische Staatsangehörigkeit tatsächlich niedergelegt und auf einen Wohnsitz in Deutschland verzichtet. Das enttäuschte viele ihrer Freunde, wie der Hof zufrieden registrierte. Die Luisen-Partei bröckelte infolge Ermüdungserscheinungen ohnehin, und manchem kam die neue Entwicklung ganz gelegen: Wenn Luise keine Sächsin mehr sein wollte...! Na, denn! Hinzu gesellte sich eines; der Vertrag fiel für Luise ausgesprochen vorteilhaft aus, und so entschwand selbst ihren eifrigsten Parteigängern der Gedanke, sie beschützen zu müssen.

Vom 1. Juni 1905 an erhielt Luise wieder eine Leibrente, und zwar jährlich 40000 Mark – 10000 Mark mehr als 1903 vereinbart. Sie sollte dieser Rente allerdings verlustig gehen, »wenn sie etwas unternimmt, was geeignet wäre, dem Königlich Sächsischen Hof und dem Sächsischen Volke gegenüber öffentliches Ärgernis zu erregen«. Außerdem standen ihr die Zinsen des zur Sicherung der Kinder verwahrten Heiratsgutes wieder zur Verfügung. Monika durfte bis 1. Mai 1906 weiter bei Luise bleiben. Die Rückgabe sollte »erst später erfolgen, nachdem sich die Prinzessin an die ihr zuzuteilende neue Pflegerin gewöhnt haben wird«. Solange zahlte Friedrich August III. unverändert monatlich 200 Mark Alimente. Nach Rückgabe Monikas wollte der König außerhalb Sachsens »ein Wiedersehen der Frau Gräfin mit den gemeinschaftlichen Kindern jedes Jahr einmal stattfinden« lassen, ein Passus, den alle Minister außer Otto ablehnten. Luises Wiedersehen mit ihren Kindern verzögerte sich zwar, aber nach langwierigen Verhandlungen einigte man sich auf München als Ort der Begegnung und den 25. Oktober 1906 als Termin.

Um möglichst wenig Aufmerksamkeit in der Öffentlichkeit zu

erregen, unternahmen die beiden älteren Prinzen, Georg und Friedrich Christian, mit General von Criegern und dem Militärgouverneur der Prinzenschule, Frhr. O'Byrn, eine Auslandsreise. In München machten sie Station, suchten für 90 Minuten die Wohnung des sächsischen Vertreters in Bayern auf und trafen hier die aus Florenz angereiste Luise. Im Bericht des österreichischen Gesandten nach Wien hieß es: »In heiterster Laune ging die Gräfin, von der Großherzogin und von ihrem Töchterchen Anna Monika gefolgt, den Söhnen entgegen und hatte Letzere in Bälde in eine unbefangene, durchaus heitere Conversation gezogen, die auch anhielt, bis der Moment gekommen war, wo die jüngeren Prinzen zur Weiterreise nach Innsbruck und Mailand wieder aufbrechen mußten.«[29]

Luise fuhr auf der Stelle zurück nach Florenz, entsetzt, daß man sie auch nicht eine Minute mit ihren Söhnen allein gelassen hatte; Criegern und O'Byrn waren trotz energischer Proteste nicht von ihren Schützlingen gewichen.

Monika war erstmals ihren Brüdern begegnet. Über all die Jahre hinweg schien es, als ob beide Elternteile sich in Liebe zu dem jüngsten Sproß ihrer gescheiterten Ehe verzehrten. Luise wollte Monika behalten, Friedrich August drängte auf deren Herausgabe. In Wirklichkeit geriet das Kind im Spiel der Erwachsenen in die Rolle eines Druckmittels – das nach München die Wirkung verlor. Nach dem Treffen war von einer Übersiedlung nach Dresden merkwürdigerweise keine Rede. Monika kam wieder »in Obhut«, diesmal in die der Fürstin Hohenlohe-Bartenstein, einer jüngeren Schwester Luises. Monate später erfuhr Friedrich August III. von der Fürstin, bei ihr sei Monika nicht. Zwar habe sie zugesagt, das Kind und dessen Betreuerin aufzunehmen, doch nur für einige Monate, nicht für einen längeren Zeitraum. Der österreichische Gesandte von Velics drückte in einem Bericht nach Wien seine Verwunderung aus. Wie er meinte, habe Friedrich August III. entgegen seiner und seiner Anwälte Verlautbarungen an Monika gar kein sonderliches Interesse. Er hatte nach Luises Flucht die Baronin von Fritsch entlassen und aus Weimar die Oberhofmeisterin v.

d. Gabelentz-Linsingen als Prinzenerzieherin engagiert. Man hatte sich im Taschenbergpalais eingerichtet, und von Monika gingen möglicherweise nur Störungen des mutterlosen Familienlebens aus. Im Ministerrat bestanden aus »Furcht vor neuem Eklat und Verwicklungen« ernste Bedenken gegen »die Übernahme der Prinzessin Monika an den Kgl. Hof«. Staatsminister von Metzsch mußte verdeutlichen, daß diese Übernahme die logische Folge der bisherigen Haltung des Kronrates sei.[30]

DIE EHE MIT TOSELLI. Am 25. September 1907 kabelten Diplomaten und Journalisten in alle Welt: »Die Gräfin Montignoso hat heute in Gegenwart von drei Zeugen in London den Tonkünstler Enrico Toselli geheiratet.«

Luise ließ sich in London trauen, um Schwierigkeiten aus dem Wege zu gehen; in England scherte sich keiner um »katholisch« und »geschieden«. Dem Londoner Standesbeamten war bewußt, wer sich da aufbieten ließ, und vorsichtshalber machte er der Regierung Mitteilung. Auch im Register Office erinnerte man sich der Schlagzeilen, für die Sachsens Kronprinzessin dereinst gesorgt hatte. Da zu Dresden keine diplomatischen Beziehungen bestanden, wurde das deutsche Konsulat in London um eine Stellungnahme ersucht. Die Zeit war knapp, man schrieb bereits den 24. September – am nächsten Tag sollte die Hochzeit sein – , und der deutsche Generalkonsul sandte ein Telegramm ans Auswärtige Amt in Berlin, das ihn wenig später telegrafisch beauftragte, dem Register Office zu erklären: Luise Gräfin von Montignoso besitze nicht die deutsche Staatsangehörigkeit, das Deutsche Reich sei daher weder willens noch befugt, sich offiziell zu äußern. Das ebenfalls befragte österreichische Konsulat reagierte ähnlich: In Wien sei nicht bekannt, welche Staatsangehörigkeit die Gräfin Montignoso habe. So bewegte Luise noch einmal die Diplomatie dreier Länder. Da alles seine Zeit brauchte, mußte das als Herr und Frau Dubois im Hotel Norfolk abgestiegene heiratswillige Paar vom Standesbeamten erst einmal weggeschickt werden, aber die Verzögerung betrug nur wenige Stunden. Luise vermochte der Amtshandlung dank ihrer Englischkenntnisse zu folgen, Toselli aber verstand nicht ein Wort. Nach der Trauung gab das frischvermählte Paar ein Essen für die Trauzeugen, dann reiste es nach Paris. »The Daily Mirror« veröffentlichte am 26. September 1907 auf der ersten Seite vier Bilder von der Hochzeit und die Heiratsurkunde, aber der Bericht selbst fiel knapp aus. Auf der Insel hielt sich das Interesse an Luise in Grenzen. Daß sie wieder schwanger war, wußte niemand.

Das »Dresdner Journal« brachte am 28. September 1907 eine kleine Notiz über die Londoner Hochzeit und dazu einen Nachtrag: »Wie wir weiter erfahren, werden nunmehr auf Allerhöchsten Befehl sofort die erforderlichen Schritte getan werden, um die Herausgabe der Prinzessin Anna Pia Monika herbeizuführen.« Am 26. Oktober 1907 holte Rechtsanwalt Mattoroli Monika von den Tosellis ab. Luise leistete keinen Widerstand, da sie ihrer Tochter »nicht die fürstliche Zukunft entziehen« wolle. Monika kam wieder einmal in »Obhut«, diesmal in die des sächsischen Kammerherrn Ernst von Schöneberg auf Schloß Pallaus bei Brixen. Es sollten noch Monate vergehen, bevor an einem trüben Apriltag des Jahres 1908 Friedrich August III. sein von der Kinderfrau Hedwig Haubold begleitetes Töchterchen in Leipzig abholte. Bis Oschatz kamen die Prinzessinnen Margarethe und Alix ihrer Schwester entgegen. Sie hatten diese noch nie zu Gesicht bekommen, obwohl sie derweil das fünfte Lebensjahr vollendet hatte.

Von Luises Erwartungen in die zweite Ehe blieben vorwiegend Enttäuschungen. Enrico Toselli, 13 Jahre jünger als sie, galt als begabter Pianist und Komponist. In den Konzertsälen ist heute ab und an noch die Toselli-Serenade op. 6/1 zu hören. Seine Serenade Rimpianto berichtet angeblich von Luises traurigem Schicksal, aber dieses Werk ist bereits 1900 in Florenz uraufgeführt worden; damals war der Komponist 17 Jahre alt, und Luise hatte noch nicht auf sich aufmerksam gemacht. Toselli vertonte einige Gedichte von ihr. Sie steuerte das Libretto zu seinem Einakter »Der Gralsritter« sowie der 1912 uraufgeführten Operette »La cattiva Francesca« bei, und nach einer Idee von ihr entstand 1913 die Operette »La Principessa Bizzarra«. Unvollendet blieb die 1909 in Angriff genommene Oper »Lea«, mit der das junge Paar in die Musikgeschichte eingehen wollte. Die 40000 Mark Leibrente Luises würden beider Elan lähmen, spöttelten die Kritiker, doch das entsprach allenfalls der halben Wahrheit. Toselli gab Konzerte in fast allen großen Städten Europas, in Nordamerika und Alexandria. Er schwelgte in dem Glauben, ein gefragter Pianist zu sein. Anfang des Jahres 1908 gastierte er in Warschau. Ihm wurden 3 000 Franken für nur einen Abend geboten, aber er mußte in Begleitung von Luise kommen; da sie nicht anreiste, zahlte der Manager 1 000 Franken, mehr war ihm der Pianist ohne Gattin nicht wert. Toselli brach die Polen-Tournee sofort ab, er hätte noch ein Konzert in Łódź geben müssen, doch sein Selbstbewußtsein litt darunter erstaunlich wenig; Polen war wohl für ihn kein Maßstab. Ungebrochen schrieb er die Einladungen zu Konzerten weiter seinem Können zu. Luise wiederum meinte, daß er vor allem ihretwegen Einladungen von den Konzert- und Gastspieldirektionen erhalte. Zu einem unsteten Leben neigend, störten sie Konzertreisen anfangs wenig. Sich nirgendwo länger als einige Tage aufzuhalten, sagte ihr zu, doch es mißfiel ihr, der Kassenschlager zu sein: »Der Pianist Toselli und Frau...!« Die Musikkritiker äußerten sich über den Pianisten nach einem Konzert meist wohlwollend, aber knapp, umso ausführlicher über die Gattin des Künstlers, »die einstige Kronprinzessin von Sachsen...!« So wurden Luise die Konzertverpflichtungen des Gatten verleidet, und sie verselbständigte sich. Damit hörte die Ehe der Tosellis bald auf, eine Ehe zu sein.

Den Umgang mit Geld hatte Luise nie gelernt. Das Hotelleben verzehrte ihre ansehnlichen Einnahmen, und sie stellte ungewöhnlich hohe Ansprüche. Als der Hof ihr nach der Hochzeit mit Toselli vorübergehend die Apanage verweigerte, war dies der Anfang einer permanenten Verstrickung mit dem Gerichtsvollzieher. Gepfändet wurde damals auch ihr Auto – »natürlich« ein kostspieliger Mercedes.

Hauptleidtragender ihres unsteten Lebenswandels war ihr am 7. Mai 1908 geborener Sohn Karl Emanuel Philipp, genannt »Bubi«, der die Wanderungen von Hotel zu Hotel mitmachen mußte. Am

5. Oktober 1911 erkannte der Korrespondent des »Berliner Tageblatts« in Brüssel in der »Gräfin de la Rose« Luise, die sich in Begleitung ihres Sohnes befand. In einem Interview räumte sie ein, sie habe Toselli verlassen. Am 21. November 1911 entzog ihr ein italienisches Gericht das Sorgerecht für den Sohn; er ist bei den Großeltern väterlicherseits aufgewachsen.

Luises Ehe mit Enrico Toselli wurde am 9. Juni 1912 in Florenz geschieden. Damit verlor sie einen letzten Halt. Sie weilte bald hier, bald dort. Festen Fuß vermochte sie nirgendwo zu fassen.

Nach Abdankung Friedrich Augusts III. als König von Sachsen im November 1918 mußten auch die finanziellen Ansprüche Luises neu geordnet werden. Die Wettiner erhielten vom Freistaat Sachsen eine Abfindung von 300000 Goldmark. Die Zuwendungen für die einzelnen Mitglieder des Hauses lagen nach interner Vereinbarung bei jährlich 3000 Mark für die Prinzen, für Friedrich August bei 30000 Mark, von 1928 an bei 43000 Mark, und davon zweigte er 6000 Mark für Luise ab.

Am 23. März 1947 verstarb Luise 15 Jahre nach ihrem ersten, 21 Jahre nach ihrem zweiten Gatten unter dem Namen Comtesse d'Ysette in Brüssel. Beigesetzt wurde sie in der Familiengruft der Hohenzollern, wohl ein letzter Liebesdienst ihrer Töchter, von denen zwei, Margarethe und Maria Alix, ins Haus Hohenzollern-Sigmaringen eingeheiratet hatten. Die Öffentlichkeit nahm kaum Notiz von ihrem Tod. Die Zeit war über sie hinweggegangen wie über die Herrschaft der Wettiner.

Zwar haßte Luise die Vermarktung, aber der Publizität war sie zugetan. Sie schrieb nicht nur ihre Memoiren, sie gewährte auch viele Interviews. Eine ihrer ehrlichsten Bemerkungen über ihr Leben fiel wohl 1904: »Ich muß von Sinnen gewesen sein!«

Anmerkungen und Literatur

Kurfürstin Anna, »die gute Mutter Anna«

Anmerkungen

1) Mirus, Martin: Leichenpredigt in der Pfarrkirche Dresden, o. S., Vom Vierden Pünctlein
2) zit. nach Stichart, Franz Otto: a.a.O., S.273
3) Weber, Karl von: Anna..., S. 247 f.
4) Sturmhoefel, Konrad: a.a.O., S.184
5) Ebert, Friedrich Adolf: a.a.O., S.195 ff.
6) Mirus Martin: Leichenpredigt... Freiberg, o. S.
7) Sturmhoefel, Konrad: a.a.O., S. 268
8) Falke, Johannes: a.a.O., S. 94
9) Stichart, Franz Otto: a.a.O., S.276
10) Weber, Karl von: Anna..., S. 288
11) Seltener, Nicolaus: a.a.O., o. S.
12) Gerber, Christian: a.a.O., S.21
13) Das St. Claren-Kloster zu Weißenfels..., in: Archiv f. d. sächs. Gesch. Bd. 1 (1863), S. 122
14) Stichart, Franz Otto: a.a.O., S. 280

Literatur

Blaschke, Karlheinz: Die Frauen der Wettiner, in: Sächsische Heimatblätter, 5/94, S. 257-262

Calinich, Robert: Kampf und Untergang des Melanchthonismus in Kursachsen in den Jahren 1570 bis 1574, Leipzig 1866, Curiositäten Cabinet 1731, S. 119–125

Ebert, Friedrich Adolf (Hrsg.): Überlieferungen zur Geschichte, Literatur und Kunst der Vor- und Mitwelt, I. Bd., T. I, Dresden 1826

Falke, Johannes: Die Geschichte des Kurfürsten August von Sachsen, Leipzig 1868

Fürsen, Otto: Ein wichtiges Jahrzehnt Politik 1576 bis 1586, o. O. 1908

Gerber, Christian: Historia derer Wiedergebohrnen in Sachsen, 3. Teil, S. 19–32, Dresden 1727

Hasche: Magazin der sächs. Gesch., Bd. V (1788), S.374 ff., Bd. VII (1790), S.46-49

Joel, F.: Herzog August von Sachsen bis zur Erlangung der Kurwürde, in: Neues Archiv f. Sächs. Gesch. Bd. 19, Dresden 1898

Mirus, Martin: Drey Leichenpredigten iber dem seligen Abschied der ... Frawen Anna, Dresden 1585

Miscellanea Saxonica, Teil XII, Nr.XI, S.84-96, Dresden 1778

Naumann, Rolf: Anna, Kurfürstin von Sachsen, in: Neue Dt. Biographie Bd. 1, Berlin 1953, S.302

Remp, Adam: Calendarium Saxonicum, Erfurt 1587

Selneccer, Nicolaus: Eine christliche kurtze Leichpredigt ... Anna... gehalten zu Leipzig in St.Thomas Kirchen den 7. October Anno 1585, Leipzig 1585

Sommerfeldt, G.: Zu den Anfängen der Kurfürstin Anna als Medizinerin, in: Neues Archiv f. Sächs. Geschichte 45 (1924)

Spangenberg, Cyriacus: Sächsische Chronica, Frankfurt 1585

Stichart, Franz Otto: Anna von Dänemark, in: Galerie der sächsischen Kurfürstinnen, Leipzig 1857, S.262–294

Sturmhoefel, Konrad: Kurfürstin Anna von Sachsen, Halle o.J. (Biographien bedeutender Frauen, Bd. 5)

Weber, Karl von: Anna, Churfürstin von Sachsen, Leipzig 1865

Weber, Karl von: Eine deutsche Fürstin des sechzehnten Jahrhunderts, in: Historisch-politische Blätter für das katholische Deutsch-land 98 (1866), S. 333–351, 450–467, 512-526

Wenck, Woldemar: Kurfürst Moritz und Herzog August, in: Archiv f. d. Sächs. Gesch., Bd. 9, Leipzig 1871, S. 381 ff.

Wolf, Gustav: Kursächsische Politik 1568–1570, in: Neues Archiv f. Sächs. Gesch., Bd.12, S. 27-63

Anna, die Gefallene

Anmerkungen

1) Wustmann, Gustav: a.a.O., S. 150
2) Vogel, Johann Jacob M.: Leipzigisches Geschichtsbuch..., Leipzig 1719, S. 212 f.
3) Baudouin, Frans: a.a.O., S.10
4) Kruse, Hans: a.a.O., S. 113
5) ebda., S. 109

6) Avermaete, Roger: a.a.O., S. 24
7) Kruse, Hans: a.a.O., S.98 u.100
8) ebda., S. 133
9) Weber, Karl von: Anna. Churfürstin von Sachsen, S. 253 f.

Literatur

Avermaete, Roger: Rubens und seine Zeit, Genf 1977
Baudouin, Frans: Petro Pauola Rubens, Königstein i.T. 1977
Dönges, Carl: Wilhelm der Schweiger und Nassau-Dillenburg, Dillenburg 1909
Kruse, Hans: Wilhelm von Oranien und Anna von Sachsen, in: Nassauische Annalen, Bd.54 (1934), S.1– 134
Platzhoff, Walter: Wilhelm der Erste von Oranien, ein Sohn des Nassauer Landes, in: Nassauische Annalen, 53. Bd. (1933), S.1–8
Rachfahl, Felix: Wilhelm von Oranien und der niederländische Aufstand, Bd. 2, Halle 1908, S. 85–128
Reimann, E.: Die Verheiratung des Prinzen Wilhelm von Oranien mit Anna von Sachsen, Breslau 1855
Weber, Karl von: Anna. Churfürstin von Sachsen, Leipzig 1865
Weber, Karl von: Zur Lebensgeschichte der Prinzessin Anna von Oranien geb. Herzogin zu Sachsen, in: Archiv f. Sächs. Gesch. Bd.2 (1864), S. 264–278
Wustmann, Gustav: Eine Fürstenhochzeit in Leipzig, in: Leipziger Kalender 1909. S. 141 ff.

Anna Sophie, die Mutter Augusts des Starken

Anmerkungen

1) vergl. Saxonia III, S. 32
2) Kötzschke/Kretzschmar: a.a.O., Bd. 2, S.70
3) Helbig, K.G.: a.a.O., S.402 f., Anm.1
4) Czok, Karl: a.a.O., S.11
5) Haake, Paul: August der Starke, S.69
6) Blankmeister, Franz: Kurfürstin Anna Sophie..., Phöbe, a.a.O., S.148
7) Staatsarchiv Dresden, Loc 759, Briefwechsel 1697
8) Richter, Julius: a.a.O., S. 290
9) Blanckmeister, Franz: Der Prophet...,S.52
10) ebda., S. 54
11) Blanckmeister, Franz: Kurfürstin Anna Sophie..., Phöbe, a.a.O., S. 155 f.
12) ebda.

Literatur

Blanckmeister, Franz: Der Prophet Kursachsens, Valentin Ernst Löscher und seine Zeit, Dresden 1920
Blanckmeister, Franz: Kurfürstin Anna Sophie von Sachsen, in: Phöbe. Kalender und Jahrbuch für das Jahr 1890, Dresden, S.140–156
Blanckmeister, Franz: Kurfürstin Anna Sophie von Sachsen, Barmen o.J. (1892)
Blanckmeister, Franz: Sächsische Kirchengeschichte, 2. Aufl., Dresden 1906
Böttiger, Carl Wilhelm/Theodor Flathe: Geschichte des Kurstaates und Königreiches Sachsen, 2. Aufl., Gotha 1867/73
Brandenburg, Erich: Die Ahnen Augusts des Starken, Leipzig 1937
Bülau, Friedrich: Geheime Geschichten und rätselhafte Menschen, 6 Bde., Leipzig 1850
Carpzovius, Sam. Bened.: Lebens-Lauff Johann Georgs IV., Kurfürst zu Sachsen, Hausen, Busta 1728, S.1928–1930
Czok, Karl: August der Starke und Kursachsen, 2. Aufl., Leipzig 1989
Gleich, Johann Andreas: Der Preiß der Güte Gottes ... über denjenigen, welch Gott am 31. December 1716 ... Annen Sophien ... erzeiget, da sie gantzer funfftzig Jahr in ... Sachsen zugebracht, Dresden 1717
Gurlitt, Cornelius: August der Starke, 2. Aufl., Dresden 1924
Haake, Paul: August der Starke, Berlin-Leipzig 1926
Haake, Paul: Christiane Eberhardine und August der Starke, Dresden 1930
Helbig, H.: Der Adel in Kursachsen, in: Deutscher Adel 1555–1740, Bd.1, Darmstadt 1965
Helbig, Karl Gustav: Kurfürst Johann Georg der Vierte und Feldmarschall Hans Adam von Schöning 1691–1694, in: Archiv für die Sächs. Gesch. Bd. XI., Leipzig 1873, S. 351–408
Kötzschke, Rudolf/Hellmut Kretzschmar: Sächsische Geschichte, 2 Bde., Dresden 1935
Meyer, Johannes: Frauengestalten und Frauenwalten im Hause Wettin, Bautzen 1912
Richter, Julius: Das Erziehungswesen am

Hofe der Wettiner Albertinische (Haupt-) Linie, Berlin 1913 Saxonia III, S.32 ff.
Vehse, Eduard: Geschichte der Höfe des Hauses Sachsen, 3 Bde., Hamburg 1854
Volbeding, J.Fr.: Rede bei Fortschaffung zweier fürstlicher Leichname (Anna Sophie und Wilhelmine Ernestine ...) aus dem Schlosse Lichtenburg, in:Dresdner Anzeigen, Jg.1812, Miscellen, Sp.17–24

Christiane Eberhardine, Augusts des Starken Frau

Anmerkungen

1) Leisegang, Otto: a.a.O., S.58 f.
2) Pöllnitz, C.W.v.: a.a.O., S.114 f.
3) StAD, Loc 10 557, Bl. 37
4) ebda., Bl. 21
5) ebda., Bl. 24 ff.
6) Haake, Paul: Christiane Eberhardine..., S.18
7) Pöllnitz, C.W.v.: a.a.O., S. 18O
8) Richter, Julius: a.a.O., S. 290
9) StAD, Loc 7369, 2.Oktober 1696
10) Förster, Friedrich: a.a.O., Bd.3, S. 446
11) Stichart, Franz Otto: Das Königreich Sachsen...., S. 227
12) Loen, Baron v.: Kleine Schriften II, o.O. 1750, S. 187
13) Blanckmeister, Franz: Christiane Eberhardine..., S. 17
14) StAD, Loc 30537, Briefwechsel, 1697
15) zit. nach Haake, Paul: Christiane Eberhardine..., S. 34 f
16) Blanckmeister, Franz: Christiane Eberhardine..., S. 15
17) Förster, Friedrich: a.a.O., Bd. 3, S. 199
18) StAD, Loc 759, 18.12.1703
19) Haake, Paul: Christiane Eberhardine..., S. 33
20) ebda., S. 57 ff.
21) ebda., S. 65
22) Blanckmeister, Franz: Christiane Eberhardine..., S. 11
23) Haake, Paul: Christiane Eberhardine..., S. 43 f.
24) Richter, Julius: a.a.O., S. 290
25) Deutrich, J.C.: a.a.O., S. 204
26) Blanckmeister, Franz: Der Prophet...,S.51
27) StAD, Loc 759, Brief vom 19.2.1712
28) ebda., Brief vom 24.3.1712, vergl. auch Brief vom 23.7.1712
29) Blanckmeister, Franz: Der Prophet..., S. 55 f.
30) Haake, Paul: Christiane Eberhardine..., S. 146
31) vollständig bei Förster, Friedrich: a.a.O., S. 218 ff.
32) StAD, Loc 759, Brief vom 28.10.1717
33) ebda., Brief vom 17.1.1718
34) Blanckmeister, Franz: Der Prophet..., S.60
35) Magazin der Sächßischen Geschichte 1791, S. 570
36) Königl. Polnischer und Churfürstl. Sächsischer Hoff- und Staatskalender auf das Jahre 1728
37) Leisegang, Otto: a.a.O., S. 44 f.
38) StAD, Loc 757, A, Bl. 55 f.
39) Haake, Paul: Christiane Eberhardine..., S. 164 f.
40) Necrologium..., S. 400 f.

Quellen und Literatur

Staatsarchiv Dresden (StAD)

Loc 757: Die wegen erfolgten Ablebens Ihrer Mt. der Königin Christiane Eberhardine abgelaßene Notitificationes und eingelauffene Condolenz-Schreiben, ao 1727
Loc 759: Des Königlichen Prinzen Friedrich Augusts Ital. Reise und Religions Veränderung und was dem nachgängig betr., ao 1710 bis 1718
Loc 7369: Tradition und Übergebung des Schloßes und Amts Pretzsch an die durchlauchste Churfürstin zu Sachsen Fr. Christianen Eberhardinen gebohrne Marggräfin zu Brandenburg-Bayreuth, 1696
Loc 10557: Herzog Friedrich August zu Sachsen Verheyrathung mit der Marggräfl. Bayreuther Prinzeßin Christianen Eberhardinen, betr. 1692–1693
Loc 30537: Briefwechsel des Königl. Hauses, II, Briefe an Anna Sophia ..., II/13 ...von ihrem Sohn Friedrich August, 1700–1716; II/14 ... von ihrer Schwiegertochter Christiane Eberhardine..., 1702–1716

Monographien und Aufsätze

Blanckmeister, Franz: Christiane Eberhardine, die letzte evangelische Kurfürstin von Sachsen und die konfessionellen Kämpfe ihrer Tage, in: Beiträge zur Sächsischen Kirchengeschichte, H. 6 (1890), Leipzig 1891, S. 1–84
Blanckmeister, Franz: Der Prophet von Kur-

sachsen, Valentin Ernst Löscher und seine Zeit, Dresden 1920
Blanckmeister, Franz: Kurfürstin Anna Sophie von Sachsen, Barmen, o.J. (1890)
Blanckmeister, Franz: Kurfürstin Christiane Eberhardine von Sachsen, Barmen o.J. (1892)
Blanckmeister, Franz: Sächsische Kirchengeschichte, 2. Aufl., Dresden 1899
Czok, Karl: Am Hofe Augusts des Starken, Leipzig 1989
Czok, Karl: August der Starke und Kursachsen, 2. Aufl., Leipzig 1989
Deutrich, Johann Constantin: Bilder aus der Geschichte Sachsens, 2. Aufl., Neu-Gersdorf o. J.
Dokumente aus dem Turmkopf des Schlosses Pretzsch, Pretzsch 1974
Förster, Friedrich.: Die Höfe und Cabinette Europa's im achtzehnten Jahrhundert, Friedrich August II. König von Polen und Kurfürst von Sachsen, seine Zeit, sein Cabinet und sein Hof, Potsdam 1839
Gurlitt, Cornelius: August der Starke, 2. Aufl., Dresden 1924
Haake, Paul: August der Starke, Berlin/ Leipzig 1927
Haake, Paul: Christiane Eberhardine und August der Starke, Dresden 1930
Hartmann, Karl: Geschichte der Stadt Bayreuth in der Markgrafenzeit, Bayreuth 1949
Hasche: Ein kleiner Beytrag zu den Biographien Sächsischer Churfürstinnen, in der Skitze der Königin Eberhardine, in: Magazin der Sächßischen Geschichte 1791, S. 566 ff.
Hoffmann, Gabriele: Constantia von Cosel und August der Starke, 2. Aufl., Bergisch Gladbach 1990
Kahnis, Karl Fr. August: Der innere Gang des deutschen Protestantismus, 2 Bde., 3. Aufl. Leipzig 1874
Königl. Polnischer und Churfürstl. Sächsischer Hoff- und Staats-Calender auf das Jahr 1728, Leipzig
Langer, Gottfried: Die Rechtsstellung der katholischen Kirche unter August, in: Festschrift für Alfred Schultze, Weimar 1934
Leisegang, Otto: Schloss Pretzsch, ein Hort evangelischen Glaubens. Für die Feste und Freunde des Gustav-Adolf-Vereins Nr. 171/172, Barmen 1897
Necrologium. Domus Saxonicae Coaevum oder Vollständige Lebens-Geschichte aller in diesem ietztlauffenden XVIII. Seculo Verstorbenen Herzöge von Sachsen, Leipzig 1728
Pöllnitz, Carl Ludwig von: Das galante Sachsen, München 1992
Reger, Karl Heinz: Bayerns verkaufte Prinzessinnen, Pfaffenhofen 1988
Richter, Julius: Das Erziehungswesen am Hofe der Wettiner Albertinische (Haupt-) Linie, Berlin 1913
Rösenberger, Otto: Aus der Geschichte der Stadt und des Schlosses Pretzsch, Pretzsch 1921
Soldan, Wilhelm Gottlieb: Dreißig Jahre des Proselytismus in Sachsen und Braunschweig, Leipzig 1845
Stichart, Franz Otto: Das Königreich Sachsen und seine Fürsten, Leipzig 1854
Stichart, Franz Otto: Galerie der Sächsischen Fürstinnen, Leipzig 1857
Tentzeln, Wilhelm Ernst/ F.G. Hilt: Chur- und Fürstlicher Sächsischer Geschichts-Calender, Leipzig 1697 ff.
Vehse, Carl Eduard: Geschichte der Höfe des Hauses Sachsen, 5.Abt., Hamburg 1854
Voigt,O.: Pretzsch, Annaburg und Lichtenburg, drei Ruhestätten sächsischer Kurfürstinnen, in: Leipziger Tageblatt, Jg. 1901, Nr. 393, S. 5548
Ziekursch, Johannes: August der Starke und die katholische Kirche, in: Zeitschrift für Kirchengeschichte, Bd. 24, S. 86–135 und 232–280

Maria Josepha, die Kaisertochter

Anmerkungen

1) Neue Genealogisch-Historische Nachrichten..., S.371
2) Stichart, Franz Otto: a.a.O., S.432 f.
3) Czok, Karl: Am Hofe..., S. 164
4) Barock und Klassik, S.27 ff.
5) Löffler, Fritz: a.a.O., S. 48
6) Boroviczény, Aladar von: a.a.O., S.56 f.
7) Seifert, Siegfried: a.a.O., S.153
8) Löffler, Fritz: a.a.O., S.48 f.
9) Hermann, Anton: a.a.O., S.67 ff.
10) Seifert, Siegfried: a.a.O., S.160
11) Hermann, Anton: a.a.O., S.75 f.
12) Neue Genealogisch-Historische Nachrichten..., S.380

13) Philipp, Albrecht: a.a.O., S.15
14) Fellmann, Walter: a.a.O., S.297
15) Neue Genealogisch-Historische Nachrichten..., S.396
16) Archenholtz, Johann Wilhelm von: a.a.O., S.12 f.
17) Neue Genealogisch-Historische Nachrichten..., S.396
18) Hermann, Anton: a.a.O.,S.109
19) ebda., S.110

Literatur

Archenholtz, Johann Wilhelm von: Geschichte des Siebenjährigen Krieges in Deutschland, Repr. Osnabrück 1982

Boroviczény, Aladar von: Graf von Brühl, Wien 1929

Czok, Karl: Am Hofe Augusts des Starken, Stuttgart 1990

Czok, Karl: August der Starke und Kursachen, 2. Aufl., Leipzig 1989

Fellmann, Walter: Heinrich Graf Brühl, Leipzig 1989

Haake, Paul: August der Starke, Berlin/Leipzig 1927

Haake, Paul: Sachsen im Zeitalter Augusts des Starken, Berlin 1929

Hempel, Eduard.: Der Dresdner Zwinger, Leipzig 1965

Hermann, Anton: Leben und Tugenden der ... Frauen Maria Josepha..., Leipzig 1766

Lippert, Woldemar: Kaiserin Maria Theresia und Kurfürstin Maria Antonia von Sachsen. Briefwechsel 1747–1772, Leipzig 1908

Löffler, Fritz: Der Zwinger in Dresden, Leipzig 1976

Lürßen, Elisabeth: Die Frauen des fürstlichen Absolutismus und des internationalen Adels, Berlin 1929

Neue Genealogisch-Historische Nachrichten von den Vornehmen Begebenheiten welche sich an den Euro-päischen Höfen zugetragen, Teil 101, Leipzig 1759, S. 367–398 (Lebensbeschreibung der jüngst verstorbenen Königin von Pohlen und Churfürstin von Sachsen)

Philipp, Albrecht: August der Starke und die pragmatische Sanktion, Diss. Leipzig 1908

Pöllnitz, Carl Ludwig von: Das galante Sachsen, München 1992

Roeder, Heide: Zur Mode am sächsischen Fürstenhof, Dipl. Arbeit (Ms.), Leipzig 1979

Saft, Fr.: Der Neuaufbau der katholischen Kirche in Sachsen im 18. Jahrhundert, Leipzig 1961

Seifert, Siegfried: Niedergang und Wiederaufstieg der katholischen Kirche in Sachsen 1517–1773, Leipzig 1964

Stichart, Franz Otto: Maria Josepha von Österreich, in: Galerie der Sächsischen Fürstinnen, Leipzig 1857, S. 430–454

Vehse, Eduard: Geschichte des Hofes des Hauses Sachsen, 5.T., Hamburg 1854

AMALIE, DIE LUSTSPIELDICHTERIN

Anmerkungen

1) Ponader, Christian: a.a.O., S. 35
2) Stadtarchiv Dresden, Stadtbuch B XI 364,9
3) Ihre Kompositionen und dramatischen Werke sind bibliogr. erfaßt in: Neuer Anzeiger für Bibliographie..., Jg.1871, S. 1–5, 229–231, 283–287, 336 f.; Jg. 1873, S.109–113; Jg. 1883, S. 127–133, 158–162
4) Wichert, Ernst: a.a.O., S. 761
5) Schmid, Otto: a.a. O., S. 31
6) Weber, Max Maria von: a.a.O., S.571
7) Schmid, Otto: a.a.O., S.31
8) Löhn-Siegel, Anna: a.a.O.,S. 86 f.
9) Ponader, Christian: a.a.O., S. 35
10) Löhn-Siegel, Anna: a.a.O., S. 86
11) Ponader, Christian: a.a.O., S .36
12) Waldmüller, Robert: Aus den Memoiren..., S. 277
13) Meyer, Johannes: a.a.O., S. 46

Literatur

Amalie, Prinzessin in und Herzogin zu Sachsen: Dramatische Werke, 6 Bde., hrsg. von Robert Waldmüller, Leipzig 1873/74

Börner-Sandrini, Marie: Erinnerungen einer alten Dresdnerin, 2.Aufl., Dresden 1876

Eine herzogliche Dichterin. König Johanns Schwester Amalie, in: Deutsche Buchhandelsblätter II, Naumburg (1902), S. 100 u.102

Fürstenau, Moritz : Die musikalische Beschäftigung der Prinzessin Amalie, Dresden 1874

Glümer, Claire von: Eine fürstliche Dichterin, in: Der Salon VII (1870), S. 497–499

Herzogin Amalie zu Sachsen, Pseud. Amalie

Heiter, in: Neuer Anzeiger für Bibliographie und Bibliothekswissenschaft, hrsg. von Julius Petzholdt, Dresden, Jg.1871, 1873 und 1883
Johann, König von Sachsen und George Ticknor. Briefwechsel, hrsg. von Johann Georg von Sachsen mit E.Daenell, Leipzig 1920 (Schriften d. Sächs. Kommission f. Gesch., Bd. 24)
Kummer, Friedrich: Dresden und seine Theaterwelt, Dresden 1938
Löhn-Siegel, Anna: Eine fürstliche Dichterin. Aus meinem Tagebuch am Dresdner Hoftheater, in: Wiss. Beilage der Leipziger Zeitung vom 21.2.1893, Nr. 22, S. 86 f.
Maria Amalia, Prinzessin zu Sachsen, in: Saxonia V. (1841), S. 70f. und S. 78 f.
Meyer, Johannes: Frauengestalten und Frauenwalten im Hause Wettin, Bautzen 1912
Originalbeiträge zur deutschen Schaubühne. Von Prinzessin Amalie, Herzogin zu Sachsen, 6 Bde., Dresden 1836–1842, NF. Bd. 1, Dresden 1844
Ponader, Christian: Prinzessin Amalie von Sachsen, Phil.Diss. Würzburg 1923
Schmid, Otto : Fürstliche Komponisten aus dem sächsischen Königshause (Musikalisches Magazin, H.35), Langensalza 1910
Seidl, Fr. Xaver: Deutsche Fürsten als Dichter und Schriftsteller, Regensburg 1883
Waldmüller, Robert (Eduard Duboc): Aus den Memoiren einer Fürstentochter, Dresden 1883
Weber, Max Maria von: Carl Maria von Weber. Ein Lebensbild, Leipzig 1864–66
Wichert, Ernst: Eine fürstliche Bühnendichterin, in: Im neuen Reich. Wochenschrift, 4. Jg., Leipzig 1874, 1. Bd. S. 761–777, 2. Bd. 647–654
Zum Gedächtniß an Prinzessin Amalie von Sachsen, in: Wiss. Beilage der Leipziger Zeitung v. 29.9.1870, Nr. 78

Carola, Sachsens letzte Königin

Anmerkungen

1) StAD, Acta, Hofstaat ...der Königin betr., 1907, Loc 40, Nr.33
2) Klein, Eberhard: a.a.O., S. 10
3) vergl. Johann Georg Herzog zu Sachsen: a.a.O., S. 1 ff.
4) zit. nach Ring, F.: a.a.O., S. 159 f.
5) Satzung des Albert-Vereins vom 9.Januar 1869, § 4, Abs. 1 u. 2
6) Naundorff, Julius: a.a.O., S.9
7) Enzmann, G.: a.a.O., S.5 f.
8) Schimpff, Georg von: a.a.O., S. 148
9) StAD, Testament der Carola, S. 88
10) Noesske, a.a.O., S. 284 ff.
11) Enzmann,G.: a.a.O., S. 15
12) Ackermann: a.a.O., S. 5 ff.
13) Klemm: a.a.O., S. 330f.
14) StAD, Testament der Carola, S. 85
15) ebda., S.5
16) ebda.
17) StAD, Loc 40, Nr.23, Vol. II, S. 35 ff.
18) StAD, Testament der Carola, S.17 ff.
19) ebda., S. 7

Quellen und Literatur

Staatsarchiv Dresden (StAD)

Acta, die Hofhaltung I.M. der verwitweten Königin betr., Loc 1
Acta, den Hofstaat I.M. der Königin betr.,1907, Loc 40, Nr. 33
Acta, Ableben... der Königin-Witwe Carola betr., Loc 40, Nr.34
Acta, Nachlaß der Königin-Witwe Carola, Loc 40, Nr.35
Hauptzollamt Dresden II, Nr.65, Testament der Carola von Sachsen

Ackermann: Bericht zur Fünfzigjahrfeier des Albert-Zweigvereins Leipzig 1868-1918, Leipzig o.J. (1918)
– Denkschrift zum fünfundzwanzigjährigen Bestehen des Albert-Zweigvereins Möckern-Leipzig, Leipzig o.J. (1893)
Enkel, Hermann: Geschichte des Sächsischen Pestalozzi-Vereins, Leipzig 1894
Enzmann, G.: Geschichte des Albert-Vereins 1867-1917, Dresden 1917
Fröhlich, Hermann: Geschichte des Königl. Sächs. Sanitätskorps, Leipzig 1888
Hassel, Paul: Aus dem Leben des Königs Albert von Sachsen, 2 Bde., Berlin/ Leipzig 1898/1900
Honecker: Das Königliche Krankenstift, in: Wissenschaftlicher Führer durch Dresden, Dresden 1907
Kimmle: Das Deutsche Rote Kreuz, Berlin 1910
Klein, Eberhard: Carola. Königin-Witwe von Sachsen, Freiburg i.B. 1908

Klemm: Das sächsische Krüppelheim, in: Wissenschaftlicher Füh-rer durch Dresden, Dresden 1907
Naundorff, Julius: Der Albert-Verein, seine Entstehung und Ent-wicklung in den Jahren 1867–1892, Dresden 1892
Noesske: Das Carolahaus, in: Wissenschaftlicher Führer durch Dresden, Dresden 1907
Ring, Friedrich: Zur Geschichte der Militärmedizin in Deutschland, Berlin 1962
Sachsen, Johann Georg Herzog von: Königin Carola 1833 – 5. August 1933, Dresden 1934 (auch Neues Archiv f.Sächs. Gesch., Bd.55, S. 1–16)
Schimpff, Georg von: Aus dem Leben der Königin Carola von Sachsen, Leipzig/ Berlin 1898
Schubert, Walter: Unsere Landesmutter. Ein Lebensbild Ihrer Majestät der Königin Carola von Sachsen, Leipzig 1887
Siegl, Hermann: Vom Jugend-Heim der Königin von Sachsen in Morawetz in Mähren, in: Erzgebirgs-Zeitung, Jg.III (1882), S.72–78

LUISE VON TOSCANA...

Anmerkungen

1) Toscana, Luise von, a.a.O., S.47
2) ebda., S.82
3) ebda., S.89
4) ebda., S.116
5) ebda., S.118
6) Uhlig, Otto: a.a.O., S. 9
7) HA Wien: Gräfin Montignoso, Gesandtschaftsbericht vom17.12.1902
8) ebda., Depesche nach Wien vom 17. 12. 1902
9) StAD, Min. des kgl. Hauses, Loc XXVIII, Nr.13
10) ebda., Polizeipräsidium Dresden Nr. 23
11) ebda., Min. des kgl. Hauses, Loc XXVIII, Nr.13
12) HA Wien: Gräfin Montignoso, Gesandtschaftsbericht v. 3.1.1903
13) StAD, Polizeipräsidium Dresden Nr. 23
14) ebda.
15) ebda.
16) HA Wien, Gräfin Montignoso, S. 58
17) ebda., S. 80; ff.
18) ebda., S. 129
19) ebda., Gesandtschaftsbericht vom 28. 2. 1903.
20) ebda., Gesandtschaftsbericht vom 13.5.1903
21) ebda., Gesandtschaftsbericht vom 18.5.1903
22) StAD, Min.des Kgl.Hauses, Loc XXVIII. Nr. 13
23) ebda
24) HA Wien, Gräfin Montignoso, Gesandtschaftsbericht vom 14. 10.1904
25) ebda., Gesandtschaftsbericht vom 16.10.1904
26) StAD, Polizeipräsidium Dresden Nr.25
27) StAL, Amtshauptmannschaft Borna, Nr.5, 1905
28) StAD, Polizeipräsidium Dresden Nr. 31
29) HA Wien, Gräfin Montignoso, Gesandtschaftsbericht vom 25.10.1906
30) ebda., Gesandtschaftsbericht vom 8.3.1907

Quellen und Literatur

Haus-, Hof- und Staatsarchiv Wien (HA Wien):
Min.d. K.u. K. Hauses, Einzelne Abhandlungen, 12, Akten des kaiserl. Hauses: Titel Gräfin Montignoso;
Titel Eh. Leopold Ferdinand (Leopold Wölfling); Habsburg. Hausarchiv, Varia aus der Kabinettsregistratur, Konv.17

Sächsisches Staatsarchiv Dresden (StAD):
Ministerium des Kgl. Hauses, Loc XXVIII, Nr. 13: Ehescheidung

Oberlandesgericht Dresden, M 533:
Prozeßsachen Se. Kgl. Hoheit des Kronprinzen Friedrich August gegen höchstderen Gemahlin ... Frau Kronprinzessin Luise, 1903

Polizeipräsidium Dresden Nr. 22: Die geheime Beobachtung der vormaligen Kronprinzessin von Sachsen betr. 1902
ebda., Nr.23: Die geheime Beobachtung..., Bd. II, 1902–04
ebda., Nr.25: Die Anhänger der vormaligen Kronprinzessin betr., 1904/05
ebda., Nr.27: Preßerzeugnisse, betr. die Flucht der ehem. Kronprinzessin von Sachsen, 1903–1905, Bd. I
ebda., Nr.28: Preßerzeugnisse, betr. die Flucht..., 1904/05, Bd.II

ebda., Nr.29: Preßstimmen, die Rückkehr der Gräfin Montignoso nach Dresden am 22.12.04 betr.
ebda., Nr.30: Die ehem. Kronprinzessin von Sachsen betr., 1905–10
ebda., Nr.31: Zeitungsnachrichten über das Verhalten der Gräfin von Montignoso in Florenz 1905–1909

Sächsisches Staatsarchiv Leipzig (StAL: Amtshauptmannschaft Borna, Nr. 5, 1905

Die Fackel, Wien, Jg. 1902–1905
Dresdner Journal, Jg.1891–1907
Ehebruch und Königsthron, 4. Aufl., Pößneck und Leipzig o.J.
Fellmann, Walter: Sachsens letzter König Friedrich August III., Leipzig 1992
Kracke, Friedrich: König Friedrich August III., Sachsens volkstümlichster König, München 1964
Lilienthal, Erich: Die Geschichte der Luise von Toscana, in: Sexualprobleme, Jg.7 (1911), S. 763–768
Philippi, Hans: Die Wettiner in Sachsen und Thüringen, Limburg 1989 (Aus dem deutschen Adelsarchiv, Bd.9)
Sachsen, Herzog zu, Albert: Die Albertinischen Wettiner, Bamberg 1989
Staatshandbuch für das Königreich Sachsen, Dresden, Jg. 1902
Toscana, Luise von: Mein Lebensweg, Berlin 1926, Nachdruck Dresden 1991
Toselli, Enrico: Meine Ehe mit Luise von Toscana, Basel o.J.(1913)
Uhlig, Otto: Die letzten Wettiner, München 1920

Kurzbiographien

Albert: Geb. Dresden 23.4.1828; gest. Sibyllenort (Schlesien) 19.6.1902, beigesetzt in der Dresdner Hofkirche. Heiratete in Dresden am 18.6.1853 Carola von Wasa; Ehe kinderlos. Folgte 1873 seinem Vater Johann auf dem sächsischen Königsthron.

Amalie: eigtl. Maria Amalia; Tochter des Prinzen Maximilian von Sachsen. Geb. Dresden 10.8.1794; gest. unverheiratet Pillnitz 18.12.1870, beigesetzt in der Hofkirche zu Dresden. Lustspieldichterin: Pseudonym Amalie Heiter.

Anna von Dänemark: Geb. Hadersleben 22.11.1532 als Tochter des Königs Christian III. von Dänemark; gest. Dresden 1.10.1585, beigesetzt im Freiberger Dom. Heiratete in Torgau am 7.10.1548 August, den späteren Kurfürsten von Sachsen. 15 Kinder. Beiname: »die gute Mutter Anna«.

Anna von Sachsen: Einzige Tochter des Kurfürsten Moritz. Geb. Dresden 23.12.1544; gest.geistig umnachtet Dresden 18.12.1577, beigesetzt im Dom zu Meißen. Heiratete in Leipzig am 24.8.1561 Wilhelm von Oranien; wegen Ehebruchs mit Jan Rubens geschieden und arretiert, zuletzt in Dresden.

Anna Sophie(a): Tochter des Königs Friedrich III. von Dänemark. Geb. Kopenhagen 1.9.1647; gest. Prettin 1.7.1717, beigesetzt im Freiberger Dom. Heiratete in Kopenhagen am 9.10.1666 den (späteren) Kurfürsten Johann Georg III.; Mutter Augusts des Starken.

August: Geb. Freiberg 31.7.1526; gest. Dresden 11.2.1586, beigesetzt im Freiberger Dom. Heiratete am 7.10.1548 in Torgau Anna von Dänemark; 15 Kinder. Als Nachfolger seines Bruders Moritz 1553–1586 Kurfürst. Beiname: »Vater August«.

August der Starke: eigtl. Friedrich August I., Sohn von Johann Georg III. Geb. Dresden 12.5.1670; gest. Warschau 1.2.1733, Körper in Krakau, Herz in Dresdner Hofkirche beigesetzt. Heiratete in Bayreuth 10.1.1693 Christiane Eberhardine, mit ihr einen Sohn: Friedrich August (II.). 1694–1733 Kurfürst von Sachsen, 1697–1733 (mit Unterbrechung) als August II. König von Polen.

Carola: Sachsens letzte Königin, Tochter des Prinzen Gustav von Wasa. Geb. Schönbrunn 5.8.1833; gest. Dresden 15.12.1907, beigesetzt in der Dresdner Hofkirche. Heiratete in Dresden am 18.6.1853 Albert von Sachsen, den späteren König. Beiname: »Mutter der Armen«.

Eberhardine, eigtl. **Christiane Eberhardine:** Tochter des Markgrafen Christian Ernst von Brandenburg-Bayreuth. Geb. Bayreuth 19.12. 1671; gest. Pretzsch 5.9.1727, beigesetzt in der Stadtkirche Pretzsch. Heiratete in Bayreuth am 10.1.1693 August den Starken. Einziger Sohn: Friedrich August (II.).

Eleonore Erdmuthe von Sachsen-Eisenach: verw. Markgräfin von Brandenburg-Ansbach. Geb. Friedewald 13.4.1662; gest. Pretzsch 9.9.1696, beigesetzt im Dom zu Freiberg. Heiratete in Leipzig am 17.4.1692 Johann Georg IV.; Ehe kinderlos. Schwägerin Augusts des Starken.

Friedrich August II.: Sohn Augusts des Starken. Geb. Dresden 7.10.1696; gest. Dresden 5.10.1763, beigesetzt in der Dresdner Hofkirche. Heiratete in Wien 20.8.1719 die Kaisertochter Maria Josepha; 1733–1763 Kurfürst von Sachsen und als August III. König von Polen.

Friedrich August III.: Sachsens letzter König. Geb. Dresden 25.5.1865; gest. Sibyllenort (Schlesien) 18.2.1932, beigesetzt in Dresdner Hofkirche. Heiratete in Wien am 21.11.1891 Luise von Toscana; geschieden 11.2.1903; folgte 1904 seinem Vater Georg als König, abgedankt 13.11.1918.

Georg: Geb. als Sohn König Johanns Pillnitz 8.8.1832; gest. Pillnitz. 15.10.1904; beigesetzt in der Dresdner Hofkirche. Heiratete in Lissabon am 11.5.1859 Maria Anna Infantin von Portugal (1843–1884); folgte 70jährig 1902 seinem Bruder Albert auf den Thron. Vater Friedrich Augusts III.

Johann: Geb. Dresden 12.12.1801; gest. Pillnitz 29.10.1873, beigesetzt in der Dresdner Hofkirche. Heiratete in München am 10.11.1822 Amalie Auguste, Tochter des Königs von Bayern. Folgte 1854 seinem Bruder Friedrich August II. auf den Thron. Dante-Übersetzer, daher auch Dichter-König genannt.

Johann Georg III.: Geb. Dresden 20.6.1647; gest. Tübingen 12.9.1691, beigesetzt im Dom zu Freiberg. Heiratete in Kopenhagen am 9.10.1666 Anna Sophie von Dänemark, Vater Augusts des Starken; Kurfürst 1680–1691.

Johann Georg IV.: Geb. Dresden 18.10.1668 als Sohn Johann Georgs III.: gest. Dresden 27.4.1694, beigesetzt als letzter Wettiner im Freiberger Dom. Heiratete in Leipzig am 17.4.1692 Eleonore Erdmuthe verw. Markgräfin von Brandenburg-Ansbach; Ehe kinderlos. Kurfürst 1691-1694. Die Nachfolge trat sein Bruder an, August der Starke.

Luise (eigtl. Ludovica) von Toscana: Geb. Salzburg 2.9.1870; gest. Brüssel 23.3.1947 unter dem Namen Comtesse d'Ysette, beigesetzt in der Hohenzollerngruft. Heiratete in Wien am 21.11.1891 Friedrich August (III.); geschieden 11.2.1903: nannte sich nun Gräfin von Montignoso. Heiratete in 2. Ehe in London am 25.9.1907 den Komponisten Enrico Toselli; geschieden Florenz 9.6.1912.

Maria Josepha: Tochter des Kaisers Joseph I. Geb. Wien 8.12.1699; gest. Dresden 17.11. 1757, beigesetzt in der Dresdner Hofkirche. Heiratete in Wien am 20.8.1719 Friedrich August (II.); 15 Kinder. Erste katholische Kurfürstin seit der Reformation.

Maximilian: Geb. Dresden 13.4.1759; gest. Dresden 3.1.1838. Heiratete 1792 Caroline von Parma (1770–1804), in 2. Ehe 1825 Luise Prinzessin von Lucca (1802–1857). Verzichtete 1830 zugunsten seines Sohnes Friedrich August II. auf den Thron. Vater auch der Dichterin Amalie und des Dichter-Königs Johann.

Stephanie de Beauharnais: Geb. 22.8.1789; gest. 29.1.1860, beigesetzt in der Fürstengruft zu Pforzheim. Adoptivtochter Napoleons, 1806 Ehe mit Erbprinz Karl von Baden; Großmutter von Sachsens letzter Königin Carola.

Wilhelm von Oranien: Wilhelm I., Prinz von Oranien, Graf von Nassau. Geb. Dillenburg 14.4.1533; erschossen durch den kath. Fanatiker Gérard in Delft 10.7.1584; heiratete als Witwer Annas von Egmont in Leipzig am 24.8.1561 Anna von Sachsen; Ehe getrennt; wiedervermählt mit Charlotte von Bourbon-Montpensier (gest. 1582) und Luise von Coligny.

Personenregister

Bildverzeichnis: